绿色经济

助力经济高质量发展研究丛书

绿色发展视域下民族地区
脱贫攻坚成果的巩固拓展研究

徐杰 著

西南财经大学出版社
Southwestern University of Finance & Economics Press

图书在版编目(CIP)数据

绿色发展视域下民族地区脱贫攻坚成果的巩固拓展研究/徐杰
著.—成都:西南财经大学出版社,2023.9
ISBN 978-7-5504-5912-0

Ⅰ.①绿… Ⅱ.①徐… Ⅲ.①民族地区—绿色经济—经济发展
—研究—四川 Ⅳ.①F127.71

中国国家版本馆 CIP 数据核字(2023)第 159181 号

绿色发展视域下民族地区脱贫攻坚成果的巩固拓展研究

LÜSE FAZHAN SHIYU XIA MINZU DIQU TUOPIN GONGJIAN CHENGGUO DE GONGGU TUOZHAN YANJIU

徐杰 著

责任编辑:张 岚
责任校对:廖 韧
封面设计:星柏传媒
责任印制:朱曼丽

出版发行	西南财经大学出版社(四川省成都市光华村街55号)
网　址	http://cbs.swufe.edu.cn
电子邮件	bookcj@swufe.edu.cn
邮政编码	610074
电　话	028-87353785
照　排	四川胜翔数码印务设计有限公司
印　刷	郫县犀浦印刷厂
成品尺寸	170mm×240mm
印　张	13
字　数	217千字
版　次	2023年9月第1版
印　次	2023年9月第1次印刷
书　号	ISBN 978-7-5504-5912-0
定　价	78.00元

前言

　　党的十八大将生态文明建设纳入中国特色社会主义事业"五位一体"总体布局，生态文明建设在国家战略层面的地位更加明确。至此，"五位一体"的发展方略更加完善，就是"坚持人与自然和谐共生"。"五位一体"的发展目的更加明确，就是要"绿水青山就是金山银山"。"五位一体"的发展内涵更加丰富，就是"良好生态环境是最普惠的民生福祉"。"五位一体"的发展道路更加广阔，就是以"山水林田湖草沙是生命共同体"的系统思想贯穿中国特色社会主义事业始终。党的十八大以来，以习近平同志为核心的党中央高度重视生态文明建设，坚持绿色发展理念，切实把生态文明建设融入新时代社会主义现代化建设的方方面面。近年来，我国绿色发展取得明显成效，我国经济已由高速增长阶段转向高质量发展阶段，"推动绿色发展，促进人与自然和谐共生"是党的二十大做出的新的重大决策部署。在此背景下，绿色发展成为摆脱经济增长与生态环境约束两难困境的必然选择。建设绿色家园是人类共同追求的梦想。我国是一个历史文化悠久的多民族国家，五十六个民族共同组成了中华民族共同体，在上下五千年的中华历史长河中熠熠生辉。党和国家尤为重视我国民族地区的稳定与发展工作。2020年，以习近平同志为核心的党中央领导全党全国各族人民打赢了脱贫攻坚战，全面消除了绝对贫困，迈入了小康社会。新时代，以习近平同志为核心的党中央审时度势、踔厉奋发，在努力实现共同富裕的背景下，提出"实现巩固拓展脱贫攻坚成果同乡村振兴有效衔接"的重要议题。

对于民族地区而言，这既是机遇，也是挑战。首先，已脱贫民族地区的巩固拓展任务重：已脱贫县、村、户的巩固基数大，多数民族脱贫地区自身发展的基础依然薄弱，在帮扶力量减弱或遭受意外变故时，返贫与新生贫困的风险相对较大；其次，我国民族地区多分布在生态保护区或生态脆弱区，依靠传统开发式扶贫的发展路径受限，在与乡村振兴有效衔接的过程中面临着巨大的转型压力。质言之，民族地区在高质量发展的道路上面临着发展与保护的难题。

党的十八大以来，以习近平同志为核心的党中央领导全党全国各族人民大力推动生态文明建设的理论创新、实践创新和制度创新，开创了社会主义生态文明建设的新时代，形成了习近平生态文明思想。基于此，本书在习近平生态文明思想的指导下，遵照习近平总书记关于扶贫工作的重要论述，将巩固与拓展、发展与保护等重要议题统合思考，运用绿色发展和贫困理论，通过实地调查、数据分析、比较分析与案例分析等多种研究方法，对民族地区巩固与拓展脱贫成果、全面实施乡村振兴的发展基础和民族地区绿色发展模式等内容展开系统研究。绿色扶贫是指欠发达地区（含脱贫地区、生态脆弱区）的参与主体在设计、制定、实施等环节充分融入了对生态环境修复、保护与开发的思想，以实现人与环境和谐共生的可持续发展的扶贫模式。

在借鉴已有的绿色发展测量体系和指标的基础上，本书结合民族地区尤其是欠发达民族地区的客观发展条件与社会历史文化等特征，研究设计了针对该地区农户个体在居家生活、农业生产、市场行为和环保意识四个维度上的绿色发展测量工具，并在四川凉山地区开展了入户调查工作。通过数据分析与实地走访得出如下结论：

一是民族地区精准扶贫成效显著。尤其是在住房、收入等方面，消除了绝对贫困，极大地改善了低收入人口的生活。但同时也要认识到，这种改变更多缘自外部力量的扶持，短期内仅凭个人或者家庭整合力量很难持续向上发展，返贫风险较高。

二是民族地区环境污染问题显现。在缺乏严格监管与个体认知有限双重因素的影响下，先发展后治理的模式在部分地区出现，生产生活环境被污染、绿色环保意识缺乏等问题突显。必须全面贯彻落实习近平生态文明思想，在发展中兼顾经济效益与环境效益，把农村生态环境治理作为重要任务，重点解决好水污染、土壤污染等问题，从而更好地发挥生态优势。要把推进绿色生产发展作为主要任务，着力构建以绿色发展为未来主线的农业生产体系，实现经济与生态环境的协调发展。

三是完善基础设施和公共服务是民族地区实现乡村振兴、开启城乡融合发展和农业农村现代化建设新局面的必要条件。精准扶贫期间，政府投入巨大，对交通道路、水利灌溉、教育医疗等涉及民生的基础设施，应修尽修、提档升级，极大地缩小了城乡基础设施的差距，但客观差距依然比较明显。在转向绿色发展的道路上，还要把增加增强农村公共服务供给、实现公共服务城乡均等化作为重要任务，促进公共教育和医疗卫生、社会保障等资源向农村尤其是民族村落倾斜，为农民解决生活方面的后顾之忧。

四是核心点、关键点依然在于实现人的现代化。创新就是由少数人推动的变革。在推进民族地区绿色发展的道路上，实现农民思想和能力的绿色化也是一项重要工作，应该通过"扶持一个，带动一片"的方式实现农村工作的精准高效。针对农民群体的结构特征，在培育新型经营主体时，不能仅仅局限于本地村民，还要充分利用城镇农业人才，筑巢引凤，吸收优秀人才参与"三农"建设。

综合分析认为，传统开发思路的缺陷在于既没有充分认识到民族贫困地区的文化、历史特质，更没有从经济建设、政治建设、文化建设、社会建设、生态文明建设"五位一体"总体布局去系统思考。本书通过对四川凉山地区大量精准扶贫案例的总结发现：在立足本地优势的基础之上，通过政策牵引、外部资源输入、内生动力培育相结合的方式，促进民族地区特色产业实现现代化目标，带动一二三产业齐头并进，最终惠及农民，激发其内生动力，形成一个以绿色发展脱贫奔康的良性循环。所以，民族地区的发展模式不是"天下大同"，而是在现实基础与理想目标的综合考量之上谋划出来的。除此之外，还应该借鉴以下有益经验：形成绿色扶贫工作框架、发掘与利用绿色扶贫的地方性知识、利用多样化的绿色发展方式、培育"政府+"生态模式、进行主体能力的梯度建设、注重环境保护与开发的有效性与有限性等。

习近平总书记指出："绿色发展，就其要义来讲，是要解决好人与自然和谐共生的问题。"本书认为，对生态环境的利用与保护，既是对人类发展需求的满足，也是对人类文明延续责任的承担。绿色扶贫不仅符合"巩固拓展脱贫攻坚成果同乡村振兴有效衔接"的工作要求，也符合我国生态文明建设的长远需要。要实现民族地区的绿色发展转型，就要在国家治理体系和治理能力现代化总体目标设定下，主动对标"加快建设农业强国，建设宜居宜业和美乡村"等要求。本书最后提出要构建民族地区绿色扶贫长效机制，它包含六个方面的机制建设工作：一是建立可持续的政策保障机制；二是完善多主体协同治理的参与机制；三是完善法治保障机制；四是构建面向未来的产业发展机制；五是夯实人才技术的支撑机制；六是探索群众内生动力的培育机制。

目录

1 引言

1.1 研究背景

2020 年是中国扶贫事业历史上最伟大的时刻！2020 年，脱贫攻坚战取得全面胜利，中国的绝对贫困得到全部消除，实现了全面建成小康社会的世纪目标。踔厉奋发、赓续前行。2021 年中央一号文件明确指出："脱贫攻坚目标任务完成后，对摆脱贫困的县，从脱贫之日起设立 5 年过渡期，做到扶上马送一程。"《关于实现巩固拓展脱贫攻坚成果同乡村振兴有效衔接的意见》也明确指出："将巩固拓展脱贫攻坚成果放在突出位置，建立农村低收入人口和欠发达地区帮扶机制。"中国的扶贫成绩来之不易，全国所有贫困县共计 832 个摘掉了贫困的帽子。据估算，少数民族主要分布省区（含云南、贵州、四川、西藏、新疆、内蒙古、广西）民族贫困县数量占到全国贫困县总数的 47%。可见，在精准扶贫以前，民族地区的社会经济发展水平较低。从已有研究可以了解到，民族贫困地区既面临自然环境恶劣、基础设施落后、公共服务薄弱等外部条件的劣势，又存在低收入人口基数大、人均受教育程度低、现代化生产技能缺乏等内部问题。内外因素的叠加使得有效衔接工作处于"两难境地"，巩固拓展任务重，乡村振兴起点低。习近平总书记在"2015 减贫与发展高层论坛"主旨演讲中指出，中国在扶贫攻坚工作中采取的重要举措，就是实施精准扶贫方略，找到"贫根"，对症下药，靶向治疗①。脱贫攻坚战全面消除了绝对贫困，民族地区的发展大计"首战"告捷，接下来是高质量发展的问题。党的十八

---

① 央视网. 2015 减贫与发展高层论坛开幕 习近平发表主旨演讲 [EB/OL]. (2015-10-16) [2023-3-14]. https://news.cctv.com/2015/10/16/VIDE1444963139473637.shtml.

届五中全会首次明确提出要将"创新、协调、绿色、开放、共享"新发展理念作为长期指导我国发展的理念和方式，贯穿于社会各项事业。从脱贫的民族地区客观实际出发，一方面要考虑其发展基础，另一方面要在国家发展战略的框架下着眼未来。既要巩固拓展脱贫成效，防止出现大规模返贫，还要全面推进乡村振兴，以创新驱动"三农"迈入高质量发展轨道。那么，新发展理念如何落地成为该地区的发展路径，还需要开展系统而深入的研究与分析。

一是过去粗放式的开发带来了一系列环境污染问题。生态遭受破坏，进而反噬人类赖以生存的社会，这一观点基本成为共识。一方面，一些脱贫地区，尤其是少数民族较为集中的地区，在自然生态底子差、社会经济发育不足、内生动力薄弱等因素影响下，返贫风险与发展困境共存。另一方面，国际环境的不确定性因素激增，三年疫情更进一步加剧了这种不确定性。进一步聚焦到脱贫后的革命老区、边疆地区、民族地区和集中连片深度贫困地区，它们多是与生态环境脆弱区域相重叠，虽然有些地区拥有良好的森林、矿产、光照、水源等自然资源禀赋，但在生态日益被破坏的严峻形势下，通过直接开发自然资源来发展经济的方式已然行不通，而要实现稳脱贫不返贫的前提条件就是发展经济，保护与发展的现实难题成为"拦路虎"。同样，我国城镇正处于飞速发展时期，城镇化与生态环境之间还未形成良性循环。有关研究表明，20世纪90年代中期，我国有三分之二的经济增长建立在生态环境透支的基础上，仅"大气和水体污染"已造成超过GDP（国内生产总值，下同）8%的经济损失[①]，一些地方粗放式的城镇化发展造成了当地生态环境的极大破坏，限制了居民对良好的水源、空气、饮食以及工作生活环境等的需要。城市贫困人口在较大范围内存在，减弱了城镇自身可持续发展动力，对我国城镇和社会发展形成制约。以习近平同志为核心的党中央审时度势，高瞻远瞩地擘画了城乡融合高质量发展的未来蓝图，竭力破除城乡二元的结构性难题，在新发展理念的指导下使乡村与城市形成良性互动，共同繁荣。

二是以制度改革、实施开发战略为主的扶贫模式成效开始减弱，如何做好新时代扶贫工作值得思考和研究。传统开发扶贫成效减弱，城乡融合的贫困治理体系尚待建设和完善。虽然扶贫工作的重心和各种资源不断下

---

① 方时姣，魏彦杰. 生态环境成本内在化问题 [J]. 中南财经政法大学学报，2002（2）：92-97.

沉至贫困县、村和户，但由于我国扶贫标准提高等因素，农村地区依然留存大量的贫弱人口即当下政策表述的"低收入人口"，多因素返贫现象也比较突出。农村劳动力向城镇流动谋求就业的大趋势，使得农村空心化、萧条化现象凸显，农村地区发展后劲不足。城乡统筹的贫困治理体系尚待建设和完善，社会保障体系也有待建设完善，扶贫任务依然繁重（主要工作是对脱贫人口脱贫后一段时间内的监测与帮扶）。传统的开发式扶贫与精准扶贫在基层实践中逐步出现了一定的矛盾和冲突，开发式扶贫的负外部性突显。依托项目提高贫困人口发展能力和推进地方经济发展，需要贫困人口具有一定的自我发展能力。而精准扶贫强调在扶持对象、资金、项目、措施、帮扶责任人、脱贫成效等六个方面实现"精准"，重在帮扶绝对贫困人口以及因病残、自然条件恶劣造成贫困的人口。如果严格以精准扶贫要求推进下一步的帮扶工作，就不能把有一定经济基础、知识技能和想要发展的人纳入扶贫，这样会导致帮扶"激发和造血"的功能变弱，使帮扶对象仍然依赖"救济、帮扶和输血"。一些地方还借扶贫开发之由，变相建设楼堂厅馆，既浪费了宝贵的扶贫资金，又破坏了生态环境，关键是损害了党和政府的公信力。这些问题值得每一位扶贫工作者深思。

三是如何才能确保衔接有效。贫困不仅仅是一个经济现象或问题，在不同的国家和社会背景中，它也常常作为一项政治议题出现。从贫困本身来看，贫困的动态性决定了我们识别贫困的技术手段也是动态的。精准扶贫和攻坚扶贫的强力实施，解决了区域性整体贫困问题。但是随着我国经济结构转型、城镇化和老龄化进程加速，生态环境的恶化，失地农民、农民工、城镇低保人口、生态环境脆弱区人民、新贫困人口（低于国际通行或国家认定的最新贫困标准的人口），将不断产生新的需求。中共中央、国务院制定下发了《乡村振兴战略规划（2018—2022 年）》，提出"到2035 年，乡村振兴取得决定性进展，农业农村现代化基本实现……相对贫困进一步缓解，共同富裕迈出坚实步伐……"的远景谋划。客观地讲，当下全面推进乡村振兴的底线仍然是扶贫工作，能否振兴或者高质量地振兴，依然要看扶贫的质量，这也是为什么党中央在提出"有效衔接"的要求时把脱贫工作放在前面。我们必须清楚认识到要实现乡村振兴，首先要牢牢守住扶贫成效。所以国家明确并集中支持 160 个国家乡村振兴重点帮扶县，在基本公共服务、收入增加、基层治理等方面持续发力补齐增强。从历史发展逻辑看，在中国式现代化进程中，实施乡村振兴战略已经成为新时代"三农"工作的总抓手。必须围绕农业农村现代化的总目标,坚持农业强、农村美、农民富的导向,实现农业高质高效、乡村宜居宜业、农民富裕富足。在此背景下,本书认为,如何继续发挥中国特色社会主义制度优势,在保护和利用生态环境中实现乡村振兴、在城乡融合高质量发展中实现共同富裕,是我们需要研究和回答的现实问题。

1.2 研究问题

综上所述,在全面建成小康社会后,对于已脱贫地区,做好巩固拓展脱贫攻坚成果与乡村振兴有效衔接工作,是当前各级政府的一项重中之重的任务。扶贫事业由来已久,此次脱贫攻坚消除了我国的绝对贫困;更进一步说,此次扶贫瞄准的是新中国成立以来剩余的贫困"顽疾",这部分贫困地区和贫困人口,贫困程度深,自身发展能力薄弱。即便是在全面推进乡村振兴的战略机遇下,对于已脱贫地区,首要任务依然是脱贫成效的巩固。那么,在精准扶贫综合施策的情况下,进一步拓展已取得的成效,显然比脱贫的工作更加艰巨。譬如在扶贫阶段,围绕"一超、两不愁、三保障"可以采取十分精准的帮扶策略,通过"缺啥补啥"的方式便能取得成效。但是脱贫后,已脱贫人口和地区需要依靠自身继续发展,无法通过统一的政策实施来满足个性化需求,治理的难点在于由上而下的资源调配成本大于预期收益。现有数据和研究表明,民族地区具有鲜明的个性。一方面,在乡村振兴的背景下,自然地理风貌、民族文化风情是其得天独厚的发展禀赋(尤其是稀有矿产资源、光能、水能、观光旅游、特色农副产品等);但另一方面,民族地区开发利用优势资源的基础(资本、基础设施、科技、人才等)薄弱,与发达地区相比较,这种差异更为显著。对于民族地区而言,既要"蓝天白云绿水青山",又要"楼房宽路奔小康"。习近平总书记提出的"绿水青山就是金山银山"的发展理念指导着我们去思考和解决民族地区脱贫后的发展问题,去寻找能够兼顾两者的发展道路。受新发展理念的启发,本书将构建以绿色发展理论为核心的理论分析框架,在实证数据分析与民族地区扶贫发展案例剖析的基础之上,尝试回答何为民族地区绿色发展之路。

1.3　研究价值

随着扶贫攻坚战取得全面胜利以及全面建成小康社会，已脱贫群体的发展问题将是当前一段时间农村地区尤其是已脱贫地区的一项重大的社会民生问题，不仅表现为增加收入和提升消费水平的诉求，还表现为对生活环境、社会保障、健康营养、教育机会等基本公共服务的平等追求，乃至共同富裕目标的实现。党的十九大明确提出，"要动员全党全国全社会力量，坚持精准扶贫、精准脱贫……推进绿色发展……着力解决突出环境问题"，建设人与自然和谐发展的现代化。基于此，本书将减贫与生态结合起来研究，实质上是对"发展与环境保护"这一经典命题的创新回答，致力于分析绿色扶贫的现状与不足，探究其未来发展方向和实施策略。这对于 2035 年基本实现社会主义现代化以及 2050 年全面实现乡村振兴、建设社会主义现代化强国，都有着理论价值和实践意义。本研究的价值具体体现在以下三个方面：

1.3.1　战略层面

本书基于跨学科视野分析研究"绿色扶贫"，是服务于国家重大战略的基础性研究和前沿探索。本书顺应国内外研究热点和发展趋势，着眼于2020 年全面建成小康社会后，2035 年基本实现社会主义现代化、2050 年建设社会主义现代化强国视野下中国扶贫事业的推进而做。本书在新发展理念指导下，遵循绿色发展理论，将民族地区生态文明建设内化为生产力内生变量和经济发展目标，创新地将减贫与生态环境建设相结合，致力于探索绿色扶贫发展路径，力求为正处于发展与保护"十字路口"的地方实践及全面建成小康社会后的我国如何推进扶贫事业提供一个新思路，以丰富中国特色社会主义扶贫开发理论体系，具有一定的战略意义。

1.3.2　理论层面

长期以来，传统经济学理论认为生态环境是经济发展与经济增长的外在因素，未将其纳入一国的生产要素体系或要素禀赋体系，未将生态环境成本计入现实经济发展。这便导致了生态环境建设、保护费用都不在商品价格和市场机制作用之列，生态环境资源这一重要的生产要素在现代经济运行中居然成了微不足道的存在。这种生态环境成本外化的经济模式在20世纪我国经济生活中表现得尤为突出，人们在经济活动中重视短期利益，不计经济发展的环境成本和资源代价，导致了资源耗竭、生态环境污染严重等后果，进而造成了更加巨大的经济损失。伴随着人类生存的生态环境日益恶化，人与自然和谐发展的理念日益深入人心，生态环境本身的经济价值也日益受到人们关注。有鉴于此，本书综合运用绿色发展理论与实证研究方法，对微观个体生活世界中的贫困与生态环境之间的关系进行探析，既为绿色扶贫实施精准化提供了靶向支持、为绿色扶贫的政策制定提供了理论参考，又为人们转变观念、重视减贫与生态建设的协同发展提供了价值思考。

1.3.3 实践层面

本书以未来发展为导向的研究思路，是现实与理想的融合，尤其是探寻民族地区实现可持续发展的路径和办法，为中国扶贫事业更上一层楼提供了实践参考。在全面建成小康社会的背景下，扶贫工作已经从以解决温饱为主要任务阶段转入缓解相对贫困、增强发展能力、缩小三大差距、最终实现共同富裕的新阶段。《"十三五"脱贫攻坚规划》提出要"探索生态脱贫有效途径"，党的十九大进一步提出新时代"两步走"战略和满足人民日益增长的优美生态环境需要、满足人们日益增长的美好生活需求的新目标任务，党的二十大提出要"推动绿色发展，促进人与自然和谐共生"，2023 年中央一号文件对推进农业绿色发展提出了明确的年度要求。本书针对以上背景和扶贫出现的新问题，分析了现有扶贫实践成效及存在的不足，在借鉴地方经验基础上，提出了基于资源禀赋差异，因地制宜开展有针对性、差异化的绿色扶贫的措施建议，对全面推进乡村振兴战略具有实践参考意义。

2　文献综述

2.1　关于绿色发展的研究

2.1.1　国外关于绿色发展的研究

威廉·佩迪（William Petty）在 1662 年提出的"自然条件限制论"，托马斯·罗伯特·马修斯（Thomas Robert Malthus）在 1798 年提出的"资源绝对稀缺论"，鲍丁（Boulding）于 1966 年提出的"太空飞船理论"等，分别从生态学、人口学的角度分析探讨了资源与发展的关系。20 世纪西方学者关于绿色发展的研究主要从自然资源与发展的关系切入。在西方学术界，与绿色发展相关的研究大多聚焦于人类社会发展与自然环境的关系。韦弗（Weaver）在 2005 年指出要想真正实现全球可持续发展，必须在经济发展方面实现真正的绿色化，必须提高自然资源的利用效率。纳塔纳贾（Nataraja）则认为不论是已经取得一定环境保护成效的国家还是正在进行环境治理探索的国家，都需要产业技术的革新与能源转向，以实现真正的绿色低碳发展。2012 年，在巴西里约热内卢召开的"里约+20"峰会上，与绿色发展相关的一系列会议议题被广泛讨论，与会各国认识到了绿色发展的重要性，共同承诺为全球发展转型贡献自己的力量。全球掀起了绿色发展浪潮。有学者把这一次全球绿色发展浪潮称为"低碳革命"。只有把握新一轮发展方式的转变才能实现绿色经济。对绿色发展尤其是绿色经济的研究在西方已经成为研究主流之一，成果丰硕。在绿色发展相关研究中学者们进行了大量的实证分析。马西斯·瓦克纳格尔（Mathis Wackernagel）采用生态足迹测算的方式，用人类对生态系统的依赖程度来衡量可持续发展①。乔斯特（Joost）等通过建立"生态成本/价值"模型描述经济活动的可持续性。费恩斯（Ferng）提出了"能源足迹场景分析框架"②。爱德华（Edward）从经济学角度分析了美国各大城市单位家庭主要生活耗能的碳排放情况，发现碳排放与城市密度、城市空间结构关系密切，同时受城市主导型交通工具影响很大③。末吉（Toshiyuki Sueyoshi）基于 DEA 方法对生态技术创新可能产生的损害赔偿问题开展环境评价研究④。

随着人们对绿色发展的认识不断深入，关于绿色发展的正义论即人类基本权利的问题被越来越多地讨论。安德鲁·多布森（Andrew Dobson）在《公民权与环境》中提出，在生态权益面前并非人人平等，"生态权是一种典型的后世界主义意义上的公民权，其主要特征包括强调公民权的非契约性或不对等的环境责任"⑤。在国家舆论场域中，发达国家为了推脱自身责任而推崇一种观点，认为发达国家走过的发展道路，发展中国家无法避免，正是发达国家对外输出资本促进了落后国家与地区的经济发展，而造成的生态问题是一种二者"互惠"的表现。这种观点的背后是经济优先、先污染后治理的思路，认为在经济发展问题还没有得到解决的情况下无须去谈人的生态权益，把享受优美生态环境的需求局限在发达的西方资本主义国家，但对发展中国家在绿色发展上的要求却较少理会。显然，这也是对国家发展权的一种剥夺行为，先发国家剥夺后发国家的发展权，而发达国家对全球资源的攫取和破坏生态的后果要均摊到所有国家和人民的头上，显然这是一种违背绿色发展理念的做法。在发展与生态保护的关系处理上，如果强行引入政治意识形态的观点，则会使得这一问题变得复杂。将生态权放置在不同国家及人民的立场时，则表现出明显的差异、属性与外延，实质上是对待公平与正义的不同看法。作为一种发展路径的选择，

① WACKERNAGEL. Our ecological footprint: reducing human impact on the earth [M]. Philad Elphia: New Society Publishers, 1996.

② FERNG J. Toward a scenario analysis framework for energy footprints [J]. Ecological Economics, 2002 (40): 53-69.

③ EDWARD L G, MATTHEW. The greenness of City [J]. Rapport Institute Tubman Center Policy Briefs, 2008 (3): 1-11.

④ SUEYOSHI T. Damages to return with a possible occurrence of eco-technology innovation measured by DEA environmental assessment [J]. Journal of Economic Structures, 2017, 6 (1): 7.

⑤ 郇庆治. 21世纪以来西方生态资本主义理论 [J]. 马克思主义与现实, 2013 (2): 108-128.

绿色发展的重要性和转变发展方式的责任也已在很多国家或地区得到了认可和接受。

2.1.2　国内关于绿色发展的研究

在中国知网平台上，以"绿色发展"为主题进行文献检索（时间从1994年到2022年），从论文数量趋势图（见图2-1）中可以看出，从2008年开始该主题逐渐增多，尤其在2015年以后（党的十八届五中全会召开同年），相关研究成果数量快速增加，说明学界始终聚焦国家战略需要、服务国家宏观大局。在国家层面，"绿色发展"第一次明确被提出，是在2010年胡锦涛同志在两院院士大会上的讲话中。他指出绿色发展是经济社会发展与自然相协调的发展方式。"十二五"规划提出了绿色发展的激励约束机制，凸显绿色发展指标。此后党的十八届五中全会和"十三五"规划、"十四五"规划更是将"绿色发展"定义为国家发展理念，使其体现在国家发展的各个领域。

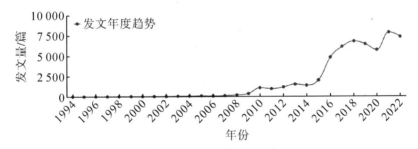

图2-1　中国知网"绿色发展"主题检索论文数量趋势（1994—2022）

国内学术界对绿色发展的研究开始于20世纪80年代后。粗放式开发利用模式，虽然带来了短期内经济的快速增长，但所引发的连锁反应如资源短缺、环境污染、生态破坏等问题却让人始料未及，终究反噬了人类自己。国家环保总局发布的《1998中国环境状况公报》、社科院发布的《1999中国可持续发展战略报告》和联合国发布的《市场经济与环境保护》等调查研究报告让环境和资源问题进入大众视野，绿色发展在环境保护、生态保护等文献研究中逐渐得到关注。国内学者尝试从多角度对绿色发展进行探讨，如刘思华（1989）从生态经济学的角度，陈林（1998）等从借鉴西方绿色思潮的角度，徐刚（1997）、郇庆治（1998）等从生态伦理的角度探讨环境危机，林建技（1999）等从环境和资源关系的角度探讨可持续发展问题。学者们从不同角度对可持续发展和生态安全发展的探讨，开启了国内绿色发展研究的先河，将环境问题与安全问题相提并论，使之越来越受到关注。这也与国际交流合作不断深入息息相关。进入21世纪以后，中国积极响应联合国《中国人类发展报告：绿色发展，必选之路》的倡议，再次掀起了国内相关研究的高潮。

在绿色发展概念界定方面（见表2-1），《2030年的中国：建设现代、和谐、有创造力的社会》一书认为"绿色发展是指经济增长摆脱对资源使用、碳排放和环境破坏的过度依赖，通过创造新的绿色产品市场、绿色技术、绿色投资以及改变消费和环保行为来促进增长"。王玲玲等认为"绿色发展是在生态环境容量和资源承载能力的制约下，通过保护生态环境实现可持续发展的新型发展模式"，认为绿色发展是由环境、经济、政治、文化等子系统的绿色运行支撑的，并且分别分析了各个子系统在绿色发展中的作用[①]。除了直接定义绿色发展的概念，学者们还通过辨析绿色发展与可持续发展、科学发展、生态发展等的关系来明确绿色发展的内涵。如胡鞍钢认为绿色发展"一是要发展，二是要绿色，核心是以人为本"，认为绿色发展是可持续发展的2.0版，其核心是以符合生态需要的方式改造外部自然，其根本立足点在于推动生产力发展[②]。

表2-1　部分国内学者关于绿色发展的定义

学者 （提出年份）	内容
潘家华 （1997）	绿色发展虽然有环境保护之意，但是并非源于环境问题，而是源于对发展概念的再思考，而可持续农业的实践则体现了绿色发展所要求的逆工业化的转变
李佐军 （2012）	绿色发展是对传统发展方式的辩证否定，其本质是人与自然尖锐对立以及经济、社会、生态彼此割裂的发展形态向人与自然和谐共生以及经济、社会、生态协调共进的发展形态的转变
王玲玲 （2012）	绿色发展，是在生态环境容量和资源承载能力的制约下，通过保护自然环境实现可持续发展的新型发展模式和生态发展理念

---

① 王玲玲，张艳国."绿色发展"内涵探微 [J]. 社会主义研究，2012（5）：143-146.

② 胡鞍钢. 中国：创新绿色发展 [M]. 北京：中国人民大学出版社，2012.

表2-1(续)

学者 (提出年份)	内容
胡鞍钢 (2013)	绿色发展是经济、社会、生态三位一体的新型发展道路,以实现人与人和谐、人与自然之间和谐为根本宗旨,绿色发展本质上就是科学发展观,两者是一脉相承的
蒋南平 (2013)	绿色发展应建立在"资源能源合理利用,经济社会适度发展,损耗补偿互相平衡,人与自然和谐相处"的基础上
侯伟丽 (2004)	绿色发展就是在资源环境承载潜力基础上,依靠高科技,更多地以人造资本代替环境和自然资本,从而提高生产效率,使经济逐步向低消耗、低能耗的方向转变

* 根据已有文献整理。

在绿色发展路径选择、战略决策方面,胡鞍钢认为绿色发展要在经济、社会和自然的系统中平衡各个要素发展,要素间的关系有正向也有负向,绿色发展是要素间平衡发展的路径,中国可以主动避免经历发达国家的"黑色"工业发展阶段,直接进入"绿色"发展阶段[1]。黄志斌等认为绿色发展是人与自然日趋和谐、绿色资产不断增殖、人的绿色福利不断提升的过程,认为绿色发展的研究要从发展、资产和福利等几个方面进行分析和界定,三者之间相互依存,绿色发展是经济社会发展永恒的主题,绿色资产是绿色发展的载体,绿色福利是绿色发展的最终目标[2]。蒋南平等认为绿色发展应建立在"资源能源合理利用,经济社会适度发展,损耗补偿互相平衡,人与自然和谐相处"的基础上[3]。刘纯彬等以山西太原为例对资源型城市的绿色转型进行了基于三维结构模型的分析,认为绿色转型是山西太原等资源型城市转型的重要途径,只有走绿色发展道路才能够使城市资源可持续发展[4]。王永芹认为绿色发展是现今社会转变经济发展方式的路径,绿色发展是打破当前资源环境制约和束缚的唯一选择,而创新驱动则是加快绿色发展的重要途径,绿色发展创新可以从发展理念、科学

---

[1] 胡鞍钢. 绿色发展是中国的必选之路 [J]. 环境经济,2004 (2):31-33.

[2] 黄志斌,姚灿,王新. 绿色发展理论基本概念及其相互关系辨析 [J]. 自然辩证法研究,2015,31 (8):108-113.

[3] 蒋南平,向仁康. 中国经济绿色发展的若干问题 [J]. 当代经济研究,2013 (2):50-54.

[4] 刘纯彬,张晨. 资源型城市绿色转型初探:山西省太原市的启发 [J]. 城市发展研究,2009,16 (9):41-47.

基础、市场和制度几个方面进行①。

经济与环境的和谐发展是绿色发展的目标，在"绿色体检表"② 等系列绿色发展概念提出的推动下，学者们对发展战略路径进行了更加深入的研究。李萌指出：中国绿色发展的路径选择是基于制度、创新和全民的参与。其中，建立健全绿色发展的制度体系是实现绿色发展和推进美丽中国建设的根本保障；加强科技创新，将创新作为战略基点，是引领、支撑绿色发展的关键；动员大众，全民参与，形成合力是实现绿色发展的基础③。胡鞍钢等认为绿色发展战略应将绿色规划、绿色财政、绿色金融包括在内④。董战峰等尝试构建新的跨国战略框架以推进"一带一路"沿线各主体的绿色发展⑤。黄磊等通过构建"绿色创新协同发展"的分析框架，对长江中下游地区绿色发展的效率等进行了分析，认为推进绿色发展要推进创新平台建设，加快创新成果转化，推进生态补偿机制多元化⑥。秦书生等则认为绿色发展理念是我国"扭转资源危机和环境恶化趋势"的必然选择，绿色发展理念倡导绿色生产生活方式，将人民群众获得生态幸福作为发展的终极目标，应着力构建绿色发展制度保障体系⑦。

在绿色发展测度研究方面，学者们投入了较多精力，这也是绿色发展研究领域的前沿阵地。刘杨等运用非期望产出模型，测算了 2011—2015 年中国城市群绿色发展效率⑧。李晓西等通过构建"人类绿色发展指数"评价体系，得出在 123 个国家中中国排名 86，绿色发展水平处于低级阶段⑨。

---

① 王永芹. 对创新驱动绿色发展的思考 [J]. 河北学刊，2014，34（2）：222-225.

② "绿色体检表"是 2012 年中国绿色发展指数报告发布暨绿色经济研讨会上提出的概念。

③ 李萌. 中国"十二五"绿色发展的评估与"十三五"绿色发展的路径选择 [J]. 社会主义研究，2016（3）：62-71.

④ 胡鞍钢，周绍杰. 绿色发展：功能界定、机制分析与发展战略 [J]. 中国人口·资源与环境，2014，24（1）：14-20.

⑤ 董战峰，葛察忠，王金南，等. "一带一路"绿色发展的战略实施框架 [J]. 中国环境管理，2016，8（2）：31-35，41.

⑥ 黄磊，吴传清. 长江经济带工业绿色创新发展效率及其协同效应 [J]. 重庆大学学报（社会科学版），2019，25（3）：1-13.

⑦ 秦书生，胡楠. 中国绿色发展理念的理论意蕴与实践路径 [J]. 东北大学学报（社会科学版），2017，19（6）：631-636.

⑧ 刘杨，杨建梁，梁媛. 中国城市群绿色发展效率评价及均衡特征 [J]. 经济地理，2019，39（2）：110-117.

⑨ 李晓西，刘一萌，宋涛. 人类绿色发展指数的测算 [J]. 中国社会科学，2014（6）：69-95，207-208.

姚西龙等利用 DEA-RAM 模型对全国及各地区绿色创新效率进行实证研究，并得出绿色效率对工业经济转型的作用最显著，创新效率的营销也不容小觑，我国工业绿色创新转型呈现明显的地区差异，中东部明显优于西部地区①。此外，杨顺顺运用 AHP-GRAP 联合评价法②、钱争鸣等运用 DEA 模型测算了不同地区的绿色发展效率，给出了绿色发展建议③。朱海玲通过构建循环经济、绿色金融、节能排放、工业绿色发展四个指标群组成的绿色经济评价指标体系，提出用调整系数法来核算绿色 GDP④。

2021 年中共中央办公厅、国务院办公厅印发了《关于推动城乡建设绿色发展的意见》，对未来中国城乡建设提出了明确的绿色发展要求，按照城乡建设的特征分布提出了具体要求：到 2025 年，城乡建设绿色发展体制机制和政策体系基本建立，建设方式绿色转型成效显著，碳减排扎实推进，城市整体性、系统性、生长性增强，"城市病"问题缓解，城乡生态环境质量整体改善，城乡发展质量和资源环境承载能力明显提升，综合治理能力显著提高，绿色生活方式普遍推广。到 2035 年，城乡建设全面实现绿色发展，碳减排水平快速提升，城市和乡村品质全面提升，人居环境更加美好，城乡建设领域治理体系和治理能力基本实现现代化，美丽中国建设目标基本实现。

2.2 关于扶贫成效的巩固与拓展研究

在 2020 年前后几年间，研究中国贫困与贫困治理的专家学者高度关注两个方面的问题：一是如何巩固脱贫攻坚的成果；二是如何使其与乡村振兴有效衔接。

2.2.1 关于巩固与拓展的理论研究

在贫困治理过程中，防止返贫是一个必须经历的阶段，也是一项重点

① 姚西龙，牛冲槐，刘佳. 创新驱动、绿色发展与我国工业经济的转型效率研究 [J]. 中国科技论坛，2015（1）：57-62.
② 杨顺顺. 长江经济带绿色发展指数测度及比较研究 [J]. 求索，2018（5）：88-95.
③ 钱争鸣，刘晓晨. 我国绿色经济效率的区域差异及收敛性研究 [J]. 厦门大学学报（哲学社会科学版），2014（1）：110-118.
④ 朱海玲. 绿色经济评价指标体系的构建 [J]. 统计与决策，2017（5）：27-30.

工作，尤其是对于原本属于深度贫困的地区和人口来说，防止规模性返贫既是一项治理技术考验，更是一件影响社会团结的事件。在外力帮扶下，贫困人口和地区实现了现有标准下的脱贫，但受主体脆弱性的影响，一部分脱贫人口和地区在外力减少甚至撤销时极易返贫，所以贫困领域研究者认为贫困治理并非一蹴而就的工作，而是日复一日不断累积的过程，在原来的深度贫困地区即当前国家扶持的乡村振兴重点帮扶地区，可能需要一代人的努力才会彻底拔出贫困的"根"。有学者通过研究中国近40年的返贫问题，发现在防止返贫致贫工作中存在下述问题：一是脱贫后部分政策相继撤出或变更，社会保障服务跟不上，帮扶资金不足，加大了返贫风险；二是产业发展力量不足，市场化水平不高，给参与其中的农户家庭带来了返贫困境（收入增长困难）；三是恶劣的生态环境和不当的生产生活方式给防止返贫工作带来挑战①。杜玲对河南省4个贫困县防返贫工作进行了分析，总结了防止返贫工作的三点障碍，它们分别是：自身条件限制后期发展，例如地形环境使地区可耕地面积少、缺乏高质量农田，制约产业和经济的发展；扶贫产业经济效益低，以第一产业为主，产品深加工少、附加值低，产业结构层次较低导致了增产不增收的现象；人才资源不足，青壮年和人才匮乏致使产业创新能力不足②。还有学者从技术监测层面探讨返贫工作。何雪梅在防止返贫检测和帮扶机制之间找寻矛盾问题点，指出风险指标预设的局限性、返贫风险预判的不及时、帮扶政策衔接滞后会造成风险监测机制的前瞻性与帮扶响应的延迟性之间的矛盾；农村家庭配合度差、社会对帮扶对象的关注度不高、监测协作机制的不健全会造成监测机制的统筹性与社会协作的机械性之间的矛盾；监测力量相对薄弱、检测专业水平相对落后、检测技术支撑相对无力会造成返贫治理的系统性与检测能力的局限性之间的矛盾③。王晓毅认为在巩固拓展脱贫成果与乡村振兴衔接过渡期要保证政策的稳定性，明确检测对象，以采取针对性的帮扶，稳定财政资金投入，实施延续生态扶贫、健康扶贫、教育扶贫

---

① 李晓园，汤艳. 返贫问题研究40年：脉络、特征与趋势 [J]. 农林经济管理学报，2019，18（6）：812-821.

② 杜玲. 河南省深度贫困地区防止返贫对策分析 [J]. 农村.农业.农民（B版），2021（12）：29-31.

③ 何雪梅. 健全防止返贫监测和帮扶机制的五点建议 [J]. 重庆行政，2022，23（1）：109-111.

等政策①。蒋和胜等提出稳固脱贫信息监测并实现帮扶的快速响应是防止返贫的重要手段，具体要从组织、政策、基础设施和自我发展能力四个方面保障提升②。也有学者从政府角度出发提出防止返贫的建议，张立承认为在进入相对贫困阶段后，原来的减贫经验不能完全照搬，需要重构扶贫政策体系③。王三秀建议转变政策帮扶观念，创新帮扶政策的功能性，延长低保边缘户的保障期限、适当扩增享受福利政策的人群范围，防止帮扶对象重复入贫；加大政府对返贫致贫风险人群的财政投入，提供更多的服务性帮扶；对特殊群体如老年人、慢性病农村家庭等，重视早期预防的人力资本投资④。李博认为，后扶贫时代只有针对脱贫人群建立返贫预警机制与防贫政策体系，才能达到巩固深度贫困地区的脱贫成果的效果，可以从乡村振兴、社会综合治理、文化惠民工程和东西部扶贫协作等渠道制定措施⑤。许杰等从治理核心、治理主题、治理格局和治理道路四个方面入手，提出需要转变理念，实现融合发展，利用大数据健全防返贫体系⑥。郑会霞认为后扶贫时代下，对贫困群体的积极社会心态的引导具有现实意义，对脱贫群体从心理上进行多维培育，才是根本路径⑦。王家斌等认为健全返贫监测预警与帮扶机制、加快推进解决相对贫困与保障性扶贫转变、完善乡村人才队伍建设机制是防返贫至关重要的着力点⑧。尹成杰认为，建立统筹政策扶持与乡村建设、统筹产业发展与人才培养及风险应对、统筹乡村治理的组织领导与机制建设的有效衔接长效机制，有助于同

① 王晓毅. 实现脱贫攻坚成果与乡村振兴有效衔接 [J]. 人民论坛，2022 (1)：10-17.

② 蒋和胜，田永，李小瑜. "绝对贫困终结"后防止返贫的长效机制 [J]. 社会科学战线，2020 (9)：185-193，282.

③ 张立承. 建立解决相对贫困长效机制：财政扶贫政策的"进"与"退" [J]. 理论探讨，2021 (6)：111-118.

④ 王三秀. 风险理念转变与我国农村返贫风险长效治理 [J]. 长白学刊，2022 (1)：116-123.

⑤ 李博. 后扶贫时代深度贫困地区脱贫成果巩固中的韧性治理 [J]. 南京农业大学学报（社会科学版），2020，20 (4)：172-180.

⑥ 许杰，朱洪波. "后扶贫时代"贫困治理的变革趋向与路径选择：基于贞丰县 Y 村的实践考察 [J]. 河南科技学院学报，2021，41 (1)：20-25.

⑦ 郑会霞. "后扶贫时代"贫困群体积极社会心态培育路径研究 [J]. 中共郑州市委党校学报，2021 (1)：69-75.

⑧ 王家斌，王亚玲. 后扶贫时代巩固提升脱贫成果的着力点探析 [J]. 贵阳市委党校学报，2021 (4)：31-34.

步促进乡村振兴和脱贫攻坚的成果拓展①。郑岩等认为民族地区贫困治理需要通过乡村振兴进行战略转型，主要从健全防返贫长效机制、推动减贫体系转型、全面推进乡村振兴三个方面进行了阐述②。

何植民等认为巩固与拓展是贫困治理政策的两大任务，要实现脱贫效果的常态化、系统化与脱贫户生计能力的长期化、稳固化，需要针对政策运行的外部环境、政策体系与脱贫户能力的三重困境，加强外部风险防控、完善贫困治理政策体系、提升脱贫农户可持续生计能力，三者结合，多措并举，构建现代化与可持续的反农村贫困长效治理体系③。曾福生认为可按照"监测识别—制度管理—贯彻落实—反馈完善"的思路，构建动态监测机制、制度保障机制、政策执行机制、评价反馈机制④。黄祖辉等提出三条协同推进路径：一是既要巩固脱贫成果，防范返贫致贫风险，实现政策常态化过渡，又要保持可延续，分区域梯次化衔接。二是既要汲取既有经验，使长期目标接替短期目标，又要实现新拓展，建立衔接通道。三是既要破解固有局限，打破乡村人口布局和城乡二元体制的局限，又要创立乡村集聚和城乡融合的新格局⑤。顾海英认为相对贫困治理的实现路径有四条：一是制定"能发展""能长效"的相关法规，构建相对贫困治理的长效机制。二是按相对贫困治理的要求和原则，构建城乡融合发展的有效机制。三是按乡村振兴与相对贫困治理的一致性目标和内容，构建两者之间的衔接机制。四是按渐进调整提高的方式，制定符合我国基本国情、发展阶段和贫困特征的相对贫困线标准⑥。

2.2.2 关于巩固与拓展的实践部署

2020 年 3 月 6 日，习近平总书记在决战决胜脱贫攻坚座谈会上提出，

① 尹成杰. 巩固拓展脱贫攻坚成果同乡村振兴有效衔接的长效机制与政策研究 [J]. 华中师范大学学报（人文社会科学版），2022，61（1）：25-30.
② 郑岩，孙一平. 乡村振兴中民族地区贫困治理战略转型与进路 [J]. 湖北民族大学学报（哲学社会科学版），2022，40（1）：107-117.
③ 何植民，蓝玉娇. 精准脱贫的可持续性：一个概念性分析框架 [J]. 行政论坛，2021，28（1）：28-38.
④ 曾福生. 后扶贫时代相对贫困治理的长效机制构建 [J]. 求索，2021（1）：116-121.
⑤ 黄祖辉，钱泽森. 做好巩固拓展脱贫攻坚成果同乡村振兴有效衔接 [J]. 南京农业大学学报（社会科学版），2021，21（6）：54-61.
⑥ 顾海英. 新时代中国贫困治理的阶段特征、目标取向与实现路径 [J]. 上海交通大学学报（哲学社会科学版），2020，28（6）：28-34.

"接续推进全面脱贫与乡村振兴有效衔接"。2021年中央一号文件明确指出要设立衔接过渡期，即"脱贫攻坚目标任务完成后，对摆脱贫困的县，从脱贫之日起设立5年过渡期，做到扶上马送一程"。《关于实现巩固拓展脱贫攻坚成果同乡村振兴有效衔接的意见》也明确指出"将巩固拓展脱贫攻坚成果放在突出位置，建立农村低收入人口和欠发达地区帮扶机制"。《中华人民共和国乡村振兴促进法》明确提出"建立农村低收入人口、欠发达地区帮扶长效机制，持续推进脱贫地区发展"，为贫困治理战略的系统性转型奠定了法律基础。现阶段，在脱贫攻坚与乡村振兴有效衔接的视野中，相关政策目标可以归纳为以下四个方面：巩固脱贫攻坚成果、缓解相对贫困、基本实现农业农村现代化、推进乡村全面振兴[①]。2022年中央一号文件明确要求"坚决守住不发生规模性返贫底线"，并进一步落实为完善监测帮扶机制，促进脱贫人口持续增收，加大对乡村振兴重点帮扶县和易地搬迁集中安置区支持力度，推动脱贫地区帮扶政策落地见效。2023年中央一号文件要求"巩固拓展脱贫攻坚成果"，要坚决守住不发生规模性返贫的底线，增强脱贫地区和脱贫群众内生发展动力，稳定完善帮扶政策（见表2-2）。

表2-2　脱贫成效巩固与拓展的文件一览表（按发布年份先后排序）

年份	文件名	具体内容
2020	《中共中央 国务院 关于 抓 好 "三农"领域重点工作 确保如期实现全面小康的意见》	（部分摘录）"坚决打赢脱贫攻坚战" "（二）巩固脱贫成果防止返贫"：各地要对已脱贫人口开展全面排查，认真查找漏洞缺项，一项一项整改清零，一户一户对账销号。总结推广各地经验做法，健全监测预警机制，加强对不稳定脱贫户、边缘户的动态监测，将返贫人口和新发生贫困人口及时纳入帮扶，为巩固脱贫成果提供制度保障。强化产业扶贫、就业扶贫，深入开展消费扶贫，加大易地扶贫搬迁后续扶持力度。扩大贫困地区退耕还林还草规模。深化扶志扶智，激发贫困人口内生动力
2020	《关于实现巩固拓展脱贫攻坚成果同乡村振兴有效衔接的意见》	全文均有要求

————————

① 高强. 脱贫攻坚与乡村振兴有效衔接的再探讨：基于政策转移接续的视角 [J]. 南京农业大学学报（社会科学版），2020，20（4）：49-57.

表2-2(续)

年份	文件名	具体内容
2021	《中共中央 国务院关于全面推进乡村振兴加快农业农村现代化的意见》	(部分摘录)"实现巩固拓展脱贫攻坚成果同乡村振兴有效衔接" "(三)设立衔接过渡期":脱贫攻坚目标任务完成后,对摆脱贫困的县,从脱贫之日起设立5年过渡期,做到扶上马送一程。过渡期内保持现有主要帮扶政策总体稳定,并逐项分类优化调整,合理把握节奏、力度和时限,逐步实现由集中资源支持脱贫攻坚向全面推进乡村振兴平稳过渡,推动"三农"工作重心历史性转移。抓紧出台各项政策完善优化的具体实施办法,确保工作不留空档、政策不留空白。 "(四)持续巩固拓展脱贫攻坚成果":健全防止返贫动态监测和帮扶机制,对易返贫致贫人口及时发现、及时帮扶,守住防止规模性返贫底线。以大中型集中安置区为重点,扎实做好易地搬迁后续帮扶工作,持续加大就业和产业扶持力度,继续完善安置区配套基础设施、产业园区配套设施、公共服务设施,切实提升社区治理能力。加强扶贫项目资产管理和监督。 "(五)接续推进脱贫地区乡村振兴":实施脱贫地区特色种养业提升行动,广泛开展农产品产销对接活动,深化拓展消费帮扶。持续做好有组织劳务输出工作。统筹用好公益岗位,对符合条件的就业困难人员进行就业援助。在农业农村基础设施建设领域推广以工代赈方式,吸纳更多脱贫人口和低收入人口就地就近就业。在脱贫地区重点建设一批区域性和跨区域重大基础设施工程。加大对脱贫县乡村振兴支持力度。在西部地区脱贫县中确定一批国家乡村振兴重点帮扶县集中支持。支持各地自主选择部分脱贫县作为乡村振兴重点帮扶县。坚持和完善东西部协作和对口支援、社会力量参与帮扶等机制。 "(六)加强农村低收入人口常态化帮扶":开展农村低收入人口动态监测,实行分层分类帮扶。对有劳动能力的农村低收入人口,坚持开发式帮扶,帮助其提高内生发展能力,发展产业、参与就业,依靠双手勤劳致富。对脱贫人口中丧失劳动能力且无法通过产业就业获得稳定收入的人口,以现有社会保障体系为基础,按规定纳入农村低保或特困人员救助供养范围,并按困难类型及时给予专项救助、临时救助

表2-2(续)

年份	文件名	具体内容
2022	《中共中央 国务院 关于 做好 2022 年全面推进乡村振兴重点工作的意见》	（部分摘录）"坚决守住不发生规模性返贫底线" "（十二）完善监测帮扶机制"：精准确定监测对象，将有返贫致贫风险和突发严重困难的农户纳入监测范围，简化工作流程，缩短认定时间。针对发现的因灾因病因疫等苗头性问题，及时落实社会救助、医疗保障等帮扶措施。强化监测帮扶责任落实，确保工作不留空档、政策不留空白。继续开展巩固脱贫成果后评估工作。 "（十三）促进脱贫人口持续增收"：推动脱贫地区更多依靠发展来巩固拓展脱贫攻坚成果，让脱贫群众生活更上一层楼。巩固提升脱贫地区特色产业，完善联农带农机制，提高脱贫人口家庭经营性收入。逐步提高中央财政衔接推进乡村振兴补助资金用于产业发展的比重，重点支持帮扶产业补上技术、设施、营销等短板，强化龙头带动作用，促进产业提档升级。巩固光伏扶贫工程成效，在有条件的脱贫地区发展光伏产业。压实就业帮扶责任，确保脱贫劳动力就业规模稳定。深化东西部劳务协作，做好省内转移就业工作。延续支持帮扶车间发展优惠政策。发挥以工代赈作用，具备条件的可提高劳务报酬发放比例。统筹用好乡村公益岗位，实行动态管理。逐步调整优化生态护林员政策。 "（十四）加大对乡村振兴重点帮扶县和易地搬迁集中安置区支持力度"：在乡村振兴重点帮扶县实施一批补短板促发展项目。编制国家乡村振兴重点帮扶县巩固拓展脱贫攻坚成果同乡村振兴有效衔接实施方案。做好国家乡村振兴重点帮扶县科技特派团选派，实行产业技术顾问制度，有计划开展教育、医疗干部人才组团式帮扶。建立健全国家乡村振兴重点帮扶县发展监测评价机制。加大对国家乡村振兴重点帮扶县信贷资金投入和保险保障力度。完善易地搬迁集中安置区配套设施和公共服务，持续加大安置区产业培育力度，开展搬迁群众就业帮扶专项行动。落实搬迁群众户籍管理、合法权益保障、社会融入等工作举措，提升安置社区治理水平。 "（十五）推动脱贫地区帮扶政策落地见效"：保持主要帮扶政策总体稳定，细化落实过渡期各项帮扶政策，开展政策效果评估。拓展东西部协作工作领域，深化区县、村企、学校、医院等结对帮扶。在东西部协作和对口支援框架下，继续开展城乡建设用地增减挂钩节余指标跨省域调剂。持续做好中央单位定点帮扶工作。扎实做好脱贫人口小额信贷工作。创建消费帮扶示范城市和产地示范区，发挥脱贫地区农副产品网络销售平台作用
2022	《关于推进以县城为重要载体的城镇化建设的意见》	（部分摘录）"推进巩固拓展脱贫攻坚成果同乡村振兴有效衔接"：以国家乡村振兴重点帮扶县和易地扶贫搬迁大中型集中安置区为重点，强化政策支持，守住不发生规模性返贫底线。推动国家乡村振兴重点帮扶县增强巩固脱贫成果及内生发展能力。推进大中型集中安置区新型城镇化建设，加强就业和产业扶持，完善产业配套设施、基础设施、公共服务设施，提升社区治理能力

表2-2(续)

年份	文件名	具体内容
2022	《乡村振兴责任制实施办法》	(部分摘录) 第五条 中央和国家机关有关部门乡村振兴责任主要包括:"(四)巩固拓展脱贫攻坚成果,完善并组织实施配套政策,健全并推进实施防止返贫动态监测和帮扶机制,重点帮扶支持国家乡村振兴重点帮扶县、易地搬迁集中安置点等重点区域,持续做好中央单位定点帮扶工作,让脱贫攻坚成果更加扎实、更可持续"。 第八条,地方党委和政府乡村振兴责任主要包括:(四)把巩固拓展脱贫攻坚成果摆在突出位置,确保兜底保障水平稳步提高,确保"三保障"和饮水安全保障水平持续巩固提升,不断缩小收入差距、发展差距,增强脱贫地区和脱贫群众内生发展动力,切实运行好防止返贫动态监测和帮扶机制,守住不发生规模性返贫底线,努力让脱贫群众生活更上一层楼
2023	《中共中央 国务院 关于做好2023年全面推进乡村振兴重点工作的意见》	(部分摘录)"巩固拓展脱贫攻坚成果" "(十四)坚决守住不发生规模性返贫底线":压紧压实各级巩固拓展脱贫攻坚成果责任,确保不松劲、不跑偏。强化防止返贫动态监测。对有劳动能力、有意愿的监测户,落实开发式帮扶措施。健全分层分类的社会救助体系,做好兜底保障。巩固提升"三保障"和饮水安全保障成果。 "(十五)增强脱贫地区和脱贫群众内生发展动力":把增加脱贫群众收入作为根本要求,把促进脱贫县加快发展作为主攻方向,更加注重扶志扶智,聚焦产业就业,不断缩小收入差距、发展差距。中央财政衔接推进乡村振兴补助资金用于产业发展的比重力争提高到60%以上,重点支持补上技术、设施、营销等短板。鼓励脱贫地区有条件的农户发展庭院经济。深入开展多种形式的消费帮扶,持续推进消费帮扶示范城市和产地示范区创建,支持脱贫地区打造区域公用品牌。财政资金和帮扶资金支持的经营性帮扶项目要健全利益联结机制,带动农民增收。管好用好扶贫项目资产。深化东西部劳务协作,实施防止返贫就业攻坚行动,确保脱贫劳动力就业规模稳定在3 000万人以上。持续运营好就业帮扶车间和其他产业帮扶项目。充分发挥乡村公益性岗位就业保障作用。深入开展"雨露计划+"就业促进行动。在国家乡村振兴重点帮扶县实施一批补短板促振兴重点项目,深入实施医疗、教育干部人才"组团式"帮扶,更好发挥驻村干部、科技特派员产业帮扶作用。深入开展巩固易地搬迁脱贫成果专项行动和搬迁群众就业帮扶专项行动。 "(十六)稳定完善帮扶政策":落实巩固拓展脱贫攻坚成果同乡村振兴有效衔接政策。开展国家乡村振兴重点帮扶县发展成效监测评价。保持脱贫地区信贷投放力度不减,扎实做好脱贫人口小额信贷工作。按照市场化原则加大对帮扶项目的金融支持。深化东西部协作,组织东部地区经济较发达县(市、区)与脱贫县开展携手促振兴行动,带动脱贫县更多承接和发展劳动密集型产业。持续做好中央单位定点帮扶,调整完善结对关系。深入推进"万企兴万村"行动。研究过渡期后农村低收入人口和欠发达地区常态化帮扶机制

* 本表内容根据国家乡村振兴局官方网站信息整理。

从战略目标上看，2020 年后我国将进入一个统筹城乡贫困治理的新阶段。我们不仅要继续关注农村贫困问题，而且要高度重视城市贫困问题，要把城乡贫困治理统筹起来考虑，实行城乡并重的减贫战略①。要积极借鉴国内外的相关经验，重点做好反贫困政策与社会救助政策的衔接，并大力提倡"发展型社会救助"②。亟须加强灾害预警和返贫风险动态监测，进一步完善精准脱贫政策协同与帮扶机制、动态调整与评估考核机制，激发帮扶干部、脱贫村庄及脱贫农户的内生动力和发展能力，形成精准脱贫的可持续性的"政策支持+内生能力培育"的现代化协同治理机制③。2020 年后的减贫战略将由集中性减贫治理战略向常规性减贫治理战略转型，由解决绝对贫困向解决相对贫困转变，由重点解决农村贫困转向城乡减贫融合推进转变，由重点解决国内贫困向国内减贫与国际减贫合作相结合方向转变，减贫发展国际化合作将会强化④。

从以上的文献梳理来看，在脱贫攻坚结束后，学者的研究视角也进一步从脱贫地区聚焦到乡村振兴重点帮扶县即防止返贫任务较重的脱贫地区，大致可以按照民族地区、边疆地区、革命老区等以往界定的深度贫困地区来认识，围绕深度贫困地区脱贫困境、脱贫路径、脱贫政策等方面进行了大量研究，特别是部分学者重点强调建立长效脱贫机制是破解深度贫困地区贫困的现实选择。当前，实践部门的关注焦点主要集中在两个方面：一是脱贫攻坚后续工作，主要包括对精准扶贫精神、扶贫经验和扶贫成就的总结，以及对脆弱群体、低收入人口自身抗风险能力的提升工作，防止出现大规模返贫或致贫问题。这方面的工作可以统归为"巩固"。二是面向乡村振兴的工作。从工作场域来看，精准扶贫与乡村振兴都是面向广大农村地区的，其服务群体也基本上为农民，所以在政策衔接层面就存在一致的前提条件；但因为政策目标发生了改变，所以在乡村振兴中实施的政策不能完全照搬精准扶贫期间的政策；有些政策通过实践证明是需要长期实施的，有些政策必须做出调整，还有些政策可能需要创新，这部分工作可以统归为"拓展"。但总体而言，由于各地仍处于实践探索阶段，

① 魏后凯. 2020 年后中国减贫的新战略 [J]. 中州学刊，2018 (9)：36-42.
② 左停. 反贫困的政策重点与发展型社会救助 [J]. 改革，2016 (8)：80-83.
③ 何植民，蓝玉娇. 精准脱贫的可持续性：一个概念性分析框架 [J]. 行政论坛，2021，28 (1)：28-38.
④ 张琦. 减贫战略方向与新型扶贫治理体系建构 [J]. 改革，2016 (8)：77-80.

受观察研究的时限影响，缺乏周期性系统研究成果，对局部或整体的素材积累不够充分。近年来疫情对社会经济的巨大冲击，又加剧了部分低收入人口致贫或返贫的风险。这些因素为当前的巩固与拓展工作带来了不小的挑战，对于原属深度贫困地区的脱贫人口和低收入人口来说，返贫或致贫的风险更大。所以可以看到，不论是国家农业农村部，还是地方各级政府，在五年过渡期内，仍然是以两手抓的工作方式推进这方面的工作。

2.3 关于民族地区贫困治理与发展的研究

2.3.1 关于民族地区贫困治理的研究

民族地区致贫研究。从现实情况来看，我国多数民族地区分布在自然条件相对较差、地理位置相对偏远的地形区域，学界也已从多个学科层面分析了民族地区的致贫原因。李俊杰等认为"三区三州"的贫困，首先是由于基础设施建设的不足和公共服务的落后。其次是由于气候和生存环境的恶劣使得农户体质差、健康问题严重，进而导致贫困。再次是贫困户受教育程度低，对脱贫的认知和能力不足。最后是由于产业化水平的低下，企业市场竞争力弱[1]。董永波等对四川茂县农村地区进行实地调查后总结出了更详细的致贫原因，主要为因病、因灾、缺资金、少技术和人才不足。李俊清等认为导致民族地区贫困的因素体现在外部环境、个人因素以及不可抗力三个大的方面，从外部环境来看体现为地理环境、公共服务、基础设施以及国家发展战略的影响。从个人因素来说，传统文化和个人受教育水平也是制约因素[2]。有的学者以我国的民族地区为整体进行研究。谭俊峰等认为民族地区的致贫原因复杂，首要还是表现在生存环境恶劣，自然资源难以得到开发，基础设施和公共服务的供给不足，使得脱贫难度大；由于长期缺乏与外界的交流，深度贫困的民族地区社会经济和文化水平低下、居民脱贫的动力不足是致贫的第二个原因[3]。张丽君等认为民族

① 李俊杰，耿新. 民族地区深度贫困现状及治理路径研究：以"三区三州"为例 [J]. 民族研究，2018（1）：47-57，124.
② 李俊清，向娟. 民族地区贫困成因及其治理 [J]. 中国行政管理，2018（10）：57-61.
③ 谭俊峰，陈伟东. 深度贫困地区脱贫攻坚路径研究：以嵌入性理论为视角 [J]. 天津行政学院学报，2018，20（5）：78-87.

地区的居民处于长期贫困和极易返贫的状态，在对民族八省区进行调研后，发现致贫原因为当地资源的稀缺、制度和文化的落后，这导致居民缺乏提升能力和知识水平的机会①。可见，将民族地区作为一个整体的话，恶劣的自然环境和封闭的生存空间是致贫的主要原因。史源渊从贵州农村家庭的经济模式展开分析，找到贫困生成的原因是家庭成员的目标是巩固生计，所以无论是以年老群体为主的务农模式还是以年轻群体为主的打工模式都呈现了积累少、自给自足、货币化程度低的特征。他们的家庭责任感弱，缺乏人生方向，导致贫困是深层次和难以瓦解的②。因此，经多角度归因，普遍认为民族地区致贫因素多而复杂，所以贫困程度深，也就加大了脱贫难度，自然也增加了防止返贫、乡村振兴等工作难度。

民族地区脱贫工作的研究。在全面依法治国的大背景下，确保实现依法治贫才能实现扶贫工作的长效性。但扶贫工作的法治化建设存在诸多问题。何平认为民族地区没有完善的民族扶贫法律体系和精准扶贫体系，对扶贫的相关规定都是通过会议或文件来传达的，缺乏正式性和法治性。赵兵让认为扶贫开发缺乏立法保障，导致了扶贫过程中出现违纪违法的情况，极少的扶贫人员和贫困群众缺乏法律意识③。在基层扶贫干部扶贫能力方面，解决干部在扶贫中的问题是打赢脱贫攻坚战的重要路径。2018年中央一号文件《中共中央 国务院关于实施乡村振兴战略的意见》明确提出"开展扶贫领域腐败和作风问题专项治理，切实加强扶贫资金管理，对挪用和贪污扶贫款项的行为严惩不贷。将2018年作为脱贫攻坚作风建设年，集中力量解决突出作风问题"。邓晶晶等认为在扶贫过程中出现的"痕迹主义"是形式主义的另一种形式，在扶贫过程中留下笔迹、各项会议记录等来佐证扶贫工作绩效，还有的刻意在相机下塑造好的干部形象，而这实际上是不作为的表现④。黄晨熹分析了脱贫攻坚任务中干部出现厌战情绪的原因在于扶贫干部的形式主义、悲观主义和放任主义⑤。殷路路

---

① 张丽君，罗玲，吴本健. 民族地区深度贫困治理：内涵、特征与策略 [J]. 北方民族大学学报（哲学社会科学版），2019（1）：18-23.

② 史源渊. 新贫困陷阱：少数民族地区信贷扶贫政策反思 [J]. 华南农业大学学报（社会科学版），2019，18（2）：27-34.

③ 赵兵让. 扶贫开发的法治化建设推进路径探析 [J]. 法学杂志，2019，40（6）：133-140.

④ 邓晶晶，刘海军. 形式主义的新变种 基层干部"痕迹主义"倾向剖析 [J]. 人民论坛，2019（20）：54-55.

⑤ 黄晨熹. 深度贫困地区脱贫攻坚要避免急躁和厌战情绪 [J]. 人民论坛，2018（26）：65-67.

等认为在政策的执行方面，利用自身拥有的权力为自身寻找寻租腐败的空间；在思想作风方面，不注重群众的需求，责任意识不强、懒政怠政严重、在扶贫过程中不认真严肃履责，导致扶贫资金流于形式①。陈科认为基层干部对职责的推卸和对工作的心不在焉将威胁组织的发展，他们没有为贫困地区的发展去思考和谋划②。在贫困户的内生动力上，贫困户自身作为精准扶贫的重要参与者，是最有资格评价扶贫效果和扶贫工作开展的主体，但不少贫困户却对精准扶贫缺乏关心。陶波分析了贫困户总是将环境、物质等外在因素作为难以脱贫的原因，忽略了自身脱贫意识不足、依赖思想严重等内在原因。葛志军等认为在精准识别上贫困农户的参与性不足，他们或因为外出打工，或因为自身疾病缠身，或因为家庭困难而对公共事务的关心度不够③。李小云分析了西南某省一个贫困村的现状，认为致贫的重要原因在于贫困户自身生活环境导致其没有获得良好的教育，对村干部上门宣传政策也漠不关心，况且一旦脱离外部的支持，贫困农户与外界的连接便会中断，在这样的情况下致富能人很难培育起来。村民整体的素质不高也易导致观念趋同，滋生嫉妒之心④。从教育的供给和需求均不足来看，教育是民族地区最可靠的、最能推动当地可持续发展的脱贫方式。陈立鹏等认为民族地区教育扶贫经费不足是首要问题，其次是待遇和发展问题导致教师的数量不足、自身素质不够，最后是民族地区的办学体制没有创新，依赖政府办学⑤。肖时花等通过对民族地区教育扶贫的内在机理分析，认为民族地区群众掌握的知识少、技能水平低下且健康状况差，而知识技能的薄弱使得他们不具备创新精神去开拓这些资源⑥。吴霓通过观察各个教育阶段并对教育精准扶贫的短板进行归纳，提出在学前教

① 殷路路，李丹青. 基层扶贫干部"微腐败"行为分析与精准治理 [J]. 领导科学，2018 (36)：10-12.

② 陈科. 扶贫干部"心不在焉"的典型表现和治本之策 [J]. 领导科学，2018 (36)：12-14.

③ 葛志军，邢成举. 精准扶贫：内涵、实践困境及其原因阐释：基于宁夏银川两个村庄的调查 [J]. 贵州社会科学，2015 (5)：157-163.

④ 李小云. 冲破"贫困陷阱"：深度贫困地区的脱贫攻坚 [J]. 人民论坛·学术前沿，2018 (14)：6-13.

⑤ 陈立鹏，马挺，羌洲. 我国民族地区教育扶贫的主要模式、存在问题与对策建议：以内蒙古、广西为例 [J]. 民族教育研究，2017，28 (6)：35-41.

⑥ 肖时花，吴本健. 民族地区教育扶贫的内在机理与实现条件 [J]. 黑龙江民族丛刊，2018 (5)：100-105.

育阶段入园率低，在义务教育阶段存在基础设施不到位和师资力量匮乏等问题，在高中教育阶段，贫困地区普通高中数量不足、职业教育发展对学生的吸引力不足也是教育扶贫的一大短板。有学者通过分析云南民族地区的教育扶贫现状提出，扶贫制度的不完善、精准识别的不精准导致了教育扶贫资源的浪费，当地基础条件的落后、师资力量的欠缺也使得教育扶贫的专业设置和学生毕业后就业都存在难以解决的问题。在产业发展难以实现规模化上，在偏远民族地区兴办的产业带动了经济的发展，但在帮助民族地区居民脱贫致富和增收上仍然动力不足。许汉泽等提出了产业扶贫与经济开发存在矛盾，追求市场规模化的产业扶贫难以为贫困户带来较多收益，而针对贫困户开展的产业扶贫又很难形成规模化的效应，因此对扶贫到底要追求市场发展的逻辑还是扶贫济困的道德逻辑提出疑问①。谭俊峰等认为民族地区农林牧产业发展的规模很小、分布较散，难以达到省级政府规定的政策申请的规模，因此也就无法申请相关项目支持，民族地区实质上被排除在相关产业发展政策支持之外②。李小云认为在产业扶贫取得一定效益之后，投资主体可能会撤出贫困村，而贫困村一旦没有了外部支持，就会出现产业难以为继的现象，从而功亏一篑。雷明等认为产业扶贫的不足主要表现在民族地区的产业发展的周期较长，快速产生回报的概率较小，产业发展的层次偏低，质量有待加强，最后，基础设施不完善、交通不便、地理位置偏远以及通信条件差成为阻碍产业发展的根本问题。曾小溪等认为易地搬迁后的农户对土地的使用难以为继，最重要的一点是易地搬迁后居民的收入来源未发生实质性转变。陆铈凡等对安徽省金寨县的易地搬迁扶贫做了分析，认为易地搬迁扶贫最终要实现的就是脱贫，但仅仅改善居住环境不能巩固贫困群体的后续生计，也无法达到最终目标，因而易地搬迁后的政策完善与否事关重大。易地搬迁后迁入群体的满意度和致富能力还需要进行考核③。

① 许汉泽，李小云. 精准扶贫：理论基础、实践困境与路径选择：基于云南两大贫困县的调研 [J]. 探索与争鸣，2018（2）：106-111，143.

② 谭俊峰，陈伟东. 深度贫困地区脱贫攻坚路径研究：以嵌入性理论为视角 [J]. 天津行政学院学报，2018，20（5）：78-87.

③ 陆铈凡，苏青帝，姜润杰，等. 易地搬迁扶贫成效及问题分析：以安徽省金寨县为例 [J]. 中国市场，2017（14）：176-177.

2.3.2　关于民族地区可持续发展的研究

有效衔接方面的研究。乡村振兴战略的最终目标是要实现农村美、农民富、农业强，是在农村全面脱贫后能够覆盖整个乡村的发展。民族地区在脱贫后想要实现稳定发展，就必须要做好精准脱贫与乡村振兴的衔接工作，基于此，学界关于如何推进二者有效衔接做了如下研究：

从理论和实践方面来看，豆书龙等认为它们都是为实现社会主义的本质而服务的，它们在主体上具有一致性，为两种战略的衔接提供了理论层面的指导。从实践层面来讲，乡村振兴助力脱贫攻坚实现纵深发展，脱贫攻坚通过有效经验推进乡村振兴稳步前进①。精准脱贫与乡村振兴推进的理论逻辑体现为二者是相互促进的关系：精准脱贫解决了绝对贫困的难题，但稳定脱贫还需要乡村振兴的支持，同时乡村振兴在解决城乡融合发展和社会福利均衡的问题时需借助精准脱贫弥补短板。从实践逻辑来看，二者具有从无序到有序的耦合关系。乡村振兴为精准脱贫提供长效的动力，主要表现在实现农民增收的产业兴旺和改善内生动力的精神脱贫上。从二者的关系来看，陆益龙认为今后农村的反贫困和农村的发展要充分考虑乡村振兴战略，而乡村振兴的前提就是改变贫穷乡村的现状。精准脱贫对于乡村振兴的必要性表现为乡村振兴不允许有贫困出现。乡村振兴中的二十字方针也包含了精准脱贫的重要内容，因此要顺利推进乡村振兴，就要确保精准扶贫达到预期目标②。魏后凯等指出脱贫攻坚是2020年必须完成的短期战略，而乡村振兴是长期性的战略，应该将脱贫攻坚融入乡村振兴的全过程，实现长短结合，帮助农民实现收入的可持续增长，促进产业振兴。要实现收入的可持续增长则需要激活资源以拓宽农民的增收渠道，还要转变生产方式，发展绿色农业和有竞争力的产业体系③。乡村振兴和脱贫攻坚还应互相融合。汪三贵等分析了二者的逻辑联系，认为二者的目标是层层推进的，同时脱贫攻坚是推动乡村振兴的先决条件，乡村振兴是巩固脱贫成果的保障。加之乡村振兴阶段延续的是脱贫攻坚时期的体制机

① 豆书龙, 叶敬忠. 乡村振兴与脱贫攻坚的有机衔接及其机制构建 [J]. 改革, 2019 (1)：19-29.

② 陆益龙. 乡村振兴中精准扶贫的长效机制 [J]. 甘肃社会科学, 2018 (4)：28-35.

③ 魏后凯, 刘长全. 中国农村改革的基本脉络、经验与展望 [J]. 中国农村经济, 2019 (2)：2-18.

制，二者在政策上也是相互融合的①。脱贫攻坚阶段要将因地制策和加强扶贫资金问题作为关键点，实现乡村振兴需要重视农业的科学高效发展、将"三农"问题放在重要位置，二者应实现有机结合，因地制宜，要在脱贫攻坚的计划中融入乡村振兴的原则。已有研究表明，脱贫攻坚要融入乡村振兴的目标和策略，而乡村振兴要以脱贫攻坚的经验为参考，学界对二者衔接的必要性和可行性进行了大量的论证，但在具体的衔接路径上还有待进一步研究。

长效机制的研究。脱贫后巩固成效的工作是确保不出现大规模返贫和乡村振兴稳步实施的关键，学者们在如何巩固脱贫成效上从战略和具体措施两方面着手研究。在战略上，在分析了致贫原因之后，李小云认为：2020 年脱贫后预防返贫和贫困治理工作首先应该由运动式治理转变为制度式治理；其次贫困涉及医疗、教育等多个部门，这种碎片化的特征降低了有效性，因此需建立多部门协同治理的机制；最后贫困地区公共服务质量的提升是按照城市标准来的，会消耗贫困居民的收入，因此需要设计城乡一体化和公共服务一体化的扶贫战略②，要保证脱真贫和真脱贫。要凝聚共识，让全体人民认识到脱贫成果来之不易，要进一步统揽经济社会发展全局，制定相关政策，更好地服务巩固工作。要发挥党的引领作用，探索脱贫致富奔小康的模式，实现多元化发展。范和生等认为返贫的实质在于贫困本身具备的脆弱性，因此应当建立返贫的预警机制：首要的是建立预警信息机制；其次要打造一支预防返贫的队伍，并树立预防返贫的政绩观；再就是建立具有政策持续性和社保兜底的长效机制，以取得长期稳定的效果；接下来需要保障脱贫户的稳定增收；最后要建立监督考核机制，将返贫作为一项重要的考核指标并接受社会各界监督③。就具体措施而言，对全面脱贫后贫困地区应该如何防止返贫提出对策。首先应该设立专项防返贫资金，为产业发展提供新的动能。其次可以制定返贫金融支持制度，并给予一定的减息优惠政策。再次还应通过开展技能培训等提高就业群体素质。最后政府还要拓宽就业平台、提高养老保险金额、拓宽医疗保险的

---

① 汪三贵，冯紫曦. 脱贫攻坚与乡村振兴有机衔接：逻辑关系、内涵与重点内容 [J]. 南京农业大学学报（社会科学版），2019，19（5）：8-14，154.

② 李小云. 冲破"贫困陷阱"：深度贫困地区的脱贫攻坚 [J]. 人民论坛·学术前沿，2018（14）：6-13.

③ 范和生. 返贫预警机制构建探究 [J]. 中国特色社会主义研究，2018（1）：57-63.

种类。章文光等认识到预防返贫是一项复杂且艰巨的任务，返贫是阻碍全面小康和乡村振兴的最大难题。因此预防返贫首先要立足于返贫的管理，对脱贫未返贫的予以激励并实施动态监控。再就是建立特色支柱产业，保证稳定增收。当然，完善社会保障制度和就业管理制度也能使脱贫户稳定发展，关键还在于激发群众的内生动力和发展能力[①]。段小力等认为要彻底解决贫困问题，就要应对返贫带来的挑战。首先需要构建返贫预警模型，通过成立相应管理机构和采集数据来进行全程干预。其次需要加快对已脱贫地区的基础设施建设，确保脱贫户都有稳定脱贫的门路。最后要通过扶贫与扶智相结合，加强教育培训。徐曼等认为在后扶贫时代，要预防返贫，就要消灭从脱贫到返贫的条件，即从加强基础设施的建设出发以促进经济发展、建立健全社会保障措施、改变贫困群众的思想意识和生活习惯这三个方面着手[②]。学界就预防返贫的问题提出了整体规划和具体举措，对全面脱贫后巩固脱贫成果具有借鉴意义，尤其是对民族地区建立长效机制提供了有益的指导。

2.4　关于绿色扶贫的研究

绿色扶贫首创于中国，同时也在中国得到了实践升华。绿色扶贫是绿色发展理念融入扶贫工作的产物。2015 年 11 月 23 日，中共中央政治局审议通过的《关于打赢脱贫攻坚战的决定》明确提出了"坚持生态保护，实现绿色发展"的脱贫原则，要"牢固树立绿水青山就是金山银山的理念，把生态保护放在优先位置，扶贫开发不能以牺牲生态为代价，探索生态脱贫新路子，让贫困人口从生态建设与修复中得到更多实惠"[③]。徐秀军提出绿色扶贫是指导脱贫攻坚的新理念，是实现脱贫致富的新方式，是实施反贫困战略的新对策[④]。以王国庆等[⑤]、莫光辉等[⑥]为代表的专家学者从生态

---

①　章文光. 建立返贫风险预警机制化解返贫风险 [J]. 人民论坛，2019 (23)：68-69.

②　徐曼. 打好"后扶贫时代"脱贫攻坚战 [J]. 人民论坛，2019 (9)：58-59.

③　新华社. 中共中央 国务院关于打赢脱贫攻坚战的决定 [EB/OL]. (2015-12-07) [2023-2-10]. http://www.gov.cn/zhengce/2015-12/07/content_5020963.htm.

④　徐秀军. 解读绿色扶贫 [J]. 生态经济，2005 (2)：78-79.

⑤　王国庆，李梦玲，刘初脱. 宁夏"脱贫摘帽"后产业可持续发展研究 [J]. 农业经济，2020 (5)：37-39.

⑥　莫光辉，张菁. 绿色减贫：脱贫攻坚战的生态精准扶贫策略：精准扶贫绩效提升机制系列研究之六 [J]. 广西社会科学，2017 (1)：144-147.

学的角度，强调贫困地区大多位于生态脆弱地区，扶贫工作要注重生态保护和生态修复；在扶贫开发的过程中不能单纯以经济效益为目标，也要充分考虑生态效益。以曾一鸣、彭斌等为代表的学者认为，绿色扶贫是实现减贫脱贫的新的扶贫方式，也就是在保护贫困地区生态环境的前提下，有限度地开发利用自然资源，在贫困地区大力发展绿色产业以达到脱贫致富的目的①②。史云贵等认为绿色扶贫是绿色发展与扶贫开发有机融合的新扶贫发展理念，具有丰富的理论内涵：绿色扶贫区别于传统的扶贫理念，具有保护性、可持续性、内源性和共享性的新特征，其本质就是以资源与环境承载力为前提，探寻贫困地区的全面、协调、可持续发展③。绿色扶贫作为促进生态环境保护与扶贫开发相结合的新途径，戴旭宏认为它就是要解决贫困地区尤其是生态脆弱地区经济发展与环境保护二者的矛盾问题④。

　　总结过去的扶贫工作可以发现，通过政策、先进技术等外部资源的输入，短期内能够刺激贫困地区快速发展，这种"输血式"的扶贫可以实现部分贫困地区和人口发生转变。从扶贫绩效考核的角度来看，这类扶贫方式能够获得贫困地区群众、扶贫工作者的青睐，从而成为首选。但我们也看到，不管是理论界，还是实践中，都对该扶贫模式的可持续性提出质疑，最大的争议在于一旦外部资源减少或停止，贫困地区和人口返贫风险极高，多数扶贫资源在项目制管理模式下具有周期性、考核性等特点，显然与贫困问题的发生与消亡规律不相符合，绝大多数深度贫困地区并不能通过做几个项目彻底拔掉穷根。在政府考核规定和扶贫工作者自身晋升目标的指引下，扶贫项目的选择往往具有个别群体的需求导向性，其行为主体并非贫困主体。除此之外，客观条件的限制也使得绿色扶贫工作推进乏力，一些扶贫工作者工作方法欠缺科学性和创新性，绿色发展能力不足，工作手段单一；贫困地区的人民群众更是囿于个体能力不足而无法将绿色发展理念转化为行动，绿色扶贫工作一度遭遇思想和现实的双重困境，传

---

① 曾一鸣. 绿色扶贫的问题与对策：以湖南洞口县马口村为例 [J]. 智能城市，2016，2（10）：191-192.

② 彭斌，刘俊昌. 民族地区绿色扶贫新的突破口：广西发展林下经济促农增收脱贫路径初探 [J]. 学术论坛，2013，36（11）：100-104，134.

③ 史云贵，刘晓君. 绿色扶贫：基本内涵、演变逻辑与实现路径 [J]. 长安大学学报（社会科学版），2017，19（5）：98-106.

④ 戴旭宏. 绿色扶贫：中西部地区现阶段财政支持政策的必然选择：基于四川财政政策支持的视角 [J]. 农村经济，2012（12）：60-63.

统粗放型和资源依赖型扶贫模式依然是主流，这也给贫困地区经济可持续发展和永续脱贫带来隐患①。

2.5 研究述评

通过对绿色发展的理论、国内外研究以及精准扶贫中关于民族地区、可持续性、绿色扶贫主题研究的回顾可以发现：第一，绿色的内涵及外延十分广阔，现有绿色研究已经突破了经济学、政治经济学、生态学等传统学科的视野，为本书拓展绿色定义的广度与深度尤其是其作为一种观念、关系、组织甚至制度在社会学中的研究空间提供了十分宝贵的理论与方法基础。第二，在技术层面，前人对绿色指标体系的构建与测量为本书提供了值得借鉴的实证研究基础。与此同时，结合浩瀚的研究成果与实地调查经验，笔者认为关于绿色发展的研究仍然存在以下不足。一是概念混淆。在有关地区绿色发展的讨论中，存在着对绿色发展、绿色扶贫及生态扶贫等概念的混淆使用；在未阐明概念内涵的前提下，将三者等同混淆使用。所以本书力图对概念做出明确的界定。二是多数研究对民族地区的绿色扶贫或生态扶贫存在着认知偏差，即以"果"推"因"，认为民族地区的发展出路只能是绿色模式，因为民族地区生态脆弱，而忽略了对采用绿色模式的必要性论证。第三，按照结构功能主义的观点，结构决定整体，在民族地区尤其是兼具贫困属性的民族地区，认为绿色发展多应以产业发展作为最佳切入点，但只关注了产业这一结构，而忽视了其他结构对整体的功效，比如人的观念与行为、组织与制度、社会文化与心理等，而这些因素显然对绿色发展在基层社会的生根发芽更为关键。

---

① 陈松涛. 绿色扶贫为农村发展"造血"[J]. 人民论坛，2017（28）：78-79.

3 绿色发展与民族地区 可持续发展的关联性论证

3.1 理论依据

3.1.1 绿色发展理论

"绿色发展"作为一种概念或发展模式被提出，源自西方社会对现代工业文明的批判。1966年，美国学者鲍丁（Kenneth Boulding）提出宇宙飞船经济理论，试图利用循环经济解决全球生态问题①。1972年，罗马俱乐部②在《增长的极限》这篇研究报告中第一次提出"全球生态危机"问题。同年召开的第一次全球性环境大会通过了著名的《人类环境宣言》和全球环境保护的行动计划。1989年，英国经济学家大卫·皮尔斯在《绿色经济蓝图》一书中明确使用了"绿色发展"这一概念，指出绿色发展模式是一种"可承受的经济模式"，认为绿色发展的核心是"不仅要保护好自然环境和自然资源，而且要保护好生态系统的功能，使得自然资源可以永续使用，生态系统功能得以永续稳定，持续服务于人类社会"③。1987年，世界与发展环境委员会发布《我们共同的未来》，提出了可持续发展战略，

---

① 李雪娇. 绿色发展视域下中国农村生态环境问题的政治经济学研究 [D]. 西安：西北大学，2018.

② 其英文名称为"Club of Rome"，成立于1968年4月，总部在意大利罗马，是关于未来学研究的国际性民间学术团体，也是一个研讨全球问题的全球智囊组织。其宗旨是研究未来的科学技术革命对人类发展的影响、阐明人类面临的主要困难以引起政策制定者和舆论的注意。该组织主要从事有关全球性问题的宣传、预测和研究活动。

③ 皮尔斯. 绿色经济蓝图 [M]. 初兆丰，等译. 北京：北京师范大学出版社，1995.

生态问题被纳入全球性关注问题。20世纪90年代,经济学家对全球气候变化和布伦特兰委员会报告做出反应,将经典生产函数中对资源环境的忽视问题引入了内生增长理论。经济学家阿吉翁和霍伊特(Aghion & Howitt)认为,相比新古典理论,内生增长理论更擅长于解释可持续发展问题。将资源和环境作为内生要素纳入增长模型中的生产函数和社会效用函数,以分析各生产要素对经济增长的影响机制和实现持续增长的可能性是构建可持续增长模型的基本思路。绿色经济发展在理论形成和政策实践中受到诸多因素影响,当经济系统、环境系统与社会系统尚未实现有效统一时,各国和地区在推动绿色经济发展过程中就会出现效率、规模和公平三种维度的价值导向[①]。绿色经济发展的最终目的是实现人类福祉的提升,因此有不少学者认为从效率导向转向公平导向是一种"由浅绿色向深绿色"的演变过程。事实上这三种价值维度并不存在优劣之分,它们不仅是内生共存的,同时也是相互影响的,体现的是在不同条件和不同价值取向下三个系统发展的优先顺序。正如经济学家斯科列丘(Sciecu)所言:"绿色经济理论对于引导可持续发展政策至关重要,因为它指向了问题的中心,即通过适合当地及全球生态基础条件和长期动力的方式来组织经济。"这说明,对于发展阶段不同的国家,应当根据对经济基础、生态环境状况和社会状况的综合评价,选择适合国情的绿色经济发展路线,最终推动全球绿色发展的实现和人类福祉的提升。

随着工业社会的不断发展,进入21世纪,与环境有关的问题成为学界关注焦点,生态现代化(Hajer,1995)[②]、生态足迹理论(Ferng,2007)[③]、可持续发展的B模式(Lestr Brown,2006)[④]、城市可持续发展评估(Nicolas Moussiopoulos,2010)[⑤]等尝试提出社会经济发展与生态环境保护的协同方案。Bob Giddings等人认为经济、社会和环境是相互联系和

① 唐啸. 绿色经济理论最新发展述评 [J]. 国外理论动态, 2014 (1): 125-132.

② HAJER. The politics of environment discourse: ecological modernisation and the police process [M]. Oxford: Oxford University Press, 1995.

③ FERNG J. Resource-to-land conversions in ecological footprint analysis: the significance of appropriate yield data [J]. Ecological Economics, 2007, 62 (3): 379-382.

④ 莱斯特·R. 布朗. B模式2.0: 拯救地球 延续文明 [M]. 林自新, 暴永宁, 等译. 北京: 东方出版社, 2006.

⑤ MOUSSIOPOULOS N, ACHILLAS R, VLACHOKOSTAS R, et al. Environmental, social and economic information management for the evaluation of sustainability in urban areas: a system of indicators for thessaloniki, Greece [J]. Cities, 2010, 27 (5): 377-384.

影响的整体，应当将经济、社会和环境统一到可持续发展的路径上来①。世界银行在2012年的《环境经济能源报告》中提出了包容性增长，指出自然资产是有限的，需要进行核算、投资和维护。Sabit Diyar 等人指出经济稳定增长和向绿色发展转变是当代社会面临的两大挑战②。Mcafee 提出绿色经济是利用经济理性和市场机制来消除全球化资本主义对生态环境最具破坏性的影响③。对于发展中国家而言，摆脱贫困的首要任务是实现经济增长，进而才能在增长的基础上关注发展。在实践层面，一些发展中国家的计划者和政策制定者早已运用经济增长模型来制订发展计划。包括哈罗德-多马模型、索罗模型以及内生增长模型在内的经典经济增长模型强调的是资本、劳动、技术、人力资本等要素对产出的影响，但却忽视了资源和环境要素。在发展过程中，尽管资源配置的动态效率可能无法自动满足可持续准则，但其与可持续性是一致的。处理环境与发展的关系并不意味着发展中国家要重走发达国家的老路即先破坏后治理，发展中国家反而应当开辟一条从当前起就注重环境与发展双赢的绿色之路。绿色发展是将资源环境作为经济社会发展的内生变量实现可持续增长的一种发展模式，有效率、规模和公平三种价值导向，它们侧重点不同但并不存在好坏之分。发展中国家绿色发展的要素包括人口、教育、健康、技术、制度和金融，其主体包括了政府、市场和公众，其阻力来自国家贸易和全球价值链对发展中国家环境造成的损害以及全球环境治理冲突。

关于绿色发展的定义尚未达成统一，与"绿色发展"表述相似的概念还有"绿色经济"和"绿色增长"。2005年，"绿色增长"的概念在联合国亚太经社会（UNESCAP）环境与发展部长会议上被正式提出，被定义为"为推动低碳、惠及社会所有成员的发展而采取的环境可持续的经济过程"④。2007年，联合国环境规划署（UNEP）将"绿色经济"定义为"重视人与自然、能创造体面高薪工作的经济"，并在2011年的报告中将此定义进一步完善为"改善人类福利和社会公平，同时极大降低环境危害和生

---

① GIDDINGS B, HOPWOOD B, O'BRIEN G. Environment, economy and society: fitting them together into sustainable development [J]. Sustainable Development, 2002, 10 (4): 187-196.

② DIYAR S, AKPAROVA A, TOKTABAYEV A, et al. Green economy Innovation-based development of Kazakhstan [J]. Procedia-Social and Behavioral Sciences, 2014, 140: 695-699.

③ 李雪娇. 绿色发展视域下中国农村生态环境问题的政治经济学研究 [D]. 西安: 西北大学, 2018.

④ 张旭, 李伦. 绿色增长内涵及实现路径研究述评 [J]. 科研管理, 2016 (8): 85-93.

态稀缺性的经济发展模式"①。2011 年，经合组织（OECD）进一步修正和深化了此前"在防止代价昂贵的环境破坏、气候变化、生物多样化丧失和以不可持续的方式使用自然资源的同时，追求经济增长和发展"的绿色增长概念，将绿色增长定义为"在确保自然资产持续提高人类社会所依赖的资源和环境服务的同时，促进经济增长和发展"②。2012 年，世界银行（WB）将绿色增长定义为"在经济增长不放缓的前提下，实现生产过程高效、清洁和弹性化"③。从以上国际组织的定义来看，以"绿色"为主线条的发展方式的核心之一便是经济与环境的关系，生态环境主义认为经济发展与环境破坏存在着因果关系，即经济越发展，环境越被破坏。目前，人类能够认识到这组因果关系并努力降低其因果性的最优路径依然是提高资源利用效率，通过产业技术升级降低对环境的破坏，或者直接在环境治理技术上做文章，以期达到最优解。那么，绿色发展理论的最大价值如何体现？作为实现可持续发展的重要工具，绿色发展强调经济系统、社会系统和环境系统的共生性，即三大系统之间的整体性和协调性，其基本含义是在保持经济增长的同时，更加重视对环境的保护，显然已经超越了传统观点，"共生性"将是难点。

在历史悠久的中国传统文化中，关注生态的思想为数众多，认为世间万物合为一体，即万事万物包括人存在于一个统一的系统之中。任何事物都有其生生灭灭的客观规律，自然环境是生物赖以生存的基础。《庄子·达生》的"天地者，万物之父母也"，《管子·水地》的"地者，万物之本源，诸生之根苑也"，皆为这个道理。即便是在农耕时代，古人都已明白了生态保护的道理，也积累了不少与自然环境和谐相处之道。"子钓而不纲，弋不射宿""竭泽而渔，岂不获得？而明年无鱼；焚薮而田，岂不获得？而明年无兽。"即便是放在当前社会，这些智慧都依然具有重要的理论和实践价值，也是中华文明对"共生性"的历史回应。

习近平总书记指出："绿色发展，就其要义来讲，是要解决好人与自然和谐共生问题。人类发展活动必须尊重自然、顺应自然、保护自然，否

① UNEP. Towards a green economy, pathways to a sustainable development and poverty eradication [R]. Nairobi：2011：2.

② OECD. Towards green growth：monitoring progress [R]. Paris：2011：9.

③ WORLD BANK. Inclusive green growth：the pathway to sustainable development [R]. World Bank，Washington，2012：2.

则就会遭到大自然的报复，这个规律谁也无法抗拒。"这里所强调的"人与自然和谐共生"，深刻体现出对博大的中国生态文明思想的继承和发展。党的十八届五中全会明确了创新、协调、绿色、开放、共享的新发展理念，将绿色发展作为关系我国发展全局的一个重要理念，作为"十三五"乃至更长时期我国经济社会发展的一个基本理念，这体现出中国共产党对经济社会发展规律的深刻理解。绿色发展本质上要求经济、社会与环境的协调统一，且资源与环境应是经济社会发展的内生变量。在社会层面，绿色发展是以人为本的发展模式，强调创造基于绿色产业与绿色技术的新就业技术，减少贫困，改善财富分配严重不均，实现社会的公平正义，提升全人类的福祉。绿色发展本质上要求形成绿色的经济增长模式，要求经济活动的扩张不以资源损耗和环境污染扩大为代价，但绿色发展并非只关注生态而不强调发展。绿色发展本质上要求关注生态系统的服务功能和生态价值。可持续发展理念虽然得到了全球范围内的广泛共识，但在实践中却遭遇了重重困难，其核心之一就是没有系统认识到生态系统的服务功能和生态价值。绿色发展本质上要求关注人类福祉和社会公平。在代际层面，绿色发展旨在实现代际的平衡，认为不仅不能以牺牲后代人的需要为代价，反而应当主动为后人的生存发展谋取更多的福利。绿色发展本质上要求依靠制度创新和技术创新，有赖于一系列相适应的制度引领和支撑，包括宏观规划、法律法规、政策条例。

3.1.2 "两山"理念

习近平总书记担任浙江省委书记期间，在浙江安吉县余村考察该村关停矿山、发展旅游的做法时提到："我们过去讲，既要绿水青山，又要金山银山。其实，绿水青山就是金山银山。"

我们可以简化理解，"绿水青山"和"金山银山"分别指代生态环境保护和经济发展，把它们当作这样一组经典的关系来看，二者之间是存在矛盾冲突的，因为过去发展经济的原始资料来自生态系统，当二者之间的平衡关系被打破时，发展经济就会导致生态环境破坏（这是在资源利用水平较低的初始工业阶段）。现在提出要辩证地看这对关系，就是生态环境也能够成为经济要素，而不是仅被被动利用。将生态环境优势转化为生态农业、生态工业、生态旅游等生态经济的优势，这就是绿水青山转化为金山银山的现实路径。通过诸如一二三产业融合等新型产业模式，将自然资源和自然环境具备的生态价值顺利转化成具有经济性的生态效益，绿水青山也就成了金山银山。2018年习近平总书记在全国生态环境保护大会的讲话中指出："绿水青山就是金山银山，贯彻创新、协调、绿色、开放、共享的发展理念，加快形成节约资源和保护环境的空间格局、产业结构、生产方式、生活方式，给自然生态留下休养生息的时间和空间。"① 从而创造性地回答了共生性问题。

2015年《中共中央 国务院关于打赢脱贫攻坚战的决定》这一新时代扶贫开发工作指导性文件发布，文件指出"牢固树立绿水青山就是金山银山的理念，把生态保护放在优先位置，扶贫开发不能以牺牲生态为代价，探索生态脱贫的新路子，让贫困人口从生态建设与修复中得到更多实惠。"② 这不仅为扶贫工作确立了生态保护的行为红线，将"两山"理念确立为脱贫攻坚战的核心指导思想，同时在这一思路的指导下，提出了生态扶贫的扶贫路径。2018年国家六部委共同发布的《生态扶贫工作方案》指出："牢固树立和践行绿水青山就是金山银山的理念，把精准扶贫、精准脱贫作为基本方略，坚持扶贫开发与生态保护并重。"③ 从顶层设计上将"两山"理念确立为推进生态扶贫工作的指导思想之一。生态扶贫在"两山"理念的指导下，将"保护生态环境就是保护生产力、改善生态环境就是发展生产力"的理念融入精准扶贫的过程，通过对贫困地区生产方式进行可持续化、绿色化的升级改造，使得贫困人口从绿色发展方式中获得更多的收益④。2018年4月26日，习近平总书记在深入推动长江经济带发展座谈会中指出："生态环境保护和经济发展不是矛盾对立的关系，而是辩证统一的关系。生态环境保护的成败归根到底取决于经济结构和经济发展方式。发展经济不能对资源和生态环境竭泽而渔，生态环境保护也不是舍弃经济发展而缘木求鱼，要坚持在发展中保护、在保护中发展，实现经济社会发展与人口、资源、环境相协调，使绿水青山产生巨大生态效益、经

① 新华社. 开创美丽中国建设新局面：习近平出席全国生态环境保护大会并发表重要讲话 [EB/OL]. (2018 - 05 - 19) [2023 - 07 - 14]. https://www.gov.cn/xinwen/2018 - 05/19/content_5292116.htm.

② 新华社. 中共中央 国务院关于打赢脱贫攻坚战的决定 [EB/OL]. (2015 - 12 - 07) [2023 - 03 - 14]. http://www.gov.cn/zhengce/2015 - 12/07/content_5020963.htm.

③ 发展改革委. 关于印发《生态扶贫工作方案》的通知 [EB/OL]. (2018 - 01 - 24) [2023 - 3 - 14]. http://politics.people.com.cn/n1/2018/0614/c1001 - 30055965.html.

④ 习近平. 在打好精准脱贫攻坚战座谈会上的讲话 [J]. 当代党员, 2020 (9)：1 - 5.

济效益、社会效益。"① 该论述作为"两山"理念的体现，为破解贫困地区经济增长、环境保护与脱贫致富三者间的矛盾提供了重要思路指导。生态扶贫是将生态环境保护与扶贫开发相结合的一种扶贫工作模式，也是生态效益与扶贫开发相结合的重要载体形式。形成以绿色、低碳、循环为核心的可持续扶贫模式是重塑贫困地区经济、社会、生态三者关系，实现经济增长、环境保护与脱贫致富协同推进的重要途径。

"两山"理念的提出，深刻反映了中国共产党为人民谋幸福的初心，也是中国贫困治理的理念根基。以人民为中心的发展思想彰显了我们党在扶贫攻坚中的人民本位意识。坚持以人民为中心的逻辑起点源自中国共产党的根本宗旨——为人民服务。毛泽东同志在《论联合政府》的报告中指出："全心全意地为人民服务，一刻也不脱离群众；一切从人民的利益出发，而不是从个人或小集团的利益出发；向人民负责和向党的领导机关负责的一致性；这些就是我们的出发点。"② 党的七大把为人民服务写入《中国共产党党章》。随后的历届党和国家领导人都围绕为人民服务这一宗旨，继承精髓、丰富内涵、发展外延。在 1978 年做出改革开放伟大决策之际，邓小平同志指出："正确的政治领导的成果，归根结底要表现在社会生产力的发展上，人民物质文化生活的改善上。"③ 2000 年，江泽民同志在广东考察工作时指出："我们党所以赢得人民的拥护，是因为我们党在革命、建设、改革的各个历史时期，总是代表着中国先进生产力的发展要求，代表着中国先进文化的前进方向，代表着中国最广大人民的根本利益，并通过制定正确的路线方针政策，为实现国家和人民的根本利益而不懈奋斗。"④ 2007 年，胡锦涛同志在党的十七大报告中指出："必须坚持以人为本……要始终把实现好、维护好、发展好最广大人民的根本利益作为党和国家一切工作的出发点和落脚点，尊重人民主体地位，发挥人民首创精神，保障人民各项权益……做到发展为了人民、发展依靠人民、发展成果由人民共享。"⑤ 党的十八大以来，以习近平同志为核心的党中央坚持以人民为中心的发展思想，这是对为人民服务思想的发展和升华。2013 年 11

① 习近平. 在深入推动长江经济带发展座谈会上的讲话 [EB/OL]. (2018-06-14) [2023-03-14]. http://politics.people.com.cn/n1/2018/0614/c1001-30055965.html.

② 毛泽东. 毛泽东选集：第 3 卷 [M]. 北京：人民出版社，1991.

③ 邓小平. 邓小平文选：第 2 卷 [M]. 北京：人民出版社，1994.

④ 江泽民. 江泽民文选：第 3 卷 [M]. 北京：人民出版社，2006.

⑤ 胡锦涛. 胡锦涛文选：第 2 卷 [M]. 北京：人民出版社，2016.

月 12 日中国共产党第十八届中央委员会第三次全体会议通过的《中共中央关于全面深化改革若干重大问题的决定》提出："建设社会主义文化强国，增强国家文化软实力，必须……坚持以人民为中心的工作导向，坚持把社会效益放在首位、社会效益和经济效益相统一。"[①] 党的十九届四中全会进一步指出"坚持以人民为中心的发展思想"是我国国家制度和国家治理体系的显著优势之一。显然，以人民为中心的发展理念会覆盖和延伸到中国特色社会主义建设的各个领域，包括扶贫领域。

3.1.3　可行能力理论

可行能力理论是诺贝尔经济学奖获得者阿玛蒂亚·森（Amartya Sen）基于权利贫困提出的。它认为饥荒只是贫困的表征，实则与权利结构紧密相关，并指出这种权利贫困仅靠市场修正是远远不够的，强调通过赋权增能实现人的全面发展。人力资本观尽管超越了"以物质为中心"的观念，将"以人为本"思想置于经济生产中，但物质的增长仍然是其发展的目标。显然，它最终并没有将扩展个体的实质性自由作为"落脚点"；而可行能力理论则超越了这一局限，以发展为最终目标，由此，可行能力理论实现了对人力资本观目标设定上的超越。阿玛蒂亚·森在其著作、学术论文《资源、价值和发展》《商品和可行能力》《以自由看待发展》中持续阐述与发展可行能力，最终形成可行能力理论。该理论一经提出，便被各学科应用在贫困研究的相关领域，并扩展、深入至社会福利、分配不平等、个体的发展等研究。在《以自由看待发展》开篇，森指出发展是扩展社会个体实质性自由的过程，而这种实质性自由即为可行能力，森将其定义为个体有可能实现的、各种可能的功能性活动的组合，是人们能够选择过自己有理由珍视的生活的能力。

森认为，贫困的发生与个体权利结构密切相关，物质资源的匮乏仅是权利贫困的表征，深层次原因是权利的贫困："一个人的权利代表他利用各种能够获得的法定渠道以及所获取的可供选择的商品束的集合。"[②] 而森进

---

① 本书编写组.《中共中央关于全面深化改革若干重大问题的决定》辅导读本 [M]. 北京：人民出版社，2013.

② 森，德雷兹. 饥饿与公共行为 [M]. 苏雷，译. 北京：社会科学文献出版社，2006.

一步将权利划分为"禀赋权利"和"交换权利"①。前者指一个人原本拥有的权利，后者是其利用自然禀赋与他人交换的权利。显然，只有当个体拥有某些商品以后，他才可以通过交换商品来满足自身需求，即交换权要以所有权为前提。一般而言，贫困的发生通常源于市场经济的缺陷，完全的市场经济存在其固有缺陷，市场经济下的利益蛋糕不断做大，但社会经济的增长未必会带来个体利益的增加。陷入贫困通常是社会利益分配不公或权利结构不完善导致的，即便实现福利再分配，人际差异终究会使效益分配难达公平。显然，对权利缺失引致的贫困，仅单纯依靠市场经济修正是不够的。在权利的基础上森提出了可行能力，森反对将贫困单纯归咎于收入的匮乏，而认为应该以人的权利和自由为价值取向，关注贫困者困顿的生活。于是森将权利分配进一步置于贫困个体的能力之上，认为这些能力的差异是权利分配的外在表象，进而以个体的这种能力评断其生存状态与发展，继而将贫困的表层状态与致贫根本联系、贯通。可见，可行能力不仅能够维持个体的基本生存状态，使个体享受社会公共服务、分享社会成就，还能使个体实现社会交往、获得机会与尊严等。显然，可行能力的价值判断是以增进个体福祉为主要目标，并由此判断社会整体的发展状况是否合乎一种理想状态。

在功利主义的传统形式中，"效用"被定义为幸福、快乐和个人愿景，这是以个体效用实现程度来判断其生活状态的心理测度，此种方式的倡导者以边沁、马歇尔、庇古、罗伯逊等为代表。森指出了这种以"效用信息"作为基础去评判事物状态、行为规则的局限性②，认为忽视权利、自由、非效用因素，个人福利的主观意念很容易因为自身心理调节和适应性态度得以改变而凸显出不稳定性③。但同时，森也承继了功利主义的恰当性，"每个社会成员都必须拥有自由来表达自己的价值偏好"，强调个体应该在社会选择过程中通过学习理解、体谅与自己不同的价值观念，并调整甚至提升自我价值理念。从森对"功能性活动"概念的表述也能够看出其对行动主体差异性、主观性的强调。"一个人做自己认为有价值的事的可

① 马新文. 阿玛蒂亚·森的权利贫困理论与方法述评 [J]. 国外社会科学, 2008 (2): 69-74.

② BENTHAM J. An introduction to the principles of morals and legislation (Chapters I-V) [M]. Oxford: John Wiley & Sons, Ltd, 2008.

③ 森. 以自由看待发展 [M]. 任赜, 于真, 译. 北京: 中国人民大学出版社, 2012.

行能力"，由此足以看出个体功能性活动的判断具有个性化的主观特征，一个人实现自由的过程是复杂性的、综合性的、变化的①，它既包含个体主观的价值判断，也包括事物客观的多样性。英国社会学家吉登斯曾说："在任何时间点上，行动者都可以以另一种方式行动，或积极地试图于弥补世界所发生，或消极地自制。"② 显然，影响贫困个体行动的主观因素会在行动中被激发或抑制，换言之，被激发或抑制的源头在于个体自由度。最终这一切都指向人的全面自由，而自由的前提是所有束缚人的可行能力的因素都被消除或减少，个体才能得到全面发展。

实现人的全面发展是中国贫困治理的价值观导向。人的全面发展是实现共产主义社会的必要条件。中国共产党的最高理想和最终目标是实现共产主义。什么是共产主义？共产主义是社会主义社会充分且高度发展后才能实现的，共产主义社会有着高度发展的生产力和丰裕的集体财富。这两个特征在资本主义社会也存在，并不是共产主义社会特有的。共产主义最本质的特征体现在人们对劳动的态度以及劳动所得上。马克思在《哥达纲领批判》中写道，"在共产主义社会高级阶段……在劳动已经不仅仅是谋生的手段，而且本身成了生活的第一需要之后……只有在那个时候……社会才能在自己的旗帜上写上：各尽所能，按需分配"③。在共产主义社会，"全体公民都是各尽所能地劳动着，决定着一个人的社会地位的是劳动，而不是财产或出身"④。这样的社会没有贫穷，对人的要求也随之改变。恩格斯指出："由整个社会共同经营生产和由此而引起的生产的新发展，也需要完全不同的人，并将创造出这种人来……这样一来，根据共产主义原则组织起来的社会，将使自己的成员能够全面发挥他们的得到全面发展的才能。"⑤ 由此，人的全面而自由的发展既是社会发展的需要，也是社会发展的结果。人的全面发展这一目标远远超越了消除贫困的范畴，成为社会主义向共产主义过渡阶段的重要指引。

习近平总书记在党的十九大报告中提出的关于推动人的全面发展、社会的全面进步的思想，与经典马克思主义关于人在自由而全面发展的观念

---

① 吴正本. 阿马蒂亚·森的可行能力发展观解析 [D]. 大连：东北财经大学，2013.
② 吉登斯. 社会的构成：结构化理论纲要 [M]. 北京：中国人民大学出版社，2016.
③ 马克思. 哥达纲领批判 [M]. 北京：人民出版社，2015.
④ 印希. 我们的目的是共产主义 [M]. 北京：人民出版社，1952.
⑤ 马克思，恩格斯. 共产党宣言 [M]. 北京：人民出版社，2018.

是一脉相承的。人在全面发展中需要处理多种关系，以实现社会的全面进步。中国在新时代中国特色社会主义条件下积极推动人的全面发展具有一定的特殊性，它不仅仅是一种发展的方法与模式，发展的关注点被放在了未来，也是人类社会发展到一定程度的必然趋势。但不能忽略发展也是自由本身的存在形式，二者之间同样是双向互动的过程。新时代中国特色社会主义所处发展历史阶段的特点是需要把发展成果和每个人具体真切的幸福感有机结合在一起，处理人作为社会关系本质的全面发展。人的发展形式归根结底也只是社会历史的产物，它不是永恒的、普遍的，而是随着历史条件的改变而运动、发展、变化的。而人的发展是生产力和社会关系综合作用的结果，单纯改变社会关系，或者仅仅是发展了生产力而缺少与之相适应的社会关系的调整，难以有多大的改变。如果说传统发展关注增长与效益的范畴，那么中国的绿色发展则是在更高价值层面的拓展，即从生产力和社会关系的两个角度全面实现对传统发展的超越。所以，同超越了单纯的经济增长范畴的发展一样，中国推动绿色发展也不再只限于经济领域，而是在政治、精神与社会领域建设中都发挥了不容忽视的作用。习近平总书记提出的新发展理念立足美好生活的价值逻辑，基于马克思主义坚定的人民立场，能够始终致力于绿色发展与人的美好生活的内在有机统一①。

3.1.4 共同富裕理论

"共同富裕"是人们对美好生活的一种定义方式。从字面意思理解，富裕，是物质财富的一种状态；而共同富裕，是社会丰裕的一种最高境界。进一步理解，实现共同富裕，离不开制度、科技、文明、社会成员等因素；所以说，共同富裕又不仅仅是一种物质财富丰富的结果，而有更加丰富的内涵延展性。对共同富裕理论的升华，在中国特色社会主义理论与实践体系下得到了充分表现。早在共同富裕理论产生之前，作为空想社会主义者的典型代表，英国的托马斯·莫尔、意大利的托马斯·康帕内拉、法国的圣西门和傅立叶、英国的欧文等人，就深刻地揭露了私有制的种种罪恶，并在批判现有社会的基础上，构想理想社会实现共同富裕的目标。例如，莫尔提出建立"最完美最和谐的社会制度"，康帕内拉虚构了共同富裕的公社制空想社会主义。除此之外，最为典型的则是空想社会主义实

---

① 陈江波. 习近平执政为民理念对社会主义本质论的拓展 [J]. 南通大学学报（社会科学版），2017，33（3）：31-35.

践中的代表人物圣西门预言了成果共享的"实业制度"，以及傅立叶的"和谐制度"、欧文的"公社制度"。不难看出，早期共同富裕作为一种批判性工具，其矛头直指资本主义制度，揭示资本主义社会和资本家剥削劳动人民的丑恶一面。对于实现共同富裕，显然缺乏具体的、富有建设性的指导与实践。

紧随其后，伟大的无产阶级革命导师马克思、恩格斯直面资本主义社会尖锐的社会矛盾，即资产阶级与无产阶级的对立，在继承前人理论成果的过程中深化了与实践相结合的科学思想，并提出了建立共产主义社会的主张。这便是马克思主义基本原理中关于共同富裕的展望。马克思、恩格斯坚定地认为，未来社会的发展形态必然是共产主义社会，这种社会是以公有制经济为基础、按劳分配为原则，人们的劳动也不再单纯是财富创造与积累，而是日常生活的一种基本需要，人们的精神境界普遍到达一种高度，每个人都能获得自由而全面的发展。

共同富裕理论在中国得到了应有的实践与升华。1953年12月，党中央在《关于发展农业生产合作社的决议》中提及"共同富裕"概念，但并没有明确其内涵。1984年11月9日，邓小平同志在会见意大利共产党领导机构成员时第一次使用了"共同富裕"的概念——"在社会主义制度下，可以让一部分地区先富裕起来，然后带动其他地区共同富裕"①，从理论上阐明了社会主义与共同富裕的关系。1985年3月7日，邓小平同志在全国科技工作会议上做《改革科技体制是为了解放生产力》的讲话，他说："社会主义的目的就是要全国人民共同富裕，不是两极分化。如果我们的政策导致两极分化，我们就失败了。"② 1986年，邓小平同志又提出，发展生产和公有制是实现手段，提升全民所得是目的，要在允许部分先富中注重防止两极分化，而这些都是为了实现共同富裕，"这就叫社会主义"③。之后，1992年初在"南方谈话"中，他进一步明确地把共同富裕与社会主义本质联系在一起，并且强调指出："走社会主义道路，就是要逐步实现共同富裕。"④ 至此，他明确提出了共同富裕是反映社会主义本质

---

① 中共中央文献研究室. 邓小平年谱（1975—1997）（下）[M]. 北京：中央文献出版社，2004.
② 邓小平. 建设有中国特色的社会主义（增订本）[M]. 北京：人民出版社，1987.
③ 中共中央文献编辑委员会. 邓小平文选：第3卷 [M]. 北京：人民出版社，1993.
④ 中共中央文献编辑委员会. 邓小平文选：第3卷 [M]. 北京：人民出版社，1993.

的最高价值目标，对共同富裕与社会主义内涵的关系的思考也因此最终达到了成熟。"社会主义与资本主义不同的地方就是共同富裕，而不是两极分化。"① 贫穷不是社会主义，社会主义要消灭贫穷。2012 年 12 月底，习近平总书记在河北省阜平县考察扶贫开发工作时指出，消除贫困，改善民生，实现共同富裕，是社会主义的本质要求。这一要求也被写入政府指导贫困治理的重要政策，如《中国农村扶贫开发纲要（2011—2020）》《关于创新机制扎实推进农村扶贫开发工作的意见》等。正是对共同富裕这一远大目标的追求，确保了中国在创造出巨量财富的同时，努力实现分配公平，让发展的成果更多惠及全体人民。也正是共同富裕这一充满希望的目标，塑造了一代又一代的追梦人，铸就了勇于拼搏、努力进取的中华民族。

社会是一个由多维要素形成的有机体，其中各要素的矛盾运动就是社会发展的内生动因。中国进入新时代，我国社会的主要矛盾已经转变，发展不平衡不充分的特点愈发明显，探索出一条平衡的、协调的高质量发展道路就显得尤为重要。在高质量发展中推进共同富裕，必须坚定不移地将新发展理念贯穿于高质量发展的全过程，"以创新发展激发内生动力推动高质量发展，以协调发展增强发展整体性与平衡互动性，以绿色发展促进人与自然和谐共生，以开放发展构建以国内大循环为主体、国际国内双循环相互促进的新发展格局，以共享发展实现共同富裕和社会公平正义"②，进而实现高质量发展与共同富裕有机统一。绿色发展是共同富裕的生态追求。绿色发展内涵于高质量发展之中，不同于工业时期以生态为代价的"黑色增长"范式，绿色发展是一个系统的动态过程，也是可持续发展的根本体现。实现共同富裕是一个长期过程，不是一朝一夕就能实现的，必须确保发展的可持续性，否则就无法实现共同富裕。从这个意义上来说，绿色发展是共同富裕的前行驱动力。随着人民生活水平的提高，人民在新时代对美好生活的追求中，也包含着对绿色生产生活环境的期待。习近平总书记多次提到绿色发展理念。他强调，"绿水青山就是金山银山""绿色发展一直是中国经济发展的重中之重"。这些观点充分体现了习近平总书记绿色发展的经济思想，是新时代下共同富裕的应有之义。2021 年，国家支持浙江省先行试点，建设共同富裕示范区，在战略定位中就明确提出要

---

① 邓小平. 建设有中国特色的社会主义（增订本）[M]. 北京：人民出版社，1987.
② 钟贞山，颜雄. 中国特色社会主义政治经济学共同富裕观的理论自觉与实践创新 [J]. 南昌大学学报（人文社会科学版），2020，51（6）：14-21.

建成"文明和谐美丽家园展示区",进一步提出要"全面推进生产生活方式绿色转型"这一目标。浙江作为东部省份,其人均 GDP 远远高出全国平均水平,与中西部绝大多数地方相比,其社会经济发展水平处于全国第一梯队。共同富裕是一项长远发展目标,而绿色发展理念能够融入先行建设意见,可见其重要性。

3.1.5 社会生态转型理论

当代德国政治学家乌尔里希·布兰德(Ulrich Brand)提出的社会生态转型理论为本书提供了宏大的理论视野,即在批判"绿色资本主义"中找到人类文明前进的方向。以下将从三个维度来阐释社会生态转型理论:

理解社会生态转型理论中的"前提性假设":社会的自然关系。布兰德认为"社会的自然关系"是由社会和政治的统治所组成的,自然和社会既相互包容,又客观区别。在人类社会技术进步加速的时代,自然成为一个能够被社会控制的事物,当然,它自身对社会的影响力依然保持独立,且越发地强化。从历史唯物主义的角度看,资本主义生产和生活方式是以牺牲环境为代价实现的。资本主义市场和国家通过多样化的社会制度,确保了某些兼具破坏性和霸权性的"社会的自然关系"的稳定。此外,"社会的自然关系"并非僵硬固化的,而是动态发展的。在布兰德看来,社会生态转型是非线性、非连续的过程,这种过程不一定是向前,而是"随着社会形态的变化而发生的,具有容易受到危机进程影响的发展、断裂和非连续性"①。"社会的自然关系"应被视为资本主义社会中的社会权力关系、各种力量关系、内嵌于社会结构的显性要素②。布兰德在借鉴规制理论的基础上,提出"社会的自然关系"的规制,即内在于资本主义生产方式的破坏性生态管理方式,它与社会再生产模式密不可分。

理解社会生态转型理论中的"批判性分析对象":绿色资本主义。"绿色经济"战略的实施与推行,直接催生出绿色资本主义,形成了资本主义局部绿色化或选择性绿色化。布兰德断言,只有批判性地理解社会的权力和统治关系,才能实现以可持续社会为目的的"大转型"。据此,他对

---

① 布兰德,维森. 资本主义自然的限度:帝国式生活方式的理论阐释及其超越 [M]. 郇庆治,等译. 北京:中国环境出版集团,2019.

② 布兰德,维森,曹得宝. 作为可持续政治主要障碍的帝国式生活方式 [J]. 国外理论动态,2019 (9):83-89.

"绿色经济"战略、"帝国式生活方式"以及"国家"角色进行了批判性分析。"绿色经济"战略是有限的,它面临来自"棕色"的资本领域和一种化石主义"正常性"的阻力,呈现出"选择性"和社会生态歧视性特征。鉴于目前事实上的社会结构、权力关系和占主导地位的政治经济战略,布兰德认为绿色经济不过是一种"理想国"。"帝国式生活方式"表明了一种主导性的生产、分配和消费样态,同时也是一种基于"美好生活"的话语权和态度取向①。"帝国式生活方式"造就了社会的生产、消费、阶级关系、性别和种族关系,同时,逐渐演变为北方国家的社会成员和所谓新兴经济体国家中日益增长的中产阶级的共同特征。所谓的"美好生活"的实现,实则以许多弱势群体的牺牲为代价,既不公平也不正义。布兰德进一步指出,绿色资本主义的本质就是一种——借助于不平等的社会资源占有关系和看似均质化的人们的日常生活方式及观念——社会生态歧视性的社会关系和"社会的自然关系"的再生产,国家在其中扮演了重要角色②。

理解社会生态转型理论的"替代性方案":团结的生活方式。布兰德强调,人们常常忽略对促进资本主义经济增长的关键要素的批判,即资本主义社会中社会权利的践踏。所以,他认为更应该把重心放在经济增长的驱动力、经济增长方式以及社会权利实现等方面。资本主义市场的形式不但限制了资源生产、社会创新等方面的运行,同时对构成权力关系的因素也产生了影响,强化了种族、阶级、性别的负面作用。只有打破增长的"神话",才有可能破除资本主义的发展逻辑,实现面向所有人的更美好生活。布兰德认为,为所有人提供美好的生活和福祉,并不等于生活在一个一切都受到控制、每个人都生活得一模一样的社会。恰恰相反,共同生活的解放形式意味着为每个人遵循自己个性的生活创造条件,而这将会指向社会的自由、正义和民主的塑造。布兰德强调,要"以解放的视野来推进,在良好的社会中确保每个人的美好生活,并且不以牺牲自然为代价"③。遗憾的是,社会生态转型理论的实践方案并未成为一种普遍模式,

---

① 郇庆治. 布兰德批判性政治生态理论述评 [J]. 国外社会科学, 2015 (4): 13-21.
② 布兰德, 维森, 曹得宝. 作为可持续政治主要障碍的帝国式生活方式 [J]. 国外理论动态, 2019 (9): 83-89.
③ 布兰德, 维森, 曹得宝. 作为可持续政治主要障碍的帝国式生活方式 [J]. 国外理论动态, 2019 (9): 83-89.

只有加强交流、不断地探索与总结才能使之真正服务人类和社会。

质言之，绿色转型早已超越了生态环境的维度，它面向更广泛的传统发展模式与治理体系之下亟待解决的各种社会问题，其中增进人类的福祉是其本质诉求，革新以资源环境为代价的社会发展方式与治理体系是其关键路径，扭转社会发展不平衡问题、提升弱势群体与劣势区域的发展水平与能力是其重要使命，以实现人与人之间的和谐。随着技术的创新、经济的繁荣与社会的发展，纵然交通、医疗、教育、卫生等整体社会保障水平不断得到提升，但是人与人之间、区域与区域之间的资源分配不均衡、发展不平衡问题也随之涌现。其中，就当前日益严峻的气候环境问题而言，在人际层面，弱势群体正在为其付出不成比例的代价，受经济、政治、生理等因素的制约，弱势群体缺乏足够的风险应对与防控机制，其生存权益与发展利益会因此遭受巨大的折损；在区域层面，众多发达地区的经济繁荣与技术进步，部分是建立在其对相对落后地区的资源剥削、技术控制、市场支配等基础之上。比如欧美国家对全球贸易的掌控，落后地区为其承担了不成比例的经济发展代价，其发展受到严重的制约与限制。诸多社会不平等问题及其次生危机的叠加，导致社会冲突与社会矛盾不断升级与增多。社会生态转型理论框架下所倡导的绿色转型在提升社会整体发展水平的同时，积极开辟新的绿色经济发展领域，在这一过程中，构建更为公平公正的社会发展机制，充分考虑弱势群体与劣势区域的禀赋异质性，为其注入新的发展动力、提供新的发展机会，以此纾解发展不平衡、不公正问题，保障并提高每一个人的福祉水平，从而达到人与人高度和谐的发展目标。

3.2　概念辨析：绿色扶贫、绿色发展与生态扶贫

3.2.1　绿色扶贫的概念界定

在回顾已有研究的基础上，本书提出以绿色扶贫作为民族地区可持续性发展的一种路径选择。本书认为绿色扶贫就是绿色发展的一种理念衍生、一种现实行动。在当前有效衔接的实施背景下，绿色扶贫的思维与行动逻辑应侧重于从现实角度出发，在采取的精准扶贫行动中注重兼顾对当

地生态环境保护的意识培养与行动选择。在现实层面有两项内容：一是对脱贫成果的巩固，即需要脱贫人口收入增加的现实；二是对当地生态环境系统的评估，即明确当地可利用资源与面临环境问题等生态现状。精准扶贫是一项专门消除绝对贫困的治理行动，在这一过程中，要确保治理效能的延续性、在消除绝对贫困的基础之上，使相对贫困逐渐消解，走向共同富裕。这正是绿色扶贫的题中之意：强调行动与结果的可持续性，行动的各主体在绿色发展理念的驱动下实现与环境的和谐共存、共同发展。其中主体包括了政府、企业、当地人。简言之，绿色扶贫是指欠发达地区（含脱贫地区、生态脆弱区）在探索与逐步形成适宜的发展模式中，在设计、制定、实施等环节充分融入了对生态环境保护开发的原则，实现人与环境共生共存的可持续发展模式。

3.2.2　绿色发展与绿色扶贫的关系

绿色发展就是要发展环境友好型产业，降低能耗和物耗，保护和修复生态环境、发展循环经济和低碳技术，使经济社会发展与自然相协调。这就阐述了在贯彻绿色发展理念的过程中，要时刻将环境容量、生态阈值、资源承载力等作为首要考虑因素，前置于生产方式发展模式的选择；在发展的同时，要考虑模式创新，即形成一种经济发展、生态平衡的新的发展模式。绿色发展的实质是在生态环境保护预置前提下的一种经济社会可持续的发展，要求发展的节约性、低碳性和清洁性。其中，前置生态环境保护恰恰反映了绿色化的特征，经济社会的可持续就是要求发展的均衡、循环。绿色发展不只要求发展，而且还在发展的基础上更加注重环境保护、资源节约、可持续等长远发展，突出了发展均衡和循环特性。其中均衡是指不断调整发展速度与发展方式，与资源承载力、生态环境涵养能力相适应。而更广泛来讲，均衡既包含当代人与自然资源之间的均衡，也包括与后代人所继承的资源遗产以及代际人口之间的均衡。绿色发展的"循环"特性，就是要将"节约、安全、服务"理念纳入生产各个环节，从设计、生产、消费层面开展能源节约、原料循环利用。行业间的废物可能成为另一行业的原料等，促进资源永续利用，促进废弃物再生利用。质言之，绿色发展始终围绕着经济社会发展与生态环境保护这样一组关系命题展开讨论，以期在实践探索中朝着一种平衡状态迈进。而在绿色扶贫的视野中，侧重点有所不同，更多是围绕生存与发展的关系命题；而这组命题中蕴含着时空两个维度的挑战，既有短期与中长期的协调问题，又有贫困地区与发达地区的差异问题。

在绿色扶贫的研究视野中，长期存在着一种区域决定论，即贫困地区与环境脆弱地区存在空间上的重合。因为生态环境脆弱所以贫困，这样的论断反复出现后便成为不证自明的共识，但如果从历史发展的角度追溯贫困地区的前世今生可以发现，多数贫困地区在历史上也出现过丰裕的阶段，只不过在进入工业文明时期选择了快速的发展模式，导致了资源枯竭、生态破坏、环境污染，进而踏上恶性循环之路。着眼当下，大部分贫困地区确实存在生态环境恶劣的基础性条件，所以引入绿色发展的理念，将其融入扶贫工作，以扭转传统生计发展模式。绿色扶贫作为绿色发展理念的一种实践探索，其侧重点在于依靠绿色发展的技术路线实现减贫致富的目的。从党的十九大报告关于绿色发展的描述可以发现，绿色发展作为一项国策，是一个系统性工程。从这个层面来讲，绿色扶贫是中国绿色发展的一部分，二者具有结构上的包含与被包含关系。有一种较为迷惑人的观点认为应当在关注环境问题之前首先考虑如何满足人类和经济增长的需要，这一观点显然内含"先污染、后治理"的发展观。需要指出的是，并非所有环境产品的消费份额都会随着收入的增加而增加。那些为了生存和改善居住环境而挣扎的人们如果没有将保护生物多样性和防止气候变化放在优先考虑的位置上，那么当地的环境就会对他们的收入和福利产生影响。例如，对固体废物的处理不当，不仅是一个环境问题，还会导致下水道堵塞，危害人体健康，引发洪涝灾害，带来严重的经济和社会后果。

3.2.3 生态扶贫与绿色扶贫的关系

生态扶贫有两层含义：第一层是对一定自然环境下的生物个体或群体开展支援、救济，用碳排放少、能耗低、环境友好的方式精准地进行支援、救济，也就是生态方式扶贫。第二层是工具理性视角下的概念，重在针对生态因素导致的贫困等结果，或是不同类型的生态贫困，用生态的方式方法开展精准帮扶，如立足地域资源禀赋，运用技术手段，尤其是运用经济管理手段于生态环境维护，开展生态经营、生态修复、生态脱贫、发展生态产业等。

生态扶贫作为"五个一批"① 中的有效路径，是习近平生态文明思想的一次伟大的成功实践。党的十八大以来，我国将生态文明视为重要的时代任务之一。2018 年 5 月，全国生态环境保护大会在北京召开。习近平总书记在会上强调，要自觉把经济社会发展同生态文明建设统筹起来，充分发挥党的领导和我国社会主义制度能够集中力量办大事的政治优势，充分利用改革开放 40 年来积累的坚实的物质基础，加大力度推进生态文明建设、解决生态环境问题，坚决打好污染防治攻坚战，推动我国生态文明建设迈上新台阶。此次会议还将十九大报告中的"建设生态文明是永续发展的千年大计"提升为"建设生态文明是中华民族永续发展的根本大计"。习近平总书记关于生态文明的重要论述，充分印证了生态环境在我国社会主义现代化建设征途当中的重要地位和作用，为后来生态扶贫理念的确立提供了思想指引。在党的十八届五中全会上，习近平总书记强调，必须牢固树立以"创新、协调、绿色、开放、共享"为内容的发展理念，这就为生态扶贫工作的推行提供了有力的价值指引和现实导向。生态扶贫观是在继承发展马克思主义反贫困理论和中国古代传统思想文化的基础上，立足于中国脱贫攻坚的客观实践，将生态与人文、生态与科技、生态与教育、生态与经济等要素紧密结合起来的创新性观点，其思想深邃、内涵丰富、路径宽阔，远大于绿色扶贫，但二者又不是完全割裂地存在。如果将生态扶贫与绿色扶贫放在一起讨论，就需要厘清二者的关系。

生态扶贫是以"创新、协调、绿色、开放、共享"的新发展理念为指导，从经济社会发展新阶段和生态贫困现实问题出发，通过协调资本、劳动力、技术、制度等要素供给与保障，根据生态贫困类型差异因地制宜，精确利用生态系统服务功能与价值，满足生态贫困区贫困人口的物质生活需求和优美生态环境需要的减贫脱贫方略。在投入产出的动力机制上，生态扶贫与绿色扶贫都是以绿色投入为出发点，统筹资本、劳动力、技术、制度等要素供给与保障。但是涉及生态建设、生态产业发展、生态资源服务、生态产品消费等制度建设，绿色扶贫显然难以全部涵盖。

---

① "五个一批"是对精准扶贫期间所采取的扶贫措施的简称，具体有发展生产脱贫一批、易地搬迁脱贫一批、生态补偿脱贫一批、发展教育脱贫一批、社会保障兜底一批。

3.3 理论辨析：贫困与环境的关系

在贫困问题的研究中，致贫因素研究一直占据重要地位，这不仅是分析贫困问题的关键，还是指导贫困工作的基础。其中环境因素是区域贫困问题的首要归因。梳理已有研究，可以大致归纳出三种环境致贫理论，分别为环境脆弱引发贫困论、贫困导致生态环境脆弱论、贫困和生态环境脆弱交互影响论。

3.3.1 环境脆弱引发贫困论

20世纪50年代，英国著名发展经济学家纳克斯系统地提出了贫困恶性循环理论，用以解释为什么经济发展落后的国家长期滞留于落后状态（Nurkse，1966）。随后，一系列关于摆脱贫困与经济起飞的理论相继出现。莱宾斯坦（Leibenstein，1959）提出了打破低水平均衡陷阱论。李维斯（Lewis，1995）提出靠初级产品出口积累经济腾飞的初始力量。巴拉萨（Balassa，2010）、杨叔进（1990）提出扩大出口特别是制成品出口可作为经济发展的发动机。罗森斯坦·罗丹（Rosenstein Rodan，1943）则提出应优先发展基础设施部门，诱导直接生产部门的建立与发展，从而带动整个经济的全面起飞。赫斯曼（Hirschman，1958）提出优先发展消费者最直接需要的部门，再发展间接需要的部门。钱纳里、廷伯金、纳克斯、库兹涅茨、舒尔茨等许多经济学家也都提出了他们的种种设想。在上述这些理论的影响下，一些发展中国家的经济开始起飞，而更多发展中国家则继续维持着其落后的状态。

20世纪90年代以后，随着可持续发展理念的提出并受到广泛认可，生态环境与贫困的关系也得到应有的关注。张复明较早提出了黄土高原生态脆弱与贫困的辩证关系，认为黄土高原的恶性循环，是水土流失和经济落后相互牵制的结果，是生态功能与经济功能劣化萎缩的过程。黄土高原地区的环境结构劣化和农村经济贫困化是一对长期胶着的矛盾。"人口—耕地—粮食"型传统开发思维和行为模式，把农民束缚在超薄的土地表层，迫使经济活动陷入"越垦越流—越流越瘠—越瘠越穷—越穷越垦"的泥沼①。日本京都大学教授本山美彦重点分析了发展中国家贫困和环境破坏的恶性循环，认为发展中国家沙漠化和森林被毁坏等环境破坏是贫困招致的。贫困人口为了救急，过度开发资源，使生态系统迅速遭到破坏，这种破坏直接威胁到其生存，反过来导致饥饿②。刘同德提出"贫困与环境互为因果"，即生态环境脆弱导致农民收入减少，进而使城市工业化缓慢，导致无法解决就业，造成大量农民滞留农村，最终加剧生态环境压力，这一解释逻辑显然过于放大农民这一群体对环境破坏的能力③。张玉海等总结了贵州省由于发展观的落后，长期处于"越生越多—越多越穷—越穷越垦—越垦越荒—越荒越穷—越穷越生"的贫困恶性循环怪圈，提出了典型的"喀斯特贫困恶性循环怪圈"④。赵跃龙等运用脆弱生态环境成因指标划定了我国脆弱生态环境的分布范围，并对脆弱生态环境与贫困进行了相关分析，认为脆弱生态环境与贫困之间有一定的相关性，但相关性的大小因不同地区的不同工业（包括农村工业）水平、经济发展水平、工农业比重和地理区位及交通条件而不同⑤。根据已有的文献资料，我国贫困户致贫的直接原因主要包括缺资金、缺技术和受灾等，少数因重大疾病、自然条件恶劣等致贫。其中，灾害、自然条件恶劣等都是典型的生态环境因素，因此，生态脆弱的确是部分地区贫困的原因之一。

通过对相关研究结果的梳理，发现 18 世纪开始至今，各类理论家均论证、阐述了生态环境、地理位置对经济增长的影响。对于经济增长及其构成因素，威廉·配第、约翰·穆勒、马歇尔、索洛等均对此进行了深入研究，他们更多是关注土地和劳动作为生产要素、资本等对经济增长的影响。美国经济学家托达罗在其《经济发展与第三世界》一书中指出，地域

① 张复明. 黄土高原贫困地区生态经济恶性循环的突破和改善 [J]. 山西大学师范学院学报（综合版），1991（3）：36-40.

② 本山美彦，林茂森. 贫困和环境破坏的恶性循环 [J]. 国际经济评论，1991（11）：41-45.

③ 刘同德. 关于打破西部地区贫困恶性循环的思考 [J]. 青海师范大学学报（哲学社会科学版），2005（4）：17-20.

④ 张玉海，唐光星，杨光. 科学发展观是破解喀斯特贫困恶性循环怪圈的金钥匙：从毕节试验区的发展看新农村建设的指导思想 [C] //第 14 届世界生产力大会论文集. 中国生产力学会，2006：299-303.

⑤ 赵跃龙，刘燕华. 中国脆弱生态环境分布及其与贫困的关系 [J]. 人文地理，1996（2）：5-11，72.

差异尤其是生态环境与贫困的恶性循环是导致贫困的主要原因①。众多专家学者研究表明了生态环境脆弱与生态贫困之间存在的密切关系，并进一步指出区域生态环境资源的好坏直接导致当地的富庶或贫困，生态环境资源是减贫的物质基础。比如生态贫困联盟（PA）、可持续发展政策研究所（SDPI）的专家学者认为，贫困人口因生态环境贫困，无法选择自己的生产行为或消费方式。

3.3.2 贫困导致生态环境脆弱论

众多专家学者也指出，生态贫困将导致生态环境脆弱、恶化。冉逸箫等研究指出大多数贫困地区的经济发展与自然资源禀赋均较差，当地的贫困人口更容易养成依赖自然资源生存的惯性，从而导致当地自然资源不断减少②。有的研究认为，穷人缺乏人口控制，首先解决住房、吃饭、穿衣、子女教育、养老等眼前问题，缺乏长远计划，导致环境成本被转嫁给大众共同承担③。Vosti 和 Reardon 基于发展中国家农村地区的生态贫困研究，在阐述"福利贫困"概念的基础上，还提出了"投资贫困"概念，指出农村贫困人口为减贫致富而开发自然生态环境资源，但是这些生态贫困人口由于缺乏对可持续的自然生态资源管理的资金投资，使自然生态环境脆弱及恶化④。著名学者费孝通先生在 20 世纪 80 年代就开始对内蒙古赤峰地区的生态问题开展了研究。其研究结果同时也表明：民族边疆地区经济相对比较落后，多数发展粗放农业，靠天畜牧、滥垦、滥采、滥牧等一系列生产措施，进一步导致了生态环境退化⑤。姜德华等对中国扶贫开发情况及区域性贫困类别进行了研究，指出我国多个生态环境脆弱地区由于贫困，对生态资源过度开发、过度索取，然后不管其后果，进一步导致生态

---

① 托达罗. 经济发展与第三世界 [M]. 印金强，赵荣美，译. 北京：中国经济出版社，1992.

② 冉逸箫，张凤荣，张佰林，等. 贫困山区农村衰落的特征及诊断：以重庆市酉阳县为例 [J]. 资源科学，2017，39（6）：14.

③ 李小云，左停，靳乐山，等. 环境与贫困：中国的实践与国际经验 [M]. 北京：社会科学文献出版社，2005.

④ THOMAS REARDON，STEPHEN A VOSTI. Links between rural poverty and the environment in developing countries：asset categories and investment poverty [J]. World Development，1995（9）：1495-1506.

⑤ 中共内蒙古自治区委员会党校马列主义、毛泽东思想研究所. 费孝通教授考察我区赤峰地区后的报告 [J]. 理论研究，1984（20）：1-12.

环境的脆弱性和恶性循环①。亚米·卡特拉利（Amir Catali, 1993）概括了贫困与沙漠化的关系，提出有关沙漠化问题的辩论实际上囊括了许多涉及发展中国家持久发展的议题。斯泰恩·汉森（Stein Hanson, 1994）详细论述了发展中国家的环境与贫困危机的关系，指出了多数发展中国家人口相对增长过速的客观原因，指出这些国家存在投资不足和技术水平低下，使过速增长的人口对资源的消耗无法得到相应的补偿，对环境的污染无法得到有效的整治，进而提出了这些国家走可持续发展之路应采取的基本战略和实际行动。

3.3.3　贫困和生态环境脆弱交互影响论

除了以上两种单一影响或单向归因理论，更多专家学者的研究结果表明生态环境脆弱与贫困存在着复杂的交互影响效应。

（1）贫困与生态环境脆弱存在互动效应

一是贫困与生态环境脆弱存在空间相关和耦合关系。此前也有国内外专家学者对贫困与生态环境脆弱的关系进行了耦合等相关研究，但多数认为两者存在非良性耦合。如 Mi 等关于贫困与生态脆弱地区的空间土地优化分配研究，通过遗传蚁群算法和地理信息系统方法验证了两者的负面影响关系②。王艳慧等立足武陵片区等 6 个典型连片特困区，对县域经济贫困与生态环境质量进行了耦合和计算，得出半数左右的县域经济与生态环境协调发展，但在大多数县域两者无法同步发展③。与此观点类似，佟玉权等则研究论证了我国生态环境脆弱区与贫困地区在空间维度上存在耦合关系，但属于非良性耦合④。当然，也有学者的研究结论与此相反，如张家其等计算了恩施贫困地区的县级贫困村比重、农民人均纯收入与生态安全综合指数的空间耦合，表明扶贫时注重生态环境保护能有效减贫，并能

①　姜德华，张耀光，杨柳，等. 中国贫困地区类型划分及开发研究提要报告 [J]. 地理研究，1988（3）：1-16.

②　MI, NAN, JINGWEI HOU, et al. Optimal spatial land-use allocation for limited development ecological zones based on the geographic information system and a genetic ant colony algorithm [J]. International Journal of Geographical Information Science, 2015（12）：174-193.

③　王艳慧，李静怡. 连片特困区生态环境质量与经济发展水平耦合协调性评价 [J]. 应用生态学报，2015, 26（5）：1519-1530.

④　佟玉权，龙花楼. 脆弱生态环境耦合下的贫困地区可持续发展研究 [J]. 中国人口·资源与环境，2003（2）：50-54.

同时改善生态环境和生态安全状况①。

（2）生态环境与贫困存在双向互动效应

世界环境与发展委员会（WCED）从生态环境与贫困相互关系的角度进行了研究，与Jehan、Anderson等一致主张生态环境脆弱与贫困之间存在双向互动效应，贫困人口在生存的压力下不得不过度索取生态资源，生态环境资源逐步减少、耗竭，导致螺旋式下降的贫困，而且越习惯依赖生态环境发展生产的贫困地区和人口，将越迅速地形成"人口贫困—生态环境弱化—人口更加贫困"的恶性循环。这之后，国内外众多专家学者积极跟进研究、完善研究成果。最能支持生态贫困和生态环境脆弱存在恶性循环的观点是贫困陷阱理论②。贫困陷阱理论认为，一定的生态环境仅能负荷一定数量的人口，超出该限度则会带来生态环境的恶化和破坏，进而产生更深重的贫困。Nelson R更进一步对贫困陷阱的产生原因进行了分析，从供给和需求两个方面论证了贫困恶性循环理论③。此外，低水平均衡陷阱理论和环境库兹涅茨曲线都各自论证了贫困与生态环境的互动关系。

（3）环境库兹涅兹曲线

验证环境与发展的关系最具代表性的成果是环境库兹涅兹曲线（environmental kuznets curve，EKC）。在20世纪北美自由贸易的谈判中，针对自由贸易可能会恶化墨西哥的生态环境并影响美国本土环境的担忧，美国经济学家古斯曼和克鲁格（Grossman & Krueger，1991）建立了一个比前人更为精致的实证模型，考察了人均GDP与二氧化硫、烟尘、化学需氧量等一系列环境质量指标之间的关系。研究发现，环境与经济发展之间呈现倒"U"形关系。1992年，世界银行的《世界发展报告》以"发展与环境"为主题，进一步扩大了环境质量与经济增长关系研究的影响，美国经济学家帕纳尤多（Panayotou，1993）首次将这种环境质量与人均GDP（人均收入）之间的关系曲线称为环境库兹涅兹曲线。环境库兹涅兹曲线揭示的是在经济发展的初级阶段即人均国民收入较低的情况下，环境质量会随着人均收入的提高而恶化；当经济发展至一定阶段后，环境质量又会随着人均

① 张家其，吴宜进，葛咏，等. 基于灰色关联模型的贫困地区生态安全综合评价：以恩施贫困地区为例 [J]. 地理研究，2014，33（8）：1457-1466.

② LADE S J，HAIDER L J，ENGSTRÖM G，et al. Resilience offers escape from trapped thinking on poverty alleviation [J]. Science Advances，2017（5）：e1603043.

③ NELSON RICHARD R. A theory of the low-level equilibrium trap in underdeveloped economies [J]. The American Economic Review，1956（5）：894-908.

收入水平的提高而改善。环境库兹涅兹曲线是经验分析的结论，随着影响环境质量各种因素的变化，环境质量与经济发展之间是否具有稳定的倒"U"形关系有待验证。学术界对环境库兹涅兹曲线的理论解释也各有各的角度，比如经济结构、需求者偏好、国际贸易、国家政策等方面[①]。从经济结构来说，在经济腾飞阶段，随着人均收入水平的提高，需要的资源投入越来越多，而产出提高意味着经济活动的副产品即环境污染增加。经济发展到一定阶段、经济结构转向服务业和技术密集型产业，会有助于环境质量的改善。从需求偏好来说，环境作为一种商品，当收入水平增加时，人们对清洁环境的需求会增加，生产者会因此在生产活动中改进工艺，提高产品的环境效益和社会效益。从国际贸易来说，发达国家通过向发展中国家出口污染密集型产品或通过外商直接投资将高耗能、高污染企业转移到发展中国家，使发达国家的环境质量变好而发展中国家的环境质量变差，处于倒"U"形曲线的上升阶段。从国家政策来说，在经济快速增长阶段，环境政策往往放任或采取先污染后治理的方式，而随着经济增长至一定阶段，政府加大环境治理力度和环境投资，对改善环境又起到积极作用。以上是就经济增长与环境的一般关系而言的，如果从不同类型的环境退化指标来看，环境与发展之间的关系存在三种明显的趋势。收入增长后，一些环境难题比如安全饮用水的获得以及卫生设施的保障也会逐渐消失。这是因为收入增长可以为公共服务提供资源。当人们不再为每日的生计疲于奔命时，他们将对可盈利的环保产业投入更多的资源，这些环境与发展的正相关性不应该被忽略。同时，一些其他的环境问题随着经济发展呈现先恶化后缓解的态势。城市空气和水污染的变化遵循的就是这一模式。事实上，并不存在某个修复环境的自动机制，只有社会环境意识觉醒以及政府精心设计环境政策，环境质量才能得到改善。还有一些环境指标，如生活垃圾和二氧化碳排放，则变得更糟糕。在这种情况下，减少排放的成本代价非常高，解决问题的支持率显然会变得很低。许多国家缺乏对个人及企业减少污染排放的激励制度。我们要清楚认识到，发展与环境的关系不能一概而论，笼统地说经济发展会对环境造成什么影响并不能解决问题。事实上，在同样的收入水平下，不同国家的政策选择可能带来更好的结果，也可能使结果变得更差。因此，在相同的发展条件下，国家对

---

① 钟茂初，张学刚. 环境库兹涅兹曲线理论及研究的批评综论［J］. 中国人口·资源与环境，2010，20（2）：62-67.

环保的重视程度和环境政策的科学性，是决定环境质量的重要因素。同时，得益于技术进步，各国能够提供比早期发展危害更小的生产和生活方式。在过去几十年，EKC 已处于下降阶段。

质言之，摆脱贫困与维持良好的环境之间并没有必然的矛盾。现实中二者之间可能存在的冲突，常常是人们技术选择的结果，是某种摆脱贫困的方式导致的或是某种保护环境的方式造成的矛盾，而人们原本可以选择其他的方式来避开二者在近期可能存在的矛盾。从长远来看，消除贫困和维护良好环境之间不但没有矛盾，还几乎总是处于相互促进的良性循环。摆脱贫困后的人们对环境服务的需求增大，使人们更加积极主动地改善环境，同时也有更多的投入去维护良好的环境。良好的环境能够提供给人们新的、更多的发展机会。在以人为本的新发展理念得到越来越多认可的今天，良好的环境应成为人的发展的必要条件，而不再是奢侈的需求。

3.4 可行能力视角下的可持续性发展分析

"可行能力"概念引发了人们对贫困关注视角的转换，以往研究认为人们缺食少穿就是贫困，那么相对应的解决方案就是增加对需求的满足。而"可行能力"的提出，使得"致贫因素"得以深入讨论。阿玛蒂亚·森认为，可行能力是"一个人有可能实现的、各种可能的功能性活动的组织"。森在对世界饥荒和贫困问题进行深入研究时发现，某地的饥荒并不是粮食真的短缺，而是统治者对诸如粮食这类资源的控制权的体现，所以他提出引发饥荒（或贫困）的根源在于人们实质性的物品交换权利的缺失，即可行能力的被剥夺。可行能力理论的出现，再一次将公平正义这样一个永恒的人类命题展现在世人面前。通俗地讲，穷人之所以穷，不是因为物质的短缺，而是其缺乏改善现状的能力，而培养这种能力的机会或权利处于一种缺失或被剥夺的状态。换言之，反贫困实践应着眼于赋权增能。为了便于指导实践，森在其著作《以自由看待发展》中列举了五种基本的可行能力自由（权利），它们分别为政治自由、经济自由、社会机会、透明性保证和防护性保障①。森统称这五种自由为工具性自由，其目的是

---

① 森. 以自由看待发展 [M]. 任赜，于真，译. 北京：中国人民大学出版社，2013.

拓展人们的可行能力范围，这五种自由是相互促进和提升的。是否拥有实质自由不仅仅是评价个体是否处于优势的一个重要因素，它也给我们的生活带来更多的好处，能够使我们在更加全面的领域内对个体的生活状况进行评价。与传统的资源福利平等理论不同，可行能力理论将关注焦点转移到了构成人们生活的因素上，比如接受医疗教育等服务的一般性权利。放在中国背景下，城乡地区间有差异，表现在接受基本公共服务的质量上，显然城市高于农村。而中国从20世纪90年代起推行的开发式扶贫到当前实行的精准扶贫战略，与可行能力理论有着多方面的耦合，同样强调市场在减贫开发中的重要作用，通过市场机制提升贫困人口的发展能力。尤其是在当前深度贫困地区贫困人口脱贫过程中，一味通过提高收入降低贫困，而忽视因病、因学、因思想文化落后等产生的异质性多维贫困，不仅不能从根本上使贫困人口摆脱贫困，更容易产生福利依赖，降低扶贫质量和扶贫效率。但纵观精准扶贫"产业扶贫、教育扶贫、低保政策兜底扶贫、医疗救助扶贫"等因需施策的扶贫方式，背后依然隐藏着对贫困人口发展能力的考量；尤其是产业扶贫过程中强化贫困人口的参与，强调通过外部资源扶持赋予贫困个体应有的社会发展机会和权利，将贫困农户置于市场竞争中，通过提升其主观能动性提升贫困人口发展能力，使其从根本上摆脱贫困。同时，森的可行能力理论强调脱贫是个体逐渐实现实质性自由（能力）的过程，而不是一种临时性的状态改变。当身处贫困的人们被问及什么事是他们急需解决的问题时，他们很少会把环境问题或可持续发展放在前头。他们主要关心住房、吃饭、穿衣、子女教育、养老等问题。他们的就业方式（生产方式）和消费方式都由这些基本需求决定，很少有长远考虑。有些经济活动的环境成本被大众承担或被转移到未来，而贫困人口有时被认为是这种经济活动方式的共谋。这种指责，没有考虑到或者忽略了身处贫困的人们几乎无法选择自己的生产行为方式或消费行为方式，而这些基本上是由当地和全球市场中的强者决定的，穷人们对此无能为力。当就业困难时，人们会去做他们能得到的任何工作，而不管这种工作对自己或环境产生多大危险。当需要填饱肚子时，最能充饥的食物和最便宜的蛋白质来源就最受欢迎，而不管这些食物是怎么生产出来的。在偏僻或交通不便的地方，人们会使用可用的任何交通工具，而不管这些交通工具的能源使用效率是高还是低。这并不是说，身处贫困的人们对他们现有的生产或消费方式是满意的；也不是说，他们没有意识到自己的生活方式与其他人不一样。当穷人看到通过自主的劳动和与他人的有效合作、从事对环境无损害的活动能够有助于提高他们的生活水平，他们很乐意积极地投入这些活动。从建立贫困农户脱贫长效机制的角度考虑，可行能力理论重点强调了个人能力建设对可行能力塑造的关键作用，同时也着重强调了政府和社会对贫困人口可行能力形成的主导作用。贫困的减缓和"医治"不能片面强调政府扶贫的重要作用，也不能过分依靠贫困人口自身的改变，只有将政府宏观调控与贫困个体能力提升结合起来，才能有效实现贫困人口的稳定长效脱贫。

受此启发，对于民族地区脱贫后的可持续发展问题，不论采取何种方式的扶贫或发展模式，首先要找出致贫的原因，或厘清主体性需求，然后地区和个人都应按此原则行动。尤其是在脱贫结束后，绝对贫困的消除，迎来了更为复杂的相对贫困问题以及更具挑战性的共同富裕目标，只有抛弃僵化的标准（城市标准或现代化标准），做到因地因人，才能实现目标。其次要明确扶贫和发展的目的是地区和人的全面发展。从民族地区出发，需要从内外部环境充分评估优劣势，在"两山"理念的指导下，"绿水青山"也可以转变为"金山银山"，但是绝不能通过过去靠山吃山的粗放式开发，而是要在确保生态安全的前提下开发利用。从民族地区的人口素养出发，增权赋能是一项长久大计，精准扶贫解决了贫困家庭三代人的绝对贫困，其主要成效是从"无"到"有"，解决了老一代养老兜底问题、中间一代生存问题、少一代教育问题，而发展则是一个漫长的过程。尤其是地区性贫困问题，它是一个系统工程，所有帮扶需要时间沉淀，在这个过程中还需要时刻调整；同时也不是所有帮扶对象都能实现按照预设规划发展，要尊重个体性差异。正如森所言，自由首先是尊重人们的选择，而这种选择本身也是一种能力（权利）的体现。

3.5 绿色扶贫的必要性

党的十八大以来，中央先后提出打赢脱贫攻坚战、实施乡村振兴战略，这是全面建成小康社会和社会主义现代化国家的重要布局。两者之间密切相关、相互促进，存在有机衔接的内在协同性[①]。

---

① 邓曲恒，岳希明. 乡村振兴与扶贫攻坚 [J]. 经济学动态，2019（6）：92-99.

3.5.1 绿色扶贫是乡村振兴的基础和内在要求

习近平总书记讲过："良好的生态环境是农村最大优势和最宝贵财富，让良好生态成为乡村振兴的支撑点。"[①] 过去农村一直把焦点放在吃饱、穿暖、解决基本的物质需要上。现在农村经济发展了，尤其是原来数以千万的贫困人口的吃穿问题在精准扶贫帮扶下得到根本性解决。新时代，对于乡村来说只有物质生活层面的现代化是不够的。没有山清水秀、天蓝地绿的优美生态环境，农民也难以获得幸福感。环境脏、垃圾乱堆、污水乱排、村容村貌差等生态环境问题还较为突出，成为农民生活品质提升和人才下乡返乡的阻碍。乡村振兴要把握自身优势，要让生态优势成为自身发展的重要力量，让生态优势成为乡村发展的宝贵资本。实现生态宜居，要统筹山水林田湖草生命共同体，加强农村突出生态环境问题综合治理。要构建绿色生产方式，牢固树立和践行"绿水青山就是金山银山"的理念，推动乡村自然资本加快增值，努力把优质生态资源转变成优质生态产品，从而增加农业生态产品供给，提高农业生态服务能力，让老百姓种下的"常青树"真正变成"摇钱树"。要构建绿色生活方式，一方面要为村民营造出天蓝、地绿、水清的生产生活环境，提供优质生态产品，让更多村民吃上"放心饭""生态饭"。另一方面要树立节能环保的意识，将绿色饮食、绿色出行、绿色住宿融入日常生活，培育良好的生活环境。生态振兴是乡村振兴的支撑，要让良好的生态环境成为推进乡村振兴的重要支撑点。习近平总书记强调："实施乡村振兴战略，一个重要的任务就是推行绿色发展方式和生活方式，让生态美起来，环境靓起来，再现山清水秀、天蓝地绿、村美人和的美丽画卷。"[②]

乡村振兴的实现在于社会主义的乡村社会、经济、文化、生态等各方面得到发展进步，着眼于"三农"问题根本解决，在一定程度上是农村实现脱贫攻坚后一个更高层次的追求。绿色扶贫是低碳、共享式和以人为本多维式扶贫，它在"五个一批"脱贫攻坚的基础上，更注重社会的公平正义、农民权益保障、收入增加和分配调节、农村生态环境保护，满足乡村

---

① 中共中央文献研究室. 习近平关于社会主义生态文明建设论述摘编 [M]. 北京：中央文献出版社，2017.

② 中共中央党史和文献研究院. 习近平关于"三农"工作论述摘编 [M]. 北京：中央文献出版社，2019.

振兴的内在发展需要。绿色扶贫的多维式扶贫的特质使其在促进贫困乡村整体发展和贫困人口自由发展上与乡村振兴高度契合，具有与乡村振兴实施有机衔接的客观性。首先，绿色扶贫以生态产业发展方式实现农村产业兴旺，而产业兴旺则是乡村振兴的基本前提和根本源头。没有产业的振兴就不可能有乡村的振兴，而绿色扶贫产业的发展能够促进乡村生产力进步。其次，绿色扶贫的实施推动着乡村生态宜居的实现。再次，绿色扶贫的教育、生态、金融、政策等综合施策能推动乡村的乡风文明提升。最后，绿色扶贫注重农民权益保障、基本公共服务供给公平等民生扶贫能推动乡村农民生活富裕的实现。

3.5.2　绿色扶贫与乡村振兴的目标高度一致

环境伦理学之父霍尔姆斯·罗尔斯顿指出："人们的生活必然要受到大自然的影响，必然与大自然环境发生冲突，自从哲学诞生之日起，这一事实就引起人们的无限的思考。"① 乡村振兴目的就是培育农村农民的"绿色"生活，形成在生产生活方式、价值理念等方方面面的绿色化，让广大农民在乡村振兴中有更多获得感、幸福感。生活方式是指人们消费物质资料的方式，即衣、食、住、行、用等日常生活的表现形式。在日常生活中，人们的生活方式与大自然生态环境是相互影响、相互改变的。良好的生活方式会营造良好的生态环境，良好的生态环境反过来也会促进良好的生活方式的形成。绿色生活方式是一种有利于生态环境保护的生活方式，是乡村振兴探索绿色发展道路的坚实根基。党的十八大以后，随着我国经济水平的快速提高，农村的物质生活水平也不断提升。然而物质资源的极大丰富一定程度上导致农民的生活方式发生改变，越来越多过度消费出现，同时造成了严重资源消耗和环境污染。克沃尔认为，消费主义是人的软弱、孤立和精神绝望的反映，是资本主义异化劳动的结果，也是生态破坏的罪魁祸首。由此可以看出构建绿色生活方式在经济社会发展和生态环境保护上的重要地位和作用。为此，在乡村振兴实施过程中，要尽快培育农民绿色消费、绿色居住的新行为，帮助他们形成勤俭节约、绿色低碳、健康文明的绿色生活方式。同时，绿色生活消费方式成为农村主流生活方式以后，将倒逼农业形成绿色低碳的生产方式。

---

① 罗尔斯顿. 环境伦理学 [M]. 杨通进, 译. 北京: 中国社会科学出版社, 2000.

孔子在《论语·述而》中说"子钓而不纲，弋不射宿"，在《论语·阳货》中又说"天何言哉？四时行焉，百物生焉，天何言哉"，深刻反映出儒家顺应自然万物自身规律和取之有度的环保思想。道家的老子是中国最早明确表达出"天人合一"的思想家。老子在《道德经》中讲："人法地、地法天、天法道、道法自然。"儒、道两家都承认事物有其发展的客观规律，在此基础上阐释了人与自然的关系：要尊重自然、顺应自然，而后克制欲望，节约利用自然资源，最终形成了"天人合一"的绿色价值观。宋明理学是在儒、释、道三者交融贯通下发展形成的思想流派，与儒、道有深厚的文化渊源。宋明理学继承了儒家和道家"天人合一"生态世界观，形成了人与自然"和谐共生"的思想。回望古人智慧，在科技文明飞速发展的当下，抛开一些形式，解决方法最终还是指向了个体的思想。思想指挥行动，对农村农业发展的绿色思想导向，实质上是一种理念的培养，与千年前的古人智慧相比，这也是一种理念的回归。

绿色扶贫是以创新、协调、绿色、开放、共享的新发展理念为指导，通过对农村生产生活等模式的转变，实现农村经济发展、环境改善、脱贫致富，其本质是让农村贫困人口以生态方式摆脱贫困，享有优美生态环境和幸福美好生活。乡村振兴战略是要实现广大乡村"产业兴旺、生态宜居、治理有效、乡风文明、生活富裕"。两者都致力于实现农村产业发展、农村环境和社会治理有效、农民生活富裕。

3.5.3 绿色扶贫与乡村振兴实现路径高度重合

生产劳动是人类活动的主要形式，发展生产是实现生活和消费的基本手段。习近平总书记指出："生态环境保护和经济发展不是矛盾对立的关系，而是辩证统一的关系。生态环境保护的成败归根到底取决于经济结构和经济发展方式。"[①] 新时代，乡村振兴要走绿色发展道路，就必须将解放和发展农村绿色生产力作为重要内容，逐步推动生产方式、生产体系和生产环境绿色化，更好地兼顾绿色与发展两方面。在农业文明时代，农业生产是社会产业发展的重心，农民从事农业生产，十分尊重大自然，对自然资源取用有度，对生态环境的影响和破坏十分有限。到了工业文明时代，农村主要以资源消耗型、环境污染型农业为主，消耗大量自然资源、严重

---

① 习近平. 在深入推动长江经济带发展座谈会上的讲话 [EB/OL]. (2018-06-14) [2023-03-14]. http://politics.people.com.cn/n1/2018/0614/c1001-30055965.html.

破坏生态环境。长期粗放的农业生产方式，导致我国农村生态环境承受了巨大的压力，农业不可持续发展成为突出问题。新时代，在习近平生态文明思想的指引下，立足我国经济社会发展现状，着眼乡村未来，应走绿色产业发展的道路。发展农业绿色生产，需要处理好经济发展与生态保护的关系。通过提高农膜回收率，加快农作物秸秆和禽畜养殖废弃物全量资源化利用，构建农林牧渔循环发展模式，形成科技含量高、资源消耗低、环境污染少的农业绿色生产方式。

绿色扶贫主要通过生态建设、生态产品自用、生态产业发展、生态资源服务、生态产品消费等路径实现农村致富，而乡村振兴主要依靠产业建设、生态建设、人才建设和组织建设等实现目的，两者的路径有着衔接性和一致性。比如，绿色扶贫中的生态产业发展脱贫，引导农村贫困人口发展特色农业、绿色工业，鼓励一二三产业融合发展等，这也是乡村振兴战略建构现代农业生产、经营体系的必要举措。绿色扶贫注重生态贫困地区的生态建设与保护、深化生态补偿制度的实施，这也是乡村振兴战略实现乡村生态环境优美、宜居的前提和要求。

3.6 绿色扶贫的重要性

3.6.1 助推乡村产业结构转型升级

产业振兴是乡村振兴的物质基础，产业兴，则经济兴、农村兴。新时代，乡村要实现产业振兴，不能再走传统的先污染后治理的发展道路，而是要走生态优先的绿色发展道路。为此，必须要改变传统的发展道路，走乡村振兴、绿色发展道路。绿色产业振兴之路是对传统产业发展道路的反思，是乡村振兴绿色发展道路的重要内容。坚持以绿色发展引领乡村绿色产业振兴能够聚焦新发展理念，有针对性地解决当前农村生产方式、产业结构和生产环境存在的问题，通过引入科学技术和先进的管理理念，探索种植、养殖等高效衔接的生产方式，促进生产过程减量化、再利用、资源化；充分挖掘和拓展农业的多维功能，促进农业产业链条的延伸以及农业与工业、服务业的结合，生产更多农业加工产品，开发以农业为基础的文化创意业、观光旅游业等，推动农村产业结构绿色化；完善生态补偿制度，采用机械化、信息化手段强化生态环境管控和修复，逐步改善农民工作环境，实现生产环境绿色化。走绿色产业振兴之路是新时代妥善处理农村产业发展与生态保护之间矛盾的必然选择，是推动乡村全面振兴的必由之路。

党的十八大报告明确提出："推进经济结构战略性调整是加快转变经济发展方式的主攻方向。"随着物质生活水平的逐步提高，人们对安全饮用水、新鲜空气、优美环境等生态产品的需求越来越迫切。因此，必须顺应时代发展趋势，顺应人们对良好生态环境的需求，走绿色、低碳、良性循环发展道路，促进绿色扶贫的实施，促成绿色环保生产和消费模式，促进人与自然和谐共处。绿色扶贫的核心内涵是使消费方式和生产方式生态化，引导产业结构转型升级，促进经济可持续发展。

从理论基础上看，贫困地区生态生产模式的理论基础就是绿色发展、科学发展，这种发展既是强化经济社会生产，更是推动对经济社会生产的自然基础——自然生态系统的改善与发展，是对生态环境的直接投资。绿色扶贫将从两个方面促进乡村经济增长：一是经济的增长，即通过绿色扶贫促进乡村经济持续、稳定、健康和高效地增长；二是生态环境的改善，即通过绿色扶贫不仅要实现最优经济增长效益，也要实现生态环境系统最佳改善。简而言之，绿色扶贫即使没有实现生态环境系统的改善与发展，也要达到遏制生态环境恶化的效果。绿色扶贫实现的这两个目标，将直接服务于社会生产。从生产方式的功能来看，绿色扶贫同时兼顾了物质、精神和自然这三种财富的生产功能，在给予贫困人口生存发展需要、物质需要满足的同时也创造出了多样性的精神需求。从生产模式的评价来看，绿色扶贫契合了生态发展规律，既满足了贫困人口脱贫致富的需求，也响应了生态环境建设的需要，真正实现生态文明建设的要求和可持续发展的目标。从本质上讲，绿色扶贫只能通过生产方式的重构来实现，因此经济结构战略性调整、产业结构转型升级也必须以绿色扶贫为基准，构建基于生态文明建设的产业分类新方法，引导产业结构转型升级，最后实现生态生产方式，使贫困人口共同享受到小康社会的成果。

3.6.2 促进城乡统筹发展

城镇和乡村是我国经济社会发展的一体两面，两者相互促进、共同发展。过去，在快速城镇化和工业化进程中，城市经历了高速发展过程，积累了丰富的人力、物力、财力、科技等资源，城市现代化水平得到显著提升。反观农村，经济建设、政治建设、文化建设、社会建设、生态文明建设存在突出的问题，各方面内容与城镇相比差距明显，城乡发展不均衡问题十分突出。习近平总书记讲道："乡村振兴要靠人才、靠资源。如果乡村人才、土地、资金等要素一直单向流向城市，长期处于'失血''贫血'状态，振兴就是一句空话。"[①] 因此，新时代必须要推进乡村融合发展，破解城乡二元结构。坚持乡村振兴绿色发展道路，通过保护农村生态环境，转变产业发展方式，提高农民生活质量，使农村成为一片大有可为空间，从而吸引更多城市优质资源下乡推动农业农村现代化建设，释放农村巨大潜力，从而实现乡村振兴。

绿色扶贫是实现生态贫困地区共享发展、统筹发展的有力方式，是响应2020年全面建成小康社会及2020年后建设社会主义现代化而提出的新要求，它需要实现贫困地区人口生活、生产条件"全面改善"，而不是解决"个别点""个别性""临时性"的生活困难问题。这就要求我们寻找经济社会发展的新途径，努力解放和发展乡村的生产力。目前，我国沿海和中部部分地区经济实力雄厚，居民收入高，一个重要原因是城乡要素交换平等，城乡经济繁荣。但是在大多数地方，乡村经济发展的基础不够牢固，特别是在贫困地区，资源配置的空间和时间不够，城乡关系不紧密，要素流动受限。因此，绿色扶贫这样一种扶贫方式将重点放在扶贫区域的"三农"问题上，优化要素配置，促进城乡互动发展，和谐城乡关系，促进工农互动，缩小城乡发展差距。这不仅体现在城乡公共资源配置的平衡上，而且对一些长期参与城市建设和服务的农民工、低收入者进行扶持，使其在服务城市的同时有尊严地享受城市生活；增加财政支持，保障和改善民生，对缩小城乡差距、促进城乡要素的平等交换具有重要意义。绿色扶贫必定需要加快新型工业化进程，努力协调城市工业主导型先进现代经济与乡村农业主导型落后传统经济并存的局面，发展现代农业，有效破解城乡二元结构，促进城乡一体化发展，为新型工业化提供工农互动、城乡一体化的广阔平台。绿色扶贫的实施，拓展了生态贫困地区的生态资源开发、生态消费和生态补偿等途径，有利于生态贫困地区加强吸纳集聚能力，平衡乡村人口、生产要素过快向城市集中和城乡分离等状态，促进乡村现代化的建设。要着重把农业发展、乡村建设、农民利益和城市一起统

---

① 中共中央党史和文献研究院. 习近平关于"三农"工作论述摘编 [M]. 北京：中央文献出版社，2019.

筹考虑，加大区域资源的共享、保护和利用，构建和谐的城乡共长关系，成就城乡共同繁荣的良好局面。

3.6.3 增强乡村内生发展动力

在我国，农民是农村的主人，是"三农"的重要组成部分。党的十九大明确指出："农业农村农民问题是关系国计民生的根本性问题。"[①] 新时代的乡村绿色发展道路要想走得顺、走得稳，就必须充分调动起全体农民的力量，使全体农民意识到自己在乡村振兴中的责任，并且勇敢地、自觉地承担自己的责任。乡村振兴最直接的受益群体就是世代生活在乡村的村民，只有村民的主体性与能动性得到激活，才能使产业发展、生态保护、精神文明建设和基层治理等活动不偏离乡村振兴的初衷和目标，才能真正不断提升农民的获得感、幸福感、安全感。从另一个角度来看，经历了数十年的发展，我国农村改革进入深水区、攻坚期，农村发展面临更加复杂的形势和局面。实施乡村振兴战略，要着眼于解决当下我国农业农村农民发展面临的突出生态、生产、生活问题，这就需要"培养造就一支懂农业、爱农村、爱农民的'三农'工作队伍"[②]。由此，新时代推动实施乡村振兴战略，对农民的文化水平、职业技能提出了更高的要求，推动实施农民现代化也应成为乡村振兴的重要内容。

绿色扶贫是生态建设（保护）与扶贫开发的融合统一，是推进资源、环境与人口协调发展的有效渠道。当前，我国脱贫地区存在的贫困问题，主要缘于贫困人口生存与发展的能力贫困，具体表现在贫困人口合理配置资源能力、有效开发利用资源能力、就业谋生能力、要素流转能力等存在不足。绿色扶贫是立足于生态环境的复建、保护，运用低碳、生态、友好的方式，调动政府、社会和市场的力量共同开展减贫的一种新模式，它更注重贫困人口自身可持续生计能力的提升，在参与经济生产活动中提升自己的生活水平。绿色扶贫的前提是生态优先，基础是生态环境，方式是持续利用资源，归宿是贫困人口能力建设，动力是生态服务消费。贫困人口开发利用资源、管理资源的持续发展能力的提升，有利于建立生态资源友

---

① 央视网. 中共中央 国务院关于实施乡村振兴战略的意见 [EB/OL]. （2018−02−05）[2023−03−14]. http://www.moa.gov.cn/ztzl/yhwj2018/spbd/201802/t20180205_6136480.htm.

② 习近平. 决胜全面建成小康社会 夺取新时代中国特色社会主义伟大胜利：在中国共产党第十九次全国代表大会上的报告 [M]. 北京：人民出版社，2017.

好开发与持续利用体系，从而增强乡村经济的内生发展动力。因而，绿色扶贫培育贫困人口自我脱贫能力的有效举措是实现乡村内生发展的重要保障，是乡村振兴战略实施的重要助力。新时代，走乡村振兴绿色发展道路，要着力实现生活方式现代化、生活体系现代化、综合素养现代化，最终实现农民绿色现代化。农民绿色现代化是指以人与自然和谐共处的基本理念为指导，塑造农民的绿色生活方式、丰富农民的绿色生活体系、提高农民的综合文化素质等，使农民成为满足农业农村绿色发展要求的新农民。乡村振兴绿色发展道路，将实现农民绿色现代化作为主要目标之一，一方面是坚持农民主体原则、充分发挥农民主体地位和作用的体现；另一方面是解决当前农村发展不平衡不充分问题、推动实现人与自然和谐共处，进而实现农业农村绿色现代化的必然选择。

从可持续性发展的角度来看，绿色发展模式将是世界发展潮流。对绿色扶贫的选择既是对贫困地区生态制约发展困境的破解之道，也是实现区域可持续发展的必然选择。减贫与绿色发展可以认为是绝大多数贫困地区实现可持续性发展的前提条件，这在全世界得到了充分的验证。中国实践，既包含了顶层设计，也落实到了具体行动，为绿色减贫模式开辟了中国道路。在传统开发式扶贫模式的缺陷不断突显的时刻，尤其是在民族贫困地区，绿色减贫作为一种新的方略被提出来，既可以实现社会经济的发展，又可以修复和保护绿水青山，必然成为该地区未来发展的指引。

4 实地调研与分析

　　本书采取定量与定性相结合的方式对四川省凉山彝族自治州（凉山州）精准扶贫与乡村振兴工作展开调查研究，重点走访凉山彝族自治州喜德县贺波洛乡，获取一手资料，包括调查问卷、村两委和村民的访谈、村集体产业专题考察等内容，通过官方渠道收集凉山州各区县有关精准扶贫与乡村振兴的公开资料。本次调查中关于村民调查问卷的数据主要使用SPSS 软件开展相关处理和分析工作。

4.1　调研地概况

　　四川省是一个多民族的省份，少数民族人口以彝族①、藏族②、羌族③三个民族最多。从空间分布看，这三个民族也都在四川省脱贫攻坚"四大片区"④ 内，同时也在"三区三州"⑤ 范围内（凉山州与四川涉藏地区）。本书的主要考察对象为凉山彝族地区。作为全国"三区三州"深度贫困地区之一，凉山彝族自治州位于四川省西南部，是全国最大的彝族聚居区。

---

　　① 全国最大的彝族聚居区，主要分布在四川境内的凉山彝族自治州、乐山市和攀枝花市。
　　② 全国第二大藏族聚居区，主要分布在四川境内的甘孜藏族自治州、阿坝藏族羌族自治州和凉山彝族自治州的木里县。
　　③ 全国唯一的羌族聚居区，主要分布在四川境内的阿坝藏族羌族自治州的汶川县、理县、茂县和绵阳市的北川、盐亭、平武三县。
　　④ 指秦巴山区、乌蒙山区、大小凉山彝族、高原涉藏地区。
　　⑤ "三区"是指西藏自治区和青海、四川、甘肃、云南四省涉藏地区及南疆的和田地区、阿克苏地区、喀什地区、克孜勒苏柯尔克孜自治州四地区。"三州"是指四川凉山州、云南怒江州、甘肃临夏州。"三区三州"是国家层面的深度贫困地区。

全州面积 6.04 万平方千米, 辖 1 市 16 县①, 境内有彝族、汉族、藏族、回族、蒙古族等 14 个世居民族。1950 年凉山解放, 1952 年凉山彝族自治州成立, 1956 年该地实行民主改革, 从奴隶社会"一步跨千年"直接进入社会主义社会, 1978 年与原西昌专区合并成立新的凉山彝族自治州。凉山州西跨横断山系, 东抵四川盆地, 北接川西高原和山地, 南邻金沙江河谷, 地表起伏大, 海拔高度悬殊, 木里县夏诺多吉峰海拔 5 958 米, 而雷波县东部的金沙江谷底海拔只有 305 米。其地理位置和地理特征决定了凉山州气候环境、生物种类和地貌景观的多样化, 从而构成了自然资源类型的丰富性和多样性。州内高山、峡谷、平原、盆地、丘陵相互交错, 高低悬殊, 形成了中国罕见的亚热带干热河谷稀树草原景观。凉山州还是全国知名的资源富集地区, 水能资源技术可开发量为 7 000 多万千瓦, 占全国的15%; 战略资源得天独厚, 是攀西国家战略资源创新开发试验区核心区域; 民族文化资源独具魅力, 彝族火把节被列为世界非物质文化遗产备选名录, 彝族文化、藏乡文化、摩梭风情等多民族文化交相辉映。

与此同时, 凉山彝族自治州的贫困问题也相当突出, 致贫原因尤为复杂。凉山是从奴隶社会"一步跨千年"直接进入社会主义社会的地区, 社会发育程度低。州内地形地貌多高山峡谷, 南接云贵高原、西连青藏高原横断山脉, "七分山三分地", 虽然资源丰富多样, 但受交通等基础设施瓶颈制约, 经济社会发展滞后。这突出表现在: 一是贫困地区集中连片。全州 17 个县市中有 11 个少数民族聚居县, 都是国家扶贫开发工作重点县, 是"三区三州"深度贫困地区之一, 全州贫困县占四川省贫困县总数的三分之一, 集中连片贫困地区面积 4.16 万平方千米, 占全州总面积的68.9%。2015 年底, 全州建档立卡贫困村 2 072 个, 有贫困人口 64.2 万人, 占全省贫困人口的 16.89%; 贫困发生率为 14.5%, 比全省高 8.9 个百分点, 是四川省脱贫攻坚主战场。二是贫困群众生产生活条件低下。全州有 166 个极度贫困村, 25.49 万人居住在高寒山区、严重干旱缺水地区和地质灾害多发地区。土地产出率低, 广种薄收、靠天吃饭, 生活处于"酸菜+荞馍+土豆"的低层次温饱状态。三是多重社会问题交织。截至2015 年, 扶贫对象的致贫原因主要有 11 类 (见表 4-1): 因病致贫占

---

① 1 市 16 县是指西昌市、美姑县、宁南县、雷波县、冕宁县、德昌县、金阳县、越西县、盐源县、甘洛县、会东县、布拖县、昭觉县、喜德县、会理县、普格县、木里藏族自治县 (木里藏族自治县是全国仅有的两个藏族自治县之一)。

4.92%、因残致贫占 2.63%、因学致贫占 2.14%、因灾致贫占 0.89%、缺土地致贫占 2.32%、缺水致贫占 1.35%、缺技术致贫占 15.36%、缺劳力致贫占 7.1%、缺资金致贫占 51.97%、交通条件落后致贫占 8.69%、自身发展力不足致贫占 2.63%。穷、病、毒等多重原因相互交织、多重叠加。教育投入严重不足。全州千人卫技人员、执业（助理）医师、注册护士人数低于全省平均水平。受"以毒为药"旧习、地处金三角毒品运输通道等因素影响，毒品、艾滋病问题曾一度十分严重。四是思想观念落后。还存在"养牛为耕田、养猪为过年、养羊为御寒、养鸡为换盐巴钱"的轻商观念，多子多福、重男轻女的生育观，"以酒当茶、杀牲待客、好要面子"的落后习俗，"薄养厚葬、高额彩礼、相互攀比"等陈规陋习在贫困山区普遍存在。

脱贫攻坚战让凉山州发生了翻天覆地的变化，书写了中国减贫奇迹的凉山篇章。105.2 万贫困人口、2 072 个贫困村、11 个贫困县全部脱贫摘帽，脱贫人口人均纯收入达 10 633 元。建成易地扶贫搬迁集中安置点 1 468 个，35.3 万人住进安全新居。所有乡镇通油路、建制村通硬化路。44 万贫困人口饮水安全、85.1 万贫困人口生活用电问题全部解决。

表 4-1　凉山州扶贫对象十一类致贫原因分析

致贫原因	分析	占比/%
病	医疗费用支出超过家庭负担能力，导致家庭实际生活水平低于国家扶贫标准	4.92
残	治疗家庭成员重大残疾造成花费超过家庭支付能力或家庭主要劳动力因故致残导致家庭实际生活水平低于国家扶贫标准	2.63
缺学	家庭成员的教育支出明显超出家庭负担能力，导致家庭实际生活水平低于国家扶贫标准	2.14
灾	遭遇重大自然灾害或家庭发生重大变故、事故造成严重财产损失，导致家庭实际生活水平低于国家扶贫标准	0.89
缺土地	家庭收入主要依靠农业（尤其是种植业）的家庭，因缺少土地或土地无法从事农业生产，造成家庭缺少主要收入来源，导致家庭实际生活水平低于国家扶贫标准	2.32
缺水	以家庭实际居住地或主要耕地为中心，获取生活饮用水或生产用水困难（以取水时间或距离为标准），导致家庭实际生活水平低于国家扶贫标准	1.35

表4-1(续)

致贫原因	分析	占比/%
缺技术	劳动力文化素质低，缺少发展产业或就业的基本技能，导致家庭无法通过发展产业或就业产生稳定收入，家庭实际生活水平低于国家扶贫标准	15.36
缺劳力	家庭主要劳动力成员因病、因残等丧失劳动力，或家庭缺少处于成年劳动力年龄阶段的成员，导致家庭缺少稳定收入来源或没有收入来源，家庭生活水平低于国家扶贫标准	7.1
缺资金	有发展产业意愿但因缺少必要资金而无法实现，导致家庭实际生活水平低于国家扶贫标准	51.97
交通条件落后	结合所在地区一般情况中的最低条件，建设标准较低或没有建设，造成出行困难或无法开展交通运输，导致家庭实际生活水平低于国家扶贫标准	8.69
自身发展力不足	家庭主要劳动力内生动力（思想消极、行为懒惰等）不足，导致家庭实际生活水平低于国家扶贫标准	2.63

本书在凉山彝族自治州喜德县贺波洛乡尔吉村、塔普村开展了问卷调查工作，贺波洛乡位于素有"彝族老家"之称的喜德县东北部，距离县城6 000米，平均海拔2 300米，是一个地处山区、以农为主的彝族聚居乡，所辖9个行政村均为贫困村，全乡贫困人口占总人口数的25.34%，当地耕地多为高山坡地、旱地，少量水田位于山脚，主要农作物有花椒、土豆、玉米、荞麦，畜牧业以鸡、猪、羊、牛为主，可以说这里是全国区域性整体深度贫困的一个缩影。

4.2 数据分析

调查采用偶遇抽样的方式，对尔吉村、塔普村两村村民开展问卷访问，共完成117人次的问卷调查（见表4-2），其中男性44人，女性73人，访问对象以中老年为主，30岁及以上人数占比81.7%，保证了问卷中涉及对家庭及本村信息获取的有效性。接受访问的对象中文盲占比高，达99.1%；家庭户籍人口6人及以上有30户，占比25.6%；未成年子女数3人及以上有43户，占比42.8%。总体来看，该样本基本人口信息状况符合已有研究对深度贫困地区的一般性结论，即平均文化水平低、家庭人口数多等。本书计划围绕经济、生活、生产、认知四个维度分析微观层面——个体或家庭——对绿色扶贫的认知与能力情况。

表 4-2　实地调查基本信息一览表

基本信息	选项	人数/人	百分比/%
性别	男	44	37.61
	女	73	62.39
年龄段	18~20 岁	3	2.9
	21~29 岁	16	13.7
	30~39 岁	24	20.5
	40~49 岁	35	29.9
	50~59 岁	16	13.7
	60~69 岁	10	8.5
	70 岁及以上	13	11.1
民族	汉族	1	0.9
	彝族	116	99.1
受教育程度	不识字	93	79.5
	小学	17	14.5
	初中	6	5.1
	高专或高职	1	0.9
婚姻状况	已婚	112	95.7
	未婚	5	4.3
家庭户籍人口数	1 人	7	6
	2~3 人	21	18
	4~6 人	59	50.4
	6 人及以上	30	25.6
未成年子女数	0 人	28	23.9
	1 人	11	9.4
	2 人	28	23.9
	3 人	27	23.1
	4 人	16	13.7
	5 人及以上	7	6

4.2.1　经济情况

从调查数据来看，接受访问的村民家庭过去一年的收入来源主要是务农收入，占比59%；其次是打工收入，占比24.8%；最后是政策扶持，包括养老金、低保金和各类惠农补贴等财政转移性收入，占比16.2%（见表4-3），务农收入中贡献率最大的为当地特色农产品（如花椒）销售所得（见表4-4）。而据了解，这类收入具有季节性特点，即产生于每年7—8月花椒成熟期，同时多为人工采摘后首次贩卖所得，缺少进一步深加工支持，如晾晒工艺、设备等。其次是养殖收入，由于当地市场需求量大，是家庭户主要务农收入来源，但是养殖一般以家庭养殖为主，规模小，传统方式养殖导致出栏周期长（这一点通过表4-5数据能够印证），散种散养仍然是主要的务农方式。而关于村里面是否有合作社、集体经济或农业专营公司，仍然有43.6%的被访问者不知道（见表4-6）。以上经济组织的知晓度较低，可以据此推断，参与度必然也会较低。想要通过这类组织培养农户现代化种养意识、提高其相关技术、增加其收入的方案还需要考量完善。通过对过去一年家庭主要支出的调查，可以看到占比从高到低依次为孩子上学、吃饭、红白事、看病、修房子和搞养殖（见表4-7）。结合表4-8的数据来看，被访问者普遍认为家庭生活有变化，其中认为变好一些的占比42.7%，变好很多的占比56.4%，不好不坏的占比0.9%。进而可以认为通过几年的精准扶贫，虽然家庭支出中日常生活开支占比很高，但是这类支出更多为改善型支出，与扶贫前的满足型支出不同。实地调研中我们看到许多家庭将孩子送到县城读书，且至少一人租房或购房陪读，这就是造成教育支出占比很高的实际情况。从严格意义上讲，这部分支出是教育引起的，并非教育直接支出，但也可以说明城乡教育差异明显，且因为调查村落离县城较近，家长陪读之余，也可以兼顾村内生产，不至于完全断种断耕。随着现代化信息传播加速，即便是身处西南内陆高山的农民，也懂得知识的重要性，绝大多数年长村民对子女的教育十分重视，这也为阻断贫困的代际传递奠定了扎实的教育基础。访问中，有79.5%的家庭享受诸如退耕还林、粮食直补等生态补偿政策（见表4-9），政策覆盖范围较大，也反映出政府财政对生态修复和保护工作投入巨大。

表 4-3 过去一年家庭收入来源

选项	人数/人次	百分比/%
务农（含畜牧业）	69	59.0
打工收入	29	24.8
政策扶持	19	16.2
做生意	0	0
其他	0	0
总计	117	100.0

表 4-4 务农收入来源

选项	人数/人次
没有	25
一般农作物	69
养殖	70
地方特色性产品	79
集体经济分红	0
其他	0

表 4-5 家庭务农收入的获取方式

选项	人数/人次	百分比/%
没有	23	19.7
散种散养	94	80.3
专营合作社	0	0
专营公司	0	0
合作社/集体经济/公司分红	0	0
其他	0	0
总计	117	100.0

表 4-6 村里有没有成立合作社、集体经济或农业专营公司

选项	人数/人次	百分比/%
不知道	51	43.6
有	66	56.4
没有	0	0
总计	117	100.0

表 4-7 过去一年家庭花费最多的方面

选项	人数/人次	百分比/%
吃饭	25	21.4
修房子	4	3.4
孩子上学	61	52.1
看病	12	10.3
家里办事情（红白事）	13	11.1
种地	0	0
养殖	2	1.7
买车自用	0	0
买车挣钱	0	0
外借	0	0
其他	0	0
总计	117	100.0

表 4-8 和 5 年前比家庭的生活状况变化

选项	人数/人次	百分比/%
不好不坏	1	0.9
变好一些	50	42.7
变好很多	66	56.4
变坏一些	0	0
变坏很多	0	0
其他	0	0
总计	117	100.0

表 4-9　家庭是否享受生态补偿政策

选项	人数/人次	百分比/%
是	93	79.5
否	24	20.5
总计	117	100.0

从经济角度看，减贫首先是解决物质缺乏的问题，要提升贫困群体收入。早在20世纪50年代，美国经济学家库兹涅茨就提出了物质资本范式，认为在经济发展到一定的程度之后，发达地区由于生产要素价格上涨，平均利润率降低，生产要素会向欠发达地区转移，从而促进欠发达地区经济增长，自动实现减贫，缩小区域发展差距，即益贫效应。从20世纪80年代起，我国贫困地区获得了经济高速增长，加之扶贫工作的开展，通过发展经济实现了农村大面积整体脱贫，证明了库兹涅茨理论的有效性。但是，发展经济在带动贫困群体脱贫的同时，也带来了地区间的非平衡增长和群体间收入差距增加。而经济增长所带来的资源福利不会自动流向贫困群体，因而需要建立配套的机制来保证贫困人口受益。在调查村，各路扶贫资源汇集于此，对于贫困户来说，犹如一剂"强心针"，在帮扶的最初1—2年内，家庭发生了巨大变化，尤其是在物质生活方面。我们在开展调查时发现，对于已经在吃穿住行方面得到改善的农户来讲，他们大部分对个体发展毫无计划，家庭生计来源依然照旧是种花椒、饲养牲畜的收入，青壮年劳动力家庭外出务工收入。照此推论，个体或家庭在脱贫结束后，在没有更大更长远的发展计划和多渠道收入来源的情况下，一旦遭遇家庭重大支出增加或某一年收入骤减，便会再次陷入贫困状态。同样，在调查村集体经济时，我们也发现了同样的问题。对于深度贫困地区而言，上了年纪的村民都经历过发展集体经济的时代，但对于眼下的集体经济却十分陌生，具体表现为不知道什么是现代农业，如何对接农业市场，技术设备如何掌握。多数村依靠外部力量已经形成了初具规模的特色产业，但是带动效应仍然不明显，村民参与度不高。与过去全民参与的集体经济不同，现在的村民仅是名义上的股民，即在政府主导下，所有扶贫产业必须惠及贫困户，即实实在在地为村民增收，所以以贫困户的身份入股扶贫产业（类似于民间常说的入干股，实则是一种不劳而获的行为），等着年底分红即可。这样的操作方式，剥夺了村民的参与权，进而也剥夺了村民在参与

过程中自我能力培养与提升的可能性。所以，对于脱贫地区而言，扶贫中的帮扶举措都应考虑可持续性问题，尤其是人的可持续性最为重要。

4.2.2　生活情况

从居家和公共环境两个方面的调查数据来看：5 年内有 30 户搬迁过，其中搬迁原因占比从高到低依次为子女教育、远离城镇、气候不好、缺水、缺地、生态保护（见表 4-10）；受到政府资助的有 17 户（见表 4-11），该地区多为高山坡地，生存环境与生产环境差，山高路远也导致就学、就医和与外界交流困难，所以数据主要表现出以上自然条件的特征；但与此同时，政府的大量投入也使得当地村民移居到更好的地带成为可能，这离不开精准扶贫政策中易地搬迁一批的支持。

在调查中，我们看到易地扶贫搬迁主要有两种方式。一种是本村（就近就地）内搬迁安置，通常是从高山挪至公路沿线，由分散到小规模组团集中，比如喜德县尔吉村就将原先零星分布在高山上的贫困户全部集中到山脚下。这里的居民分别来自三个村民小组，共 32 户，房屋按照统一规划设计修建，呈三排整齐分布，三排新式砖瓦房在群山环抱中格外醒目。另外一种是县域内集中安置。这种安置规模较大，一般规模都在百户以上，入住村民也分别来自不同乡镇。我们看到，在所有扶贫工作中，尤其是以项目形式落地的扶贫帮扶中，一般都是政府主导、以系统的公权力体系为保障，比如开展易地搬迁中的征地拆迁、拆旧复耕、房屋设计、确保人均住房面积等。从国家与社会关系的角度来看，这一给予型政策的服务举措重构了贫困农户的生计空间，加速了民族地区的社会变迁，取得了一定成效，尤其是让贫困户的住房问题得以解决，使他们在住房水平上至少提升了一代人的档次。但在具体施行过程中，也与民族地区的地方秩序存在着特定张力①。在调查中，不少被调查村民私底下存在些许抱怨，有贫困户认为评定不公平、拆旧复耕落实不公正、村两委任人唯亲等，更有抱怨房屋朝向不符合彝族习惯的（一般彝族建房对房屋朝向有具体要求，比如房屋正面不朝东，但是在政府统一设计规划时一般没有考虑到这些民族习惯因素）。此外，很多研究已经关注到在大型易地扶贫搬迁安置社区还存在融入问题，具体表现为生活融入、心理融入、社会融入等问题。对于绝大

---

① 徐欣顺. 民族地区易地扶贫搬迁：给予型政策与地方性秩序的张力研究——基于国家与社会关系的分析视角 [J]. 黑龙江民族丛刊，2019（2）：19-26.

多数彝族村民而言，享受了国家扶贫政策，在居住水平上发生了翻天覆地的变化，且从偏远山区直接移居到靠近集镇甚至县城附近生活，在扶贫以前想拥有这样的居住条件简直是天方夜谭。但是，"一夜"上楼、入城也确实引发了不少的适应问题，虽然各地政府部门尽力介入，组织专业团队（社会组织）干预，但是对生活空间、生产空间、心理空间的骤变，需要的不仅是关怀，而是适应新生活的能力培育。

表4-10　5年内因何种原因搬迁

选项	人数/人次	百分比/%
没有搬迁	87	74.4
缺水	2	1.7
缺土地	2	1.7
远离城镇	4	3.4
气候不好	3	2.6
生态保护	2	1.7
商业开发	0	0
修建水库、电站等国家设施	0	0
子女教育	10	8.5
其他	11	6
总计	117	100.0

表4-11　搬迁的资金来源

选项	人数/人次	百分比/%
自主搬迁	13	39.4
政府扶持	17	56.7
总计	30	100.0

在对村民居家环境的调查中，我们通过数据和实地入户看到：厨房能源以柴草为主（见表4-12），占比59.8%。其次是电能，占比40.2%。这与当地习惯密不可分，当地高山森林覆盖率高，且多以松树科为主（树种的枯枝落叶易于获取，同时因富含油脂便于燃烧），所以当地村民多拾捡收集于家中用于生活（煮饭、取暖）使用。村民家中的水源供给主要靠自

来水厂，占比52.1%；高山流水也是主要的水源，占比41.9%，这与大多数山区水源来源情况基本吻合。同时精准扶贫关于水的硬性指标，也是助推自来水厂供水的主要政策动力。79.5的村民家中都有自来水管入户，极大地缓解了用水难的问题。虽然政府现在力推"厕所革命"的工作，但是我们看到，在被访问的村民中，仍有34.2%的村民家中没有厕所，28.2%的家中是传统旱厕，只有37.6%的村民家中有卫生厕所。而这主要是近几年扶贫新建住房同步修建的，污水处理方式也主要以直接排放为主，占比93.2%。家里没有垃圾筐或桶的家庭占比60.7%，没有垃圾池等公共环境设施的占比48.7%，选择就地焚烧垃圾的占比17.9%，随意丢弃的占比36.8%，倒入垃圾池的占比45.3%，从以上数据我们可以初步判断农村人居环境有所改善，但是污染依然较重。实地调研的感受是：政府投入大量资金修建公共卫生设施，至少保证村民聚居点有一处垃圾池，但是从入户情况来看，村民自身对环境爱护的意识不够，家中环境有好有差，公共环境无人打理，全靠公益岗位很难保持，村民环境意识的培育仍需进一步加强。改善农村人居环境，建设美丽宜居乡村，是实施乡村振兴战略的必然要求和根本途径。近年来，国家十分重视农村人居环境的改善工作，尤其是在硬件投入上给予了巨大的支持。在民族地区，在精准扶贫与乡村振兴等多项国家战略的扶持下，人居环境的整治与改善工作取得了显著效果。在调研中我们看到，村村通硬化路，沿路垃圾集中收集站合理分布，随处可见的宣传标语形式多样。尤其是对森林的保护工作，各级政府都十分重视，这些工作对于改善贫困地区公共服务和基础设施的作用是直接而显著的，同时农户的精神面貌也得到了提升。但在民族贫困地区的农村人居环境整治中，还十分欠缺整体、统一的规划，更多的就是按照上级政府要求，如修垃圾站，在靠近森林的地方修灭火水池；更多的是落实政府要求动作，而缺乏对本村客观需求的满足。比如在调研中，一位村干部就说，以前很少看见塑料垃圾（主要是各种生活食物的包装），现在随处可见。他也承认，主要是现在大家的生活好了，消费水平提高了，但是对垃圾的处理还没有跟上。社会文化和心理总是滞后于社会变迁的速度，这是因为客观事物的变化总是先于主观认知，因此在改善农村环境这项自上而下推动的工作中，硬件投入快于软件建设也必然存在。

绿色发展实质上是解决发展模式的转型问题，要实现农村发展方式的低碳化和清洁化转型，核心就是要协调好各种利益的问题。农民在生产生活中的污染行为是导致农村生态恶化和环境破坏的重要原因。农村的经济发展水平落后，农民的需求结构和环境知识存量以及环境的公共性质造成农民更倾向于短期的经济利益和私人利益，忽视长期环境利益和农村集体利益。这种经济利益与环境利益、长期利益与短期利益、个体利益与集体利益的矛盾和冲突不断运动发展，导致农村自然环境在代际传递中不断恶化，威胁着农村和人类的长期可持续发展。

表 4-12　居家生活环境情况

基本信息	选项	人数/人次	百分比/%
厨房能源	柴草	70	59.8
	电	47	40.2
水源	水井水	7	6
	高山流水	49	41.9
	自来水	61	52.1
用水设施	蓄水池（桶、缸）	10	8.5
	入户水管（不含龙头）	14	12
	自来水管（含龙头）	93	79.5
盥洗设施	无	109	93.1
	电热水器	5	4.3
	太阳能热水器	2	1.7
	燃气热水器	0	0
	其他	1	0.9
厕所	无	40	34.2
	传统旱厕	33	28.2
	卫生厕所	44	37.6
污水处理	排入污水池	8	6.8
	直接排放	109	93.2
有无垃圾筐	有	46	39.3
	没有	71	60.7

表4-12(续)

基本信息	选项	人数/人次	百分比/%
家附近有无公共垃圾设施	有	60	51.3
	没有	57	48.7
垃圾处理方式	就地焚烧	21	17.9
	没有管它	43	36.8
	倒入垃圾池	53	45.3

即便垃圾站就在自家房屋旁边，随处乱扔的行为还是自然而然地发生在眼前。表4-13的数据表明，对于垃圾的处理方式，随意丢弃、无人管理占比达45.3%，就地焚烧占比47.9%。村民认为垃圾处理方式不合理的原因主要是无人管理，占比27.4%，认为污染空气的占比1.8%。这组数据进一步表明，对于农村环境的整治工作，一方面需要进一步加大投入，另一方面对于环境爱护的个人意识与能力培养工作有待改进。在入户过程中，我们也看到了在农村地区普遍存在的一种现象：在校学生在环境保护、个人卫生保持等方面表现较好，同时年纪较大的老年人群体也能在传统认知基础上保持低水平污染。分析认为，老年农民群体受传统耕种技术的影响（主要是农耕文明积淀下的人与自然和谐共处的耕种认知），在农业生产活动中较少使用对土地、水源污染较重的化学产品。但处于中间年龄段的农民群体，即目前农村中的主要劳动力群体，家庭中的"顶梁柱"，这部分人受现代种养技术的影响，在农业生产活动中容易接受使用化学产品来提高产量；同时，在环境保护素养较低的情况下，其个体行为也偏向于"先污染后治理"（其背后逻辑为先发展后保护，满足眼前需求，忽视长远利益）的做法。这进一步加重了农村环境污染的风险。在下一步农村环境工作中我们应该在总结现象、经验的基础之上进一步找准治标良方。2022年中央一号文件进一步表示要"接续实施农村人居环境整治提升五年行动"，这包括从农民实际需求出发推进农村改厕、分区分类推进农村生活污水治理、推进生活垃圾源头分类减量、深入实施村庄清洁行动和绿化美化行动等具体部署。延续人居环境治理成果，不仅要切实解决农村人居环境整治工作中存在的问题，还要有利于因地制宜建立健全这项工作的长效机制，激发村庄和农户的内生动力，满足农村居民对美好环境日益增长的需求。

表 4-13　村内生活环境情况

基本信息	选项	人数/人次	百分比/%
村内垃圾处理方式	没有	20	17.0
	焚烧	56	47.9
	掩埋	1	0.9
	从垃圾池运走	4	3.4
	无人管理	33	28.2
	不知道	3	2.6
垃圾处理方式是否合理	不合理	38	32.5
	合理	52	44.4
	不知道	27	23.1
不合理的原因	无	81	69
	离我家太远	1	0.9
	离我家太近	1	0.9
	无人管理	32	27.4
	污染空气	2	1.8
	污染土地	0	0
	污染水	0	0

4.2.3　生产情况

　　绿色发展理念既是一种生活方式的倡导，也是一种生存模式的选择。我们设计了一组调查村民的生产方式与现代化意识的问题，从数据来看：当地村民的生产方式仍然是耕种土地，占比93.2%（见表4-14）；当地常规作物主要有土豆、玉米、荞麦、圆根（蔬菜类，用于养殖，少量自食）以及少量水稻，自用比例较大，占比66.7%，售卖占比26.5%。可以认为当地农产品商品化率较低，主要是因为耕地条件与种植传统，且多数农产品市场效益较低，难以刺激规模化种植。正是由于耕地有限、土壤条件差，当地村民对化肥、农药的依赖程度较高，占比94.9%（见表4-15），同时我们还了解到当地使用地膜（塑料制品，主要用于农作物播种阶段保温保湿）的情况较为普遍且地膜回收率极低，土壤污染情况堪忧。进一步了解，当地散养情况有所改善，圈养比例达84.6%（见表4-16），但是对牲畜家禽粪便的处理情况不容乐观，没有考虑过这件事的比例为35%（见表4-17）。仅以农业生产中的化肥农药为例，化肥的长期使用会使土壤的理化性质变差，造成土壤板结，使土壤肥力下降。化肥与农药中含有的有害物质在长期使用中会累积在土壤中，对土壤形成污染，危害土壤中含有的微生物，降低土壤分解废弃物的能力。作为外部引入的成分，化肥、农药在农作物中并不能被全部吸收，会大量地外流到周边环境中。化肥的长期外流使周边水体面临富营养化的威胁，农药中药物成分则直接影响水体水质。同时，化肥、农药中的成分经沉淀后会污染地下水。而且，化肥、农药的使用也会形成空气污染，使大气中的氮氧化物含量增加，造成氮的气态损失，而农药在喷洒过程中会漂浮到大气中，进而造成大气污染。从更为长远的角度分析，化肥、农药还会对农业生态系统造成致命性破坏，如破坏生物多样性。原本使用农药的目的是控制病虫害，但由于农业生态系统中的生物链被人为改变，害虫与害虫的天敌或其他依赖该系统生存的种植物被无差别地消灭；长时间积累后，会造成地区性农业生态系统"崩塌"。从农业技术发展水平和农民生产水平的现实出发，短期内科学合理地使用化肥、农药是较为稳妥的方案，但也存在着巨大的推行阻力。

表4-14　耕地使用、种植和收成使用情况

基本信息	选项	人数/人次	百分比/%
耕地使用情况	自己种	109	93.2
	荒废	6	5.1
	租借出去	0	0
	请人种	0	0
	其他	2	1.7
种植情况	不知道	1	0.9
	荒废	5	4.2
	当地常规作物	109	93.2
	经济作物	0	0
	其他	2	1.7

表4-14(续)

基本信息	选项	人数/人次	百分比/%
收成使用情况	没有收成	8	6.8
	全部自用	78	66.7
	部分卖出	31	26.5
	全部卖出	0	0

表4-15　用化肥、农药、饲料才能提高种养殖收益

选项	人数/人次	百分比/%
是的	111	94.9
不一定	5	4.2
不知道	1	0.9
总计	117	100.0

表4-16　牲畜家禽养殖方式

选项	人数/人次	百分比/%
没有养殖	15	12.8
圈养	99	84.6
散养	3	2.6
总计	117	100.0

表4-17　牲畜家禽的粪便处理方式

选项	人数/人次	百分比/%
没有考虑过这个事情	41	35
收集起来用作燃料或地肥	70	59.8
排入化粪池	6	5.2
总计	117	100.0

　　我们通过了解规模化养殖及农村旅游等情况来掌握村民现代化种养殖意识的情况。从数据来看，50.4%的村民不知道村内有无种养殖大户（见表4-18），而我们调查的两个村均有种养合作社及专营公司。在对知道这些信息的村民展开进一步调查时，认为这类组织种养殖方式和自己一样的

占比 2.5%，不一样的占比 0.9%，更多的表示不知道，占比 46.2%。对认为不一样的村民进行进一步调查，他们认为合作社、公司等除开规模大以外，还具备设备先进、投入多的特征，但认识到这点的村民极少，同时矛盾之处又在于愿意学习这些做法的占比又有 54.7%。在假设性提问的基础上，他们认为需要在扩大规模、投入最新的设备设施、改变原来的种养方式、请专业人员帮忙这些方面提高种养殖的产出。对于当前热门的乡村旅游，村民也表现出了自己的想法（见表 4-19）。受访者中能够清楚表述如何搞好乡村旅游的村民认为以下条件必须具备：硬件一定要好、服务一定要好、要有景色、要有娱乐项目、交通要便利、政府要支持、要有旅游公司合作、资金要够、要懂管理经营。但是这仅代表极少数的村民观点，大多数村民对乡村旅游既不了解，也没有更多的想法。

表 4-18 种养殖现代化情况

基本信息	选项	人数/人次	百分比/%
村里有无种养殖大户（含合作社、公司）	不知道	59	50.4
	有	11	9.4
	没有	47	40.2
他们是哪里人	没有	67	57.3
	本村	10	8.5
	本地外村	1	0.9
	外地	3	2.5
	不知道	36	30.8
这些人的种养殖方式与您家是否一样	没有	59	50.4
	不知道	54	46.2
	一样	3	2.5
	不一样	1	0.9
如果不一样，除规模以外，您认为还有哪些区别	没有	58	49.5
	不知道	57	48.7
	品种好	0	0
	设备先进	1	0.9
	投钱多	1	0.9
	人力多	0	0
	其他	0	0

表4-18(续)

基本信息	选项	人数/人次	百分比/%
您会学习他们这种方式吗	不知道	48	41
	会	64	54.7
	不会	5	4.2
如果您要搞种养殖业,应该如何做	不知道	60	—
	扩大规模	47	—
	投入最新的设备设施	27	—
	改变原来的种养方式	27	—
	请专业老师帮忙	23	—
	其他	1	—

表 4-19　乡村旅游情况

基本信息	选项	人数/人次	百分比/%
村里有无乡村旅游	不知道	4	3.4
	有	3	2.6
	没有	110	94
搞乡村旅游需要具备哪些条件	没有想过	92	—
	硬件一定要好	6	—
	服务一定要好	12	—
	要有景色	16	—
	要有娱乐项目	14	—
	交通要便利	15	—
	政府要支持	11	—
	要有旅游公司合作	4	—
	资金要够	0	—
	要懂管理经营	4	—
	其他	10	—

　　2021 年农业农村部、财政部、国家乡村振兴局等十部门印发《关于推动脱贫地区特色产业可持续发展的指导意见》,提出到 2025 年,脱贫地区

特色产业发展基础更加稳固、活力持续增强。脱贫地区要想实现这一要求，还有十分漫长的道路要走。在脱贫攻坚结束之前，政学两界均已发现贫困地区产业同质化问题严重，尤其是同片区内的扶贫产业存在高度同质化的问题，受自然环境与农业产业的客观规律制约，同片区在农副产品种养习惯上本身就存在趋同现象；但以往是小农生产，更多地满足自己的需求，产品参与市场销售的比例较少。一旦将过去的品类做成扶贫产业，规模产量就决定了产品更多的是投入市场销售，这样由市场经济规律来决定，就出现了供大于求。这也导致了在扶贫那几年里出现了订单式销售，行政命令式的销售屡见不鲜，网络上各类单位食堂出现"土豆宴"等话题层出不穷，显然这样的做法是违背市场经营理念的。不难想象，在扶贫工作结束后，将会有大量的农村扶贫产业以失败退场。发展农村特色产业是推动乡村振兴、带动农民致富的重要抓手。如何让农村特色产业加速实现现代化、适应更广阔的市场需求，是问题的关键。习近平总书记所强调的"培育壮大"，抓住了问题的根本，也指出了发展的方向。总体而言，我国的农村特色产业目前还停留在水平较低的发展状态，产业结构发展尚没有摆脱传统农业生产模式。虽然能够最大限度保留传统特色产业的"特色"，使之成为当地农业产业发展的拳头产品，成为当地经济发展的核心竞争力；但是落后的生产方式也严重制约了生产效率，导致特色产业发展缓慢。为此，改变传统的生产方式和经济发展模式，实现资源利用和发展方式的互惠均衡，就显得尤其重要。

4.2.4 认知情况

已有研究和上述数据表明，农村环境生态问题不仅是硬件投入的问题，还存在村民甚至当地政府认识不到位、管理不当等软件问题，所以我们设计了关于村民对生态环境的一些基本认知问题。例如对政府发放的生态补贴金的政策意图（见表4-20），不清楚的占比44.4%，认为是增加个人收入的占比为21.4%，认为补偿退耕还林、拆旧复垦等是个人损失的占比19.7%，而认为是保护当地生态环境的认识最低，只有14.5%。在实地调研中，我们发现对于生态补偿这类政策，地方层面只注重执行结果，即完成上级部门要求任务的指标数，却很少开展政策的宣传。据了解，一方面由于基层政府工作繁杂，退耕还林这一类工作在所有工作中并不"主流"；加之多数村民认知水平有限，如果还要宣讲政策，无疑是加大了工作成本，而成效往往也不显著，所以在执行过程中更多是通过标语、横幅、小册子或村广播来宣传政策。另一方面多数基层干部自身对此类政策的认知就很缺乏。这虽然不能代表全部，但是我们在调研过程中接触到了一些基层工作人员如乡镇一级政府和村两委工作人员，对国家生态补偿转移支付、退耕还林等这些政策的理解还是存在偏差。除工作繁杂以外，基层工作人员自身的能力素养尤其是对国家宏观政策的理解与把握还有欠缺。在调查被访者了解哪些行为有损生态环境时（见表4-21），呈现出两种极端：一种是对砍树、开荒、乱丢垃圾、污水随意排放这类外显行为，一致认为对环境有害，另一种是对使用农药、化肥、地膜，焚烧垃圾，割草这类与生产息息相关的行为却"视而不见"。当然这并不是说村民是故意的，只是第一类行为的影响是显著的，加之多年来这方面工作的开展，使得村民易于认识并在行为上有所改善。第二类行为是间接破坏，且需要一段时间的积累才会呈现出负面的影响，而其发生机理存在知识性"门槛"，所以容易被村民忽视，同时也存在着短期利益与长期利益的内在矛盾。调研过程中，笔者反复在思考：为什么城市和农村的环境卫生差异这么大，城市干净而农村脏乱差？这只是城乡之间的认知水平差异导致的吗？在人们把农村面源污染当作一个热点问题来研究的时候，在所有的成因讨论中，"生于农村、长于农村的农民缺乏足够的环保意识"一直被作为一个核心解释观点，认为农村地区的面源污染的意识根源来自生活在这一区域之中的农民的环境保护意识缺乏甚或缺失。陈阿江通过内、外的界分，认为水域高级功能的丧失使居民自己污染自己的社区，他将其归结为"仅利用河仅可利用之功能"的心态，并认为这是一种中国式的"公地悲剧"，水污染的核心是"人的能力的膨胀，与人的自我约束与外在约束的弱化"。与之相类似的研究都提到培养或提升农民环境保护意识的重要性。洪大用确认了面源污染是城乡二元社会结构的产物，同时又再生了城乡二元结构，但如何应对面源污染，他认为最终必须依靠农民自身环境意识的提高和对环保活动的广泛参与，真正有效地控制和治理面源污染无疑将是非常艰难而漫长的过程。这些研究都或多或少暗示农民是没有或者缺乏环境保护意识的，因为如此，面源污染的社会根源在于制度与社会设置的二元化，其行为根源在于当地人的无意污染行为，其意识根源则在于农民的环境保护意识的缺失。但是因为环境的外化或者如马克思所言的"异化"，一味地要求农民内化和提升环境意识，从逻辑上来看很可能是一个死循环。在回溯城市环境治理历史的过程中，也不难发现，城市的卫生也经历了由乱到治的一个发展过程，很多在城市长大的人都有过创建卫生文明城市的经历。每到创建考核期前，可以说是全民动员，全覆盖、地毯式搞卫生。这仅是城市治理中的一个现象，在年复一年的创卫活动中，广大市民们因为享受到了环境改变带来的切身好处，也逐渐改变了个体行为。还有诸如学校教育、地方性法规条例等的作用。关键是城市具有强大的卫生管理部门，综合施策下才有了今日的美丽都市。换言之，在农村，因为对环境整治的抓手不足甚至没有，单靠村民自觉，显然是不够的。政府财政供养的公益岗位数量也难以与各村实际工作量相匹配。下达到各村的指标十分有限，在落地过程中，也出现了照顾性的倾向，公益岗位最后多是由孤、寡、老、残、妇等群体组成，甚至也有"任人唯亲"的不良风气出现。这也仅是很细微的工作，从宏观角度来看，经济发展依然是处于首位，即便是生态环境工作在近几年得到了越来越多的重视，但是在遇到发展的问题时，也存在着一切从现实角度出发的做法；何况城乡差距是客观事实，而缩小城乡差距的关键还是发展经济。

表4-20 政府发放的生态补贴金的用途

选项	人数/人次	百分比/%
不清楚	52	44.4
增加我的收入	25	21.4
补偿我的损失（退耕还林、拆旧复垦等）	23	19.7
保护当地生态环境	17	14.5
其他	0	0
总计	117	100.0

表4-21 您认为破坏生态环境的行为有哪些

选项	人数/人次
砍树	96
割草	9
开荒	53
用农药	5

表4-21(续)

选项	人数/人次
用化肥	3
用地膜	3
乱丢垃圾	58
焚烧垃圾	9
随意排放污水	42
散养牲畜家禽	28
其他	0

4.2.5 实证调研结论与反思

通过对村民个体在经济、生活、生产、认知四个方面的了解，大致形成以下数据分析结论。

一是精准扶贫成效明显。党中央、四川省、凉山州以及对口帮扶省市给予了凉山州贫困县、村及贫困人口极多的发展资源，表现在对贫困家庭的住房、收入、观念等方面的改善、提升上，都起到了积极正面的影响，根本上改变了当地传统落后的面貌，整体上提升了彝族家庭在物质与精神层面上的风貌，精准扶贫成效彪炳史册。同时，也要清楚认识到这种改变更多来自外部力量的扶持，虽然贫困农户的生活水平得到了提高，教育、医疗等负担得到极大减轻，使未来发展有了坚实的基础；但是短期内单靠个人或者家庭的力量很难有所发展。从贫困到脱贫，只需要突破"临界值"，但是要保持脱贫甚至富裕，就需要持续不断地输出。所以党中央高瞻远瞩地提出要"巩固与拓展"脱贫攻坚的成效，其背后原理如此，更是以人为本的初心使然。所以在脱贫后的工作中，应更多侧重于人的能力培育和发展方面，"授人以鱼不如授人以渔"的工作还应做实做细。

二是环境污染问题显现。随着农村物质生活的极大改善，在缺乏严格监管与个体认知有限的双重因素下，先发展后治理的模式在深度贫困地区出现，生产生活污染普遍、绿色环保意识缺乏等问题突显。客观来讲，相较于城市，农村在绿色生态、绿色生产、绿色生活方面还存在不少问题，自然资源要素短缺、环境污染问题突出、生产方式绿色化有限、产业结构发展不平衡、生活消费绿色化不足、基础设施不够完善等问题依然十分明显。"冰冻三尺非一日之寒"，城乡差距导致的历史差距在当下已经突显，只有在总结的过程中逐步探索，寻找一条适合中国国情和满足人民需求的绿色发展道路。必须要全面贯彻落实习近平生态文明思想，在发展中兼顾经济效益与环境效益，把农村生态环境治理作为重要任务，重点解决好水污染、土壤污染等问题，从而更好地发挥生态优势。要把推进绿色生产发展作为主要任务，着力构建以绿色发展为未来主线的农业生产体系，实现经济发展与生态环境协调的产业发展模式。

三是完善基础设施和公共服务是实现乡村振兴、开启城乡融合发展和农业农村现代化建设新局面的必要条件。这是公平原则在农村的突出体现，也是农民实现绿色生活的物质基础。城乡差距首要的外在表现就是基础设施建设的差距。精准扶贫期间，尤其是在贫困地区（全部都在农村地区），政府投入巨大，对交通道路、水利灌溉、教育医疗等涉及民生领域的基础设施建设，应修尽修、提档升级，极大地缩小了城乡基础设施的差距，但客观差距依然比较明显。新时代，党中央继续把公共基础设施建设的重点放在农村，着力推进公共基础设施往村覆盖、往户延伸。另外一个重要的方面就是平等地享有公共服务，这是农民的基本权利，也是实现乡村振兴的重要标志。在转向绿色发展的道路上，还要把增加增强农村公共服务供给、实现公共服务城乡均等化作为重要任务，促进公共教育、医疗卫生、社会保障等资源向农村倾斜，为农民解决生活方面的后顾之忧。不能只提要求，而不改变农民转变生产生活方式的基础。

四是要实现人的现代化。创新就是由少数人推动的变革，在推动农村绿色发展的道路上，实现村民的绿色化也是一项重要工作。值得庆幸的是，在现实生活中已经出现了许许多多的带路人，部分村民个体意识觉醒，不论是环境保护，还是生产发展，部分村民都表现出极大的热情，同时也具有现代化思维。这部分群体应该是未来乡村振兴工作中重点培育与扶持的对象，应该通过"扶持一个，带动一片"的方式提升农村工作的精准高效。针对新型农民群体的结构特征，党和政府在培育新型职业农民之时，视野就不能仅仅局限于传统农民，而是要充分调动城市、农村的农民人才，通过两手准备，吸收优秀人才参与乡村建设，努力实现农民绿色化、现代化。

4.3 调研地实践分析

本节内容将以实地调查地凉山州喜德县为例,从县域视角分析国家级民族贫困县的"致贫"与"治贫"。

4.3.1 致贫因素分析

喜德县位于四川西南部、凉山州中北部,位于乌蒙山区西部,北距省府成都 483 千米,南距州府西昌 78 千米,距 108 国道 28 千米。东有马古梁子为屏,与昭觉县接壤;南有安宁河围绕,与西昌相望;西以娃来火普、以鞍山为界,与冕宁县毗邻;北有小相岭、瓦吉木梁子拱卫,与越西相连;中部突起的红毛梁子——风波顶鸟瞰全境。县城坐落在海拔 1 843 米的洪积坡上,城区呈扇形分布,有"扇城"之称。整个地形东北高,西南低,呈东北向西南倾斜。境内海拔一般在 2 000 米以上,最高处海拔 4 500.4 米,最低海拔 1 600 米。喜德县地貌分为平坝、台地、深丘、低中山、中山、高山等七种类型,又以低中山、中山地貌为主,它们占喜德县土地面积的 94.42%。喜德县地处低纬度高海拔区,具有冬季干燥而无严寒、夏季温凉多雨而无酷暑、四季不分明的典型季风气候。气温日较差大、年较差小,具有风多、夜雨多、冰雹多的高原气候特点。全县辖 24 个乡镇,170 个行政村,3 个社区,全县面积 2 206 平方千米,总人口 22.3 万人,其中彝族人口占 90.5%、农业人口占 91.1%,是一个地处山区、以农为主、彝族聚居的国家扶贫开发工作重点县[①]。

2015 年底,喜德县全面启动精准扶贫工作,符合当时国家划定标准的贫困对象为 8 800 户 33 861 人,其中贫困村贫困户为 7 038 户 28 150 人,非贫困村"插花户"[②]为 1 762 户 5 711 人。喜德县的贫困情况基本上可以概括为以下五个方面:

一是贫困"面宽量大程度深",区域贫困与结构性贫困突出。2015 年底,喜德县农村贫困人口为 33 861 人,贫困发生率为 13.31%,贫困人口

---

① 凉山彝族自治州喜德县扶贫和移民工作局. 凉山彝族自治州喜德县"十三五"脱贫攻坚总体规划［Z］. 2016.

② 插花户是指零散分布的贫困农户。

分散于全县 24 个乡镇，136 个贫困村，所有乡镇均存在贫困人口，深度贫困问题与自然条件、民族宗教、社会治理等因素交织在一起，喜德县作为彝族聚集地区、乌蒙山片区和大小凉山片区，贫困发生区域性与结构性特征明显。

二是县级财政收入低，县域经济落后。喜德县在新中国成立前系奴隶社会，新中国成立后方才建县。据新中国成立后的历次地质资源普查，喜德县矿产资源比较贫乏，水能资源并不富集。社会发育程度不高，资源贫乏，建县时间不长，县级财政收入较低，可谓"天时地利"均不符合，综合导致喜德县未形成特有的地域文化。

三是贫困人口脱贫难度加大，返贫问题突出。贫困人口多数分布在生产生活条件恶劣区域，以高山、二半山为主（海拔 2 500 米以上），文盲率较高，传统守旧观念较强，发展产业能力不足，抗风险能力差，因灾、因病、因缺学和因市场波动等因素致贫、返贫问题突出。

四是区域发展不平衡，农村家庭收入差距呈拉大趋势。各乡镇之间发展不平衡，贫困人口收入来源多数依靠财政转移性支付和不稳定的家庭经营性收入（比如花椒、牲畜这类一年单产、不成规模性的农产品），增长空间十分有限，在精准扶贫之前，个别地区还存在大家平分贫困户、低保户帮扶资金的现象。

五是致贫返贫原因多重叠加，多种致贫因素并存。调研发现，喜德县扶贫对象的致贫原因 11 类：主要有因残致贫（占比 2.08%）、因病致贫（占比 2.88%）、因学致贫（占比 5.77%）、因灾致贫（占比 2.08%）、因缺土地致贫（占比 2.08%）、因缺水致贫（占比 2.01%）、因缺劳动力致贫（占比 8.05%）、因缺发展资金致贫（占比 50.9%）、因缺技术致贫（占比 11.83%）、因交通条件落后致贫（占比 8.89%）、因自身发展动力不足致贫（占比 2.28%）。与前述凉山州致贫因素大致一样，还存在致贫因素相互交织、多元叠加的问题，无疑增加了贫困人口致贫概率和治贫难度。

4.3.2 扶贫成效经验

自精准扶贫战役打响以来，喜德县抓住国家政策机遇，围绕"两不愁、三保障"，对照贫困户脱贫"一超六有"、贫困村退出"一低七有"等核心指标，科学制定扶贫规划，细分总体目标，到 2020 年底，与全国一道实现了小康目标，全县 136 个贫困村全部退出序列，共有 16 693 户

70 224 人脱贫，摘掉了贫困县的"帽子"。回顾喜德县的主要扶贫工作，可以归纳为以下五个方面：

一是锁定重点项目建设抓攻坚，基础设施实现大迈进。以易地扶贫搬迁和彝家新寨建设为抓手全力解决贫困群众安全住房问题，仅 2017 年住房建设量就达 9 869 套，占当年全省住房建设量的十三分之一左右。对照贫困村退出"一低七有"、贫困户脱贫"一超六有"等核心指标，构建纵到底、横到边的脱贫责任网络，以"目标不减、任务不减、压力不减、建房修路不停"的决心，加大资金管理、使用、整合、投入力度，整合下达涉农资金 30 多亿元，集中突击农村综合服务中心、基础教育设施、安全饮水、通村通组路硬化、农网改造、移动基站等公共服务设施建设，扎实推进农村公共服务巩固提升，全力助推脱贫攻坚硬件设施建设，有效解决"看得见的贫困"。

二是聚焦群众稳定增收抓攻坚，产业发展实现大突破。确立以花椒为领军、畜养大棚为主导、中药材为特色、马铃薯荞麦等农产品为传统的"1+3+X"产业体系，推进"三个带动"（企业带动、合作社带动、大户带动），建好"三个基地"（设施农业基地、种植示范片基地、标准化养殖小区基地），努力实现贫困户"三重收入"（入股分红、劳务收入、特色农特产品收入），增强脱贫致富"造血"功能。投放整合产业扶持资金 9 200 余万元，成立 282 个农民专业合作社，建成农业设施大棚 2 500 亩（1 亩≈666.67 平方米），建成 89 个村花椒产业示范基地、嫁接花椒 4.34 万亩，建成年出栏 2 000 头以上代养场 23 个，培育畜牧家庭牧场 1 700 余个，新增特色产业示范区面积 6 500 亩，培育种植养殖贫困户 9 500 余户，并有序实施推进孙水河两岸高标准万亩产业园、4.5 万亩米市水库上游植被恢复和其他产业发展项目等，全县村级集体经济正朝多渠道、多形式的产业结构迈进。

三是突出绿色发展理念抓攻坚，旅游开发实现大进展。本着"全域旅游、全景喜德"的开发理念，立足区位优势和资源禀赋，重点实施红莫河谷综合开发、瓦尔生态旅游业开发、拉克农文旅开发及特色产业村发展相融为主的文旅产业提升，大力发展休闲农业与乡村旅游，扶持业主及贫困户发展彝家乐、休闲山庄、生态农庄等特色业态的乡村旅游点，实现县域内建成休闲农业与乡村旅游示范点 38 个、3A 级以上旅游景区 5 个、乡村旅游贫困村 84 个，贫困村旅游接待户 840 个，实现年均游客接待 5.4 万人次。截至 2020 年，实现年均旅游收入 1.84 亿元，带动当地贫困群众（包含贫困人口）3.58 万人以上。

四是注重人才素质培优抓攻坚，劳务输出实现大转变。把握贫困劳动力就业结构矛盾，认真落实就业扶贫"九条措施"①，以新型农民素质提升培训、扶贫技能培训、劳务品牌培训等培训媒介为载体，"菜单式"实施贫困劳动力工种技能培训 400 余场次，累计培训 3.89 万余人次，培育各类实用人才 3 856 人。把握好对口帮扶地劳务需求，深化"什邡—喜德""佛山—喜德"等劳务协作关系，推进 24 个乡镇基层就业信息平台建设，集中做好发达地区用工市场分析，累计实现定点劳务输出 1 500 余人，转移 9 000 余名贫困劳动力就业，实现劳务收入 2.31 亿元。

　　五是扭住治愚兴教提升抓攻坚，内生动力实现大激发。坚持扶贫同扶志、扶智相结合，创新开办农民夜校，组织群众学汉语、学政策、学法律、学技术，大力倡导文明新风，有力革除厚葬薄养、高额彩礼、铺张浪费等陈规陋习。深度推进"移风易俗"工程，建立工作推进队、政策宣传队、技术帮扶队、综合帮扶队四支队伍，抓实脱贫攻坚政策贯彻执行力度，积极打响治愚兴教、治毒禁毒、治病防病、少生优育四大战役，全面落实义务教育保障、基本医疗保障、禁毒防艾、内生动力提升各项扶持政策，逐步破解贫困群众观念陈旧、知识贫瘠、精神贫困等痼疾顽疾，激发其自我奋斗、主动脱贫的内在坚实信念，助推脱贫攻坚。

---

　　① "九条措施"是指 2016 年四川省人力资源和社会保障厅发布的《四川省人力资源和社会保障厅进一步做好就业扶贫工作的九条措施》。其主要内容为：①在当年计划退出的每个贫困村开发 5 个以上公益性岗位，用于安置贫困家庭劳动力，公益性岗位补贴标准不低于 300 元/人·月$^{-1}$。②鼓励农民专业合作社、种养大户、家庭农场、农村电商等各类生产经营主体吸纳贫困家庭劳动力就业，对稳定就业半年以上的，按 1 000 元/人标准给予生产经营主体一次性奖补。③鼓励企业吸纳贫困家庭劳动力就业，对签订 1 年以上劳动合同并参加社会保险的，给予企业 1 000 元/人的奖补，按规定落实社保补贴、岗位补贴。新吸纳 10 个以上贫困家庭劳动力的，作为就业扶贫基地，给予不低于 5 万元的奖励。④对有培训意愿的贫困家庭劳动力，每年至少提供一次免费培训，并给予不低于 50 元/天·人$^{-1}$的食宿、交通补助。⑤每个贫困县每年要举办 2 至 3 次扶贫专场招聘会，每月组织 1 次送岗位信息下乡入村活动。市（州）每半年集中组织 1 次省内外企业赴贫困地区开展现场招聘活动。省级公共就业人才服务机构每年分别在凉山、甘孜、阿坝州举办一次扶贫专场招聘会。各地要利用四川公共招聘网发布岗位信息、提供合适的就业岗位。⑥促进贫困家庭劳动力转移就业，对贫困家庭劳动力参加有组织劳务输出的，给予一次性单程铁路、公路或水运（路）交通补贴。⑦对经营性人力资源服务机构、劳务经纪人组织贫困家庭劳动力到企业就业，并协助签订 1 年以上劳动合同、参加社会保险的，按不低于 300 元/人标准给予补贴。⑧深化与广东、浙江等经济发达地区的劳务协作，搭建信息对接平台，有序组织劳务输出。省人力资源社会保障厅协调成德绵等地区与彝区、涉藏地区开展就业结对帮扶，动员企业和社会力量专门开发一批岗位，用于安置贫困家庭劳动力，并在生活上给予适当照顾。⑨鼓励贫困家庭劳动力创业，对创办领办创业实体的，给予 1 万元奖励。

5 绿色扶贫模式构想

模式，即标准化的样式或行动方案，民族地区的发展模式一定是在现实与理想的有机结合下产生的。前文已进行了对绿色发展理论的阐释以及对调研地的深入分析，本章尝试性地探讨一种适合民族地区尤其是社会经济发展和生态环境比较薄弱民族地区的发展模式。质言之，在习近平生态文明思想的指导下，我国民族地区应践行绿色发展的共同富裕之路，这是一条既有传承、又有突破的发展新路径；传承的是"以人为本""和谐共生"的理念，突破的是创新驱动全要素优化整合，转向高质量发展的绿色道路。

5.1 绿色模式总基调

绿色扶贫模式是以人与自然和谐共生为价值取向，以绿色理念为导向构建全要素整合、创新驱动转型升级的生产生活体系，是谋求人的生存与发展、实现社会朝向共同富裕的发展模式。习近平总书记曾在海南调研时强调，"加快经济发展方式转变，是当前经济工作的重点"[①]。转变经济发展方式，要从资源配置方式、经济结构发展模式上全方位有所调整。资源配置方式即资源利用方式，需要转变传统粗放型资源利用方式，彻底摒弃损环境求发展的路子，坚决改变不顾生态环境、不顾子孙后代的做法，树立整体发展理念，走人与自然、资源和社会协调发展的道路。转变经济发展方式要以调整资源利用方式为重点，以调整经济发展结构为目标，建设

---

① 习近平. 加快经济发展方式转变是当前经济工作重点 [EB/OL]. （2010-04-13）[2023-03-14]. http://www.gov.cn/ldhd/2010-04/13/content_1580048.htm.

生态友好型的经济发展模式。绿色理念的引入，首先是对产业升级转型提出要求。在三次产业中，要加快发展现代农业和现代服务业，实现从生产到生活、从生活到意识观念的全方位转变，绿色发展最终是要实现对人的改变，只有人们的观念转变，才会引发行为的改变，才能确保绿色发展的持续性、长效性。

并不是所有的经济发展方式都是环境的敌人，也有兼具生态保护的经济发展方式。要通过循环经济发展模式提高资源利用效率，使原本没有价值的废弃物变为有价值的生产原材料，这既节约资源又减少了废弃物排放，需要加快技术创新与提升。自然资源不是取之不尽用之不竭的，自然环境的自我恢复和再造能力也是有限且缓慢的。习近平总书记提出，"生态环境问题，归根到底是资源过度开发、粗放利用、奢侈消费造成的。要全面促进资源节约集约利用，既要支撑当代人过上幸福生活，也要为子孙后代留下生存根基。要树立节约集约循环利用的资源观，用最少的资源环境代价取得最大的经济社会效益"①。经济发展方式的生态化要求在发展过程中自觉爱护和保护自然环境，在发展中保护，在保护中发展，注重发展过程中自然环境的可持续性，在实现经济发展的同时为人类的生存发展创造良好的自然环境，这也是绿色发展的内在要求。绿色发展理念强调发展方式的生态化，注重发展过程中自然环境的可持续性，在实现经济发展时为人类的生存发展创造良好的自然环境。

经济发展方式的生态化还要求生产者大力降低对原材料的依赖和对能源的过度消耗，这需要产业和技术升级，按照少投入、低消耗、低污染、高产出的集约化方式进行生产，实现高效、无废、无害、无污染的绿色生产。生产者运用绿色技术多层次地循环利用自然资源，创立无污染、着重于避免废物的生产系统，最大限度地减少乃至消除由生产所产生的废弃物对环境造成的污染，提高资源的利用率。社会主义生态文明倡导经济发展要协调好经济系统、生态系统以及社会系统三者的关系，保障生产、消费、交换整个经济运行过程的可循环，通过绿色技术创新、产业结构调整来为经济可持续发展注入动力。加快推进生产方式的绿色化是决定实现绿色发展的关键因素，是贯穿绿色发展进程始终的中心线索，是实现绿色发

---

① 习近平.推动形成绿色发展方式和生活方式 为人民群众创造良好生产生活环境［EB/OL］.（2017-05-27）［2023-03-14］.http://cpc.people.com.cn/n1/2017/0527/c64094-29305289.html.

展的主要着力点。推进生产方式的绿色化要求推行清洁生产，推进传统制造业绿色改造；要求企业对传统工艺技术装备升级换代，创建绿色产业体系，构筑绿色发展的生态体系。形成发达的绿色产业体系是推进生产方式的绿色化的中心内容。习近平总书记指出："要加快构建科学适度有序的国土空间布局体系、绿色循环低碳发展的产业体系、约束和激励并举的生态文明制度体系、政府企业公众共治的绿色行动体系，加快构建生态功能保障基线、环境质量安全底线、自然资源利用上线三大红线，全方位、全地域、全过程开展生态环境保护建设。"① 建立绿色产业必须彻底改变原有传统的经济发展模式，积极探索绿色生产方式，使其在各类产业中融合应用，形成以生态农业、生态工业和生态服务业为主的生态环保、绿色创新的现代产业体系。创建绿色产业体系要求逐步调整产业比例结构，建立无害化、资源化、生态化的农业、工业和服务业的产业体系格局，同时大力推进绿色产品生产，健全完善绿色市场，形成经济和环境协调发展的新局面。

实现绿色发展，要求生活方式绿色化。绿色发展实际上也可以看作一个多主体参与的过程：政府扮演着引导角色，市场扮演着助力角色，社会公众则扮演着行动实践的角色。绿色发展与每个人都休戚相关，这里面包含两个层次：一是意识观念层次。绿色发展是一种理念、一种技术和一种模式，其内涵和更深层次的信息都需要每个人尽量理解和领悟。既要认识到绿色发展的前提条件，即赖以生存的环境被破坏，将影响到人类栖息地；又要认识到绿色发展的长远意义，即实现人类与自然环境的长期共存。二是行动层次。绿色发展要落实到日常生活生产之中，人们的一言一行都要与绿色发展保持步调一致，积极践行勤俭节约、绿色低碳、文明健康的生活方式。要推进生活方式的绿色化，倡导绿色生活方式和消费模式，在衣、食、住、行、游等方面向绿色生活方式转变。

由于现代化建设相对滞后，在既有的发展压力下，民族地区的环境治理与绿色发展仍面临多方挑战。然而，从社会生态转型理论视角出发，进一步推进环境治理与发展方式的生态转型，不仅不会降低民族地区的经济竞争力，而且合理的产业扶持政策、有益环境的技术改革与参与性的环境变革，还会进一步提升该地区的绿色发展能力。为此，在民族地区的环境

---

① 光明网. 绿色发展和绿色生活：一场发展观的深刻革命 [EB/OL]. （2017-06-05）[2023-03-14]. https://kepu.gmw.cn/2017-06/05/content_24693643.htm.

治理过程中，正视并妥善处理环境保护与经济增长的关系，重视并推动政府、市场与社会之间的良性互动，推进政策、技术与理念之间的配套改革，将会增加绿色发展的内生动力，进而形成有区域特色、民族特色、人与自然和谐发展的现代化建设新格局。

5.2 "生态兴"模式

生态治理是一个系统工程，它贯穿于生态环境开发与保护的所有环节。尤其是民族地区，开发式扶贫模式虽然能在短期内提高地区经济水平，但是环境脆弱性等特征反噬着经济增长的空间，结果是环境被破坏的程度远远大于环境开发所获得的经济价值，如果再计算上后续治理的成本，那么开发式扶贫模式对于生态环境较为脆弱的地区来说显然不是最优选项。所以，本书提出以生态治理模式为统揽的民族地区绿色发展模式。所谓生态治理模式，即民族地区的生产生活都以生态保护为第一原则，通过生态修复与保护等系统工程，实现民族地区生态价值的不断累积。当前，生态作为一种可交易的产品，其市场价值远远大于传统制造业所创造的价值。绿色发展理念正确诠释了生态治理与经济发展的辩证关系。民族地区环境治理的表象特征是工业污染问题得到遏制，本质上则是一种对依靠牺牲环境来实现经济增长的传统发展方式的解构与重构，并有利于一种绿色发展理念形成。绿色发展在促进经济增长与环境保护关系平衡的同时，也在创造具有绿色发展理念的地方政府、产业形态与生态文化，进而在实践过程中推动西部民族地区的绿色发展。可见，生态现代化不仅是一种理论取向，也是一种政策导向，为西部民族地区的生态转型提供了方向和路径①。

如果说"绿色"更加凸显生态治理价值而"发展"更加突出经济增长价值的话，那么将绿色发展作为一个价值定位、价值判断和价值追求，则为协调生态治理与经济发展的辩证关系提供了科学的价值观指导②。在工

---

① 刘敏，包智明. 西部民族地区的环境治理与绿色发展：基于生态现代化的理论视角 [J]. 中南民族大学学报（人文社会科学版），2021，41（4）：73-81.

② 方世南，徐雪闪. 正视生态治理与经济发展的辩证关系 [J]. 国家治理，2017（Z1）：42-48.

业化体系尚不完善、现代化建设尚未完成的背景下，民族地区不能简单地走发达国家或中国东部沿海地区对污染企业进行强制关停与易地搬迁的"去工业化"道路。在绿色发展理念的指导下，要重新认识企业在环境治理与绿色发展中的角色定位，综合考虑不同企业的承受能力、利益诉求与发展愿景，并挖掘推动企业技术革新与绿色发展的市场机制，通过政策引导与资金扶持来实现重污染企业的节能减排和生态转型，进而将污染企业的生态转型与民族地区的绿色发展统一起来。

5.3 "产业兴"模式

任何地区的产业发展主要依靠两种资源，一是自然资源，二是社会资源。丰富的自然资源是初级产业发展的基础，而完善的政策体系是产业不断升级的根本保证。从民族地区产业的发展历史来看，绝大多数民族地区在过去经历了一段自然资源型的产业发展之路，但随着资源的枯竭、国内产业转型调控等因素的出现，民族地区的产业发展绝大多数处于不利的局面。

多年来在政绩和财政收入的双重压力下，各级政府只能利用手中掌握的资源去换取高经济增长速度。从行政成本的角度看，这种高投入、高消耗属于成本最低、见效最好的方式。推动形成绿色发展方式是当前贯彻新发展理念的必然要求，是民族地区转型跨越的根本途径。要充分认识形成绿色发展方式的重要性、紧迫性、艰巨性，加快构建科学、适度、有序的国土空间布局体系、绿色循环低碳发展产业体系、约束和激励并举的生态文明制度体系、政府企业公众共治的绿色行动体系，彻底改变过多依赖规模粗放扩张，过多依赖高耗能、高排放产业的发展模式，把发展的基点放到创新上来，塑造更多依靠创新驱动、发挥先发优势的引领型产业。当前要加快发展绿色低碳循环经济，实施循环发展引领行动计划，全面促进资源节约集约利用，积极稳妥推进共享经济发展。要牢固树立节约集约利用的资源观，用最少的资源代价换取最大的经济社会效益，保障经济快速、协调、可持续发展。

5.4 "消费兴"模式

消费已经成为推动绿色转型的障碍和制约因素，但消费领域绿色转型的迅速开展将对中国整体绿色转型和高质量发展发挥着决定性作用[①]。消费的绿色化对生产的绿色化发挥着引导和倒逼的作用，经过绿色理念和措施引导的消费规模、消费方式、消费结构、消费质量、消费偏好的变化必然会传导到生产领域，左右着要素资源的配置、生产方式的改进、产品结构的调整和产品品质的改善。绿色消费也是促进绿色生活方式形成的核心内容，是推动全民行动的有效途径。绿色消费活动可将绿色理念与要求传递、渗透到公众生活的各个方面，引导、带动公众积极践行绿色理念和要求，形成绿色生活全民行动，改善社会绿色转型的治理体系。当前，中国绿色消费需求和市场不断扩大，居民消费不断升级，绿色消费品种不断丰富，绿色消费群体规模不断扩大，绿色消费意愿不断提升。绿色消费的转型升级可以引领以环境标志产品为代表的绿色生态产品和服务的供给创新，通过绿色生态产品和服务的供给创造新的绿色消费需求，这种绿色生产与消费、绿色供给与需求的良性互动不仅能够促进经济绿色增长，增加新的就业渠道和平台，推动供给侧结构性改革，成为经济增长的新动能和引擎，还能大幅减少资源消耗和减缓环境退化，成为生态环境质量改善的内生条件，实现环境与经济的双赢。

建立引领绿色消费模式的制度机制，一是可以将生态环境治理结构从生产环节拓展到消费环节，拓展了生态环境治理的领域，有助于建立激励与约束并举的制度体系；二是消费是社会公众的基本行为选择，绿色消费可以促使公众真正进入环境治理过程，用其绿色消费行为以及绿色生态产品选择偏好倒逼企业改善生产行为，增加绿色生态产品和绿色生产供给；三是消费端的绿色转型通过绿色供应链实践传导至生产端，可以引导产业链条中的绿色"先进企业"管理绿色"落后企业"，开辟生态环境治理的新途径，完善生态环境治理体系。居民的消费理念、收入水平、消费偏好以及公共政策，绿色生态产品供给质量和价格水平等对推动绿色消费至关

---

① 中国环境与发展国际合作委员会秘书处. 新时代：迈向绿色繁荣新世界 [M]. 北京：中国环境出版集团，2020.

重要。消费者的绿色消费理念、环境意识和环境知识能够有效地提升企业对绿色价值的认知，并直接产生绿色消费行为。公共政策主要通过影响消费者个体对环境和绿色消费的认知，最终影响其购买、使用绿色生态产品和对废弃物处置的态度。绿色生态产品的价格高低也会影响绿色消费水平和普及程度，因此需要注意规范绿色消费品市场，保障产品和服务质量，在供给和消费之间形成良性循环。

5.5 "文化兴"模式

文化振兴是乡村振兴的重要内容，乡村优秀传统文化与乡村振兴是互嵌式发展的。加强乡村文化的功能是传承中华民族优秀传统文化的重要工作，此项工作不仅有利于增强农民对传统文化的认同感，更有利于优秀传统文化在城镇化过程中发挥出精神引导的作用。同时，要不断调适与重塑中华民族优秀传统文化保护与发展的关系、传统与现代的关系，并在现代化过程中一以贯之，在不断坚定乡村优秀传统文化的自信与自觉中提升乡村社会文明程度。

文化具有民族和时代特征，任何一种民族文化形态既是一定时代的文化，又是一定民族的文化。各民族应当注重并且善于发现和吸收其他民族的优秀文化，利用互联网、新媒体等快速传播媒介，不断创新交流形式，加速民族文化共融，这样才能在新时代语境下激发民族文化的合力。同时结合本民族文化的特点，因材施教，突破原有的条条框框与行业限制，激发民族文化在乡村振兴战略中的无限潜能，不断为本民族文化发展注入新的活力。应当充分利用少数民族文化资源发展特色文化产业，在推动民族地区乡村产业振兴的过程中，实现少数民族文化的传承和发展。加强对传统手工艺人的保护性管理和传承教育，壮大民族地区的文艺推广队伍，地方政府可出台适当的激励措施，在提高群众的主动性的同时，与民族地区的文化旅游紧密结合，在发展经济中传承少数民族文化；加强宣传教育，充分唤醒少数民族群众对本民族文化重要性的认识，在中华民族共同体框架下绽放各民族文化的光彩，使他们的民族自豪感增强，自觉地去保护、传承和弘扬文化，成为少数民族优秀传统文化的守护者与传承者，成为乡村文化振兴有力的推动者；培养文化传承从娃娃抓起的意识，让学校成为少数民族文化传承的主渠道，发展特色民族文化教育，将少数民族文化融入课堂教学及校园活动，让孩子们从小接触本民族传统文化，培养他们的兴趣，增强他们对本民族文化的归属感和认同感，自觉做本民族文化的传承者，这需要加强民族地区教育投入和进行具有民族地方特色的教育方案改革。

6 绿色扶贫实践案例

本章将集中介绍凉山州绿色扶贫的典型案例。希望通过不同案例的介绍，为绿色扶贫提供借鉴或参考。凉山州借助精准扶贫的"东风"，在立足本地优势的基础之上，通过政策牵引、外界资源助力、激发内生动力相结合的方式，引进成功企业模式来培育本土龙头企业，建设高标准现代化农业循环经济产业园，实现农业产业升级转型，带动一二三产业加速转型，向绿色农业发展迈进。与此同时，构建利益联结机制，培育农户内生动力，各地借助帮扶力量推动村集体经济、移风易俗等工作不断突破。在强有力的组织保障下，基层治理不断创新，一条绿色发展的奔康共富之路逐渐铺开。

6.1 产业布局有规划

6.1.1 依托天然优势谋篇布局

凉山州地处四川西南部川滇交界处，是通往祖国西南边陲的重要通道。全州面积 6.04 万平方千米，境内地形地貌复杂多样，高山、峡谷、平原、盆地、丘陵相互交错，高低悬殊，生态环境总体而言较为脆弱。乡村面积大，农业人口多，城乡生态环境建设发展不平衡。实施乡村振兴林业和草原发展，对于进一步强化凉山州林草产业发展和生态扶贫，促进乡村绿化美化建设，推动全州脱贫致富、乡村振兴和全面小康，具有重大现实意义和深远历史意义。

6.1.1.1 创新做法

坚持"生态优先，绿色发展"。坚决践行"绿水青山就是金山银山"

的发展理念，始终坚持生态优先，统筹推进全州山水林田湖草系统治理，严守生态保护红线，以绿色发展引领凉山乡村振兴全局。坚持"乡村为本，科学发展"。根据凉山州内各县（市）乡村林业和草原发展基础、资源特点和发展意愿，科学把握乡村林业和草原发展的差异和潜力特征，坚持因地制宜，合理布局，分区施策，先易后难，突出重点，示范引领，循序渐进，科学推进凉山州林业和草原发展服务乡村振兴工作。

坚持"村民主体，协同发展"。充分尊重村民意愿，大力强化村民参与，切实发挥出当地村民在乡村振兴林业和草原发展中的主体作用。坚持特色林草产业带动，强化质量兴业，持续增加农牧民从特色林草产业获得的收入，实现兴林兴草富民、生态绿色惠民，提升广大农牧民在林业和草业服务乡村振兴中的获得感与幸福感。

坚持"空间统筹，融合发展"。坚持多规合一理念，全面系统兼顾凉山州已出台的最新国土利用、农业农村、交通运输、文化旅游、林业和草原、生态环境保护、产业发展等各领域总体规划、发展规划和专项规划，融合各规划制定的阶段目标、发展布局和工作重点，强化资源整合力度，促进融合发展，实现效益最大化。

坚持"乡愁为魂，传承发展"。凉山州是全国最大的彝族聚集区，乡村民族特色鲜明，要统筹兼顾彝族乡村田园风貌，注重保护乡情美景、名木古树和当地传统生态文化，彰显彝族乡村特色，传承优秀传统文化，促进人与自然和谐共生、村庄形态与自然环境相得益彰。

（1）全面加强生态保护修复，筑牢乡村生态安全体系

按照限制开发区的主体功能定位，充分发挥限制开发区作为城乡空间开发保护基础的作用，科学规划和优化森林、草原、湿地、荒漠生态系统和自然保护地的空间比例，逐步划定凉山州和各县（市）及乡镇在森林、草原、湿地、荒漠生态系统和自然保护地等五个维度上的生态红线，构建凉山州"五系五线"生态红线格局。以林业和草原重大生态工程为主体，加强全州乡村重要生态系统保护修复，全面提升森林、草原、湿地等自然生态系统的稳定性和生态服务功能，为长江上游生态屏障和生态安全建设发挥主体作用。

（2）强化林草资源经营管理，建设乡村林草经营体系

加强森林草原经营、提升森林草原质量是林业草原建设的核心任务和主攻方向，坚持以构建健康稳定、优质高效的森林生态系统和草原生态系

统为目标，引进先进理念，分类指导、因林施策、因草施策、科学经营，促进森林草原资源科学经营管理，强化资源动态监测，开展森林草原经营示范，逐步构建凉山州乡村现代林业草原经营体系。

（3）大力发展优势特色产业，打造乡村生态产业体系

结合全州实际发展富民强村产业，坚持强基础、补短板、提质量、增效益，因地制宜开展"一村一品""一乡一业"建设，多措并举，创新发展现代林草产业，强力推进林草生态产业精准扶贫、精准脱贫，坚决打赢林业草原生态脱贫攻坚战。

（4）全面推进乡村绿化美化，建设乡村绿色网络体系

持续实施大规模绿化凉山行动，融合森林、草地、湿地资源，以"点线面"三维理念统筹乡村绿化美化，构建以绿色村庄体系、绿色通道体系、绿色水系体系、绿色田园体系等"四体系"为龙骨，左右联通、纵横交错的乡村绿色网络体系，不断改善提升村容村貌，积极建设生态宜居美丽乡村。

（5）全面践行生态文明理念，构建乡村自然保护体系

坚定不移全面践行生态文明理念，尊重自然、顺应自然、保护自然，牢记"绿水青山就是金山银山"理念，积极构建凉山和谐共生的乡村自然保护体系，建设生态文明。

（6）强化基层保障能力建设，构建乡村支撑服务体系

持续加强林业草原科技创新、人才培养、设施设备建设，充分依托各级林业科技推广机构、基层站所技术队伍，深入乡镇、村组、林区和田间地块，为村民开展林草产业实用技术培训、咨询和指导，提高乡村产业发展科技能力，增强贫困户脱贫致富内生动力。

6.1.1.2　成效启示

实施乡村集体公益林管护 1 379 万亩和基本草原保护 2 014 万亩，巩固前一轮退耕还林成果 163.51 万亩，落实集体和个人公益林生态效益补偿、天然商品林禁伐补助、草原生态保护补助奖励等政策。建立从户到组到村到乡镇的乡村林草资源全域管护新机制，配备生态护林员 15 000 人和草管员 3 500 人。实施林草植被恢复工程。高标准实施新一轮退耕还林工程、天然林资源保护二期工程、公益林建设等工程项目，全面实施长江上游沿江绿色生态廊道建设工程，完成林草植被恢复 60 万亩。因地制宜实施岩溶地区石漠化土地植被恢复和干旱半干旱地区生态综合治理 63.35 万亩。大

力开发和实施碳汇造林项目。继续推进退牧还草、草原防灾减灾、鼠虫草害防治、严重退化沙化草原治理、农牧交错带已垦草原治理等重大工程，实施草原生态保护恢复650万亩。实施湿地保护与修复工程。加强退化沼泽和湖泊湿地自然修复和湿地生态监测体系、科普宣教体系建设，新建湿地保护区或保护小区5个，创建国家级湿地公园1个。

实行林草资源网格化管理，编制森林经营方案。大力开展森林抚育150万亩，启动国家战略储备林基地建设和退化防护林更新改造试点，建立20万亩大径材培育基地，启动开发乡村森林经营碳汇项目350万亩。严格落实草原承包经营和基本草原保护等制度，开展休牧、禁牧、划区轮牧等围栏建设，科学推进人工饲草地建设，加强退化草地人工改良，实施草原禁牧500万亩、草畜平衡2 472万亩。加强乡村森林草原火险预警监测、通信和信息指挥、乡村消防队伍、防火装备和基础保障等建设，提高森林草原火灾综合防控能力；加强林业草原有害生物和陆生野生动物疫源疫病的监测防控体系建设，确保乡村社区森林草原资源安全。探索建立以小流域为单元的林草防火预防管理体系，在林草火灾高风险区域配备村组林草防火监测员23 000人、巡护员17 000人。

坚持强基础、补短板、提质量，因地制宜发展"一村一品""一乡一业"富民强村产业，大力推行林草、林药、林苗、林花、林果、林菜、林油、林菌、林茶、林禽（畜）等多种林下经济模式，提高林地综合效益。截至2020年，全州林业草原产业基地面积达到2 700万亩，林下种养殖基地面积达到90万亩，林业草原总产值达到260亿元以上，农民人均林草业收入达到3 600元以上。实施"112+17"林业草原产业园区发展战略，着力培育新型林业草原经营主体2 000个，积极推进核桃产品、森林食品的加工，大力实施"三品一标"战略，打造核桃、油橄榄、花椒、花卉、森林食品和森林药材等六大林产品的"大凉山"品牌。实施生态旅游休闲康养工程。依托"大熊猫、森林、湿地、乡村"四大森林生态旅游品牌和"阳光""森林"两大生态康养品牌，做大做强乡村森林和草原生态旅游以及休闲康养品牌，大力发展森林观光、林果采摘、森林康养、森林人家、乡村民宿等乡村旅游休闲观光项目，着力打造六条乡村休闲体验路线。到2020年，创建生态（森林）康养基地10个、生态（森林）康养人家20个，乡村生态旅游休闲康养接待达到350万人次/年以上，乡村生态旅游休闲康养收入达到20亿元/年以上。

重点推进道路、水系、村庄和庭院绿化美化，开展"千村万户绿化美化"示范行动（绿化美化 1 000 个村庄、10 万户庭院）和"八千里绿色生态长廊"（公路绿化 2 500 千米、水系绿化 1 500 千米）建设，为乡村增绿添彩，构建纵横交错的乡村绿网体系。打造绿色乡村 200 个，创建省级以上森林小镇 8 个和森林乡村 20 个。

全面践行生态文明理念，加强乡村自然生态保护，积极构建多元自然保护地体系，创建省级及以上乡村自然教育基地 5 个、生态保护科普基地 2 个、生态文明教育基地 3 个。新增森林公园（含城郊森林公园）、自然保护小区等自然保护地 20 个，每个县（市）至少有 1 处城郊森林公园。

实施乡村林草人才培养工程。培训基层林（草）站长 300 名，基层林业和草原技术骨干 10 000 人次，乡村林草技术能手 1 万人，林草防火宣传及监测员、巡护员、生态护林员 50 000 人，林农和牧民 30 万人次。

建成"信息林草+乡村"智慧体系，培育 5 个集体林草流转交易平台；在 17 个县（市）电商平台实现林草产品服务无缝对接；培训基层林业和草原信息技术人员 1 000 人。

6.1.2　借助先进模式转型升级

凉山的花椒远近闻名，尤以喜德县"大红袍"（花椒品种）独树一帜、供不应求。在精准扶贫以前，花椒收益能够占到当地农户家庭年收入的 50% 以上。但是受市场化经营手段缺乏和技术工艺落后等因素影响，这里的花椒开发与销售仅处于初级阶段，价低利薄，加之日常维护不当，所以产量低，进而影响了农户对其经营的积极性。考虑到这一现实条件，喜德县政府仅仅是通过技术与模式的创新，便将当地土特产的市场潜力激活，链接起以"养猪场—花椒地"为一体的现代循环经济产业园，在高山土地上做出了绿色发展的大文章。

6.1.2.1　创新做法

养猪和种花椒对于当地来说并不是什么新鲜事，但苦于资金、技术和管理等不足，只能长期停留在农户自产自销的"小农时代"。在精准扶贫的大环境下，政府、企业和当地农户多主体协同的产业发展主体框架构建起来了。在政策与资金的利好条件下，政府出面统筹，过去分散的要素得以整合发力，引进了成功企业负责解决技术和管理的问题，同时还承担了下游销售。当地主体分工负责，村集体负责提供产业用地、用水、道路等配套设施，县政府整合涉农资金、配套相关政策、提供前期服务和做好后期监督工作，以政府整合资金、公司投入、村集体经济和贫困户入股的合营方式，建成了现代化生猪代养场。所有代养场均采取现代化无公害的设备、技术进行废物处理与再利用，这也是该产业园实现绿色发展的关键一环。经过无害处理后的肥料最终经预设的管网系统输送到花椒地中。同时，生产用电均来自沼气或光伏。循环经济的另一个大手笔就是围绕生猪代养场周边 5 000 亩的花椒基地。土地规整、基地规划、花椒育苗、花椒种植、后期养护修剪、深加工、销售等环节全由专业公司负责，村集体经济、贫困户以土地入股、现金入股、劳务雇佣等形式参与花椒基地的建设与运营。同时，该基地得到了扶贫政策的大力支持，将 5 000 亩花椒基地由产业路全部串联起来，为下一步花椒种植技术实训基地、对外交流、乡村旅游等文旅项目奠定了硬件基础。

通过县农旅投扶贫资金建设容纳量为 1.5 万头能繁母猪的现代化生猪扩繁场，供引进企业租营，预计年繁殖仔猪 30 万余头，可供 200 多个代养场仔猪需求，有效保障全县优质仔猪供应；建 1 000 立方米发酵池，日产沼气 500 立方米，沼气发电可产电 750 千瓦时/天，年产电约 22.5 万千瓦时，配套建设光伏发电，有效解决了生猪扩繁场内的生产生活用电。通过污水管网对周边耕地进行灌溉，灌溉区域内集中连片种植烤烟、油橄榄、中药材、玉米等，形成"猪—沼—粮（经果）"生态循环经济模式，辐射带动周边村落的农业产业发展。同时，积极探索出三个"集中代养"经营模式。一是贫困户集中代养模式。由贫困户、县农旅投公司共同出资建设代养场，由贫困户代养管理，贫困户和县农旅投公司按 8：2 分享收益。二是县农旅投公司集中代养模式。由村集体、县农旅投公司共同出资建设代养场，由县农旅投公司负责代养并承担人工工资、水、电、猪舍维护运转等费用。代养收益按比例分红。三是引进企业（大户）集中代养模式。由大户、村集体和农旅投公司共建代养场。由大户承包经营，代养收益按比例分红。

6.1.2.2　成效启示

产业园的盈亏由四方共担，按照协议约定，以县级涉农整合资金补贴圈舍修建，这部分资金的投入折合为村集体经济股权，约占 10%；贫困户每户可现金参与入股；同时企业给予每头生猪 150 元的代养费缴于代养场，每年收入达 450 万元。代养场按照约定，前 3 年按股权额度的 8%、随后按股权额度的 12% 向村集体经济和贫困户分红。花椒基地按照贫困户土地折合股权为 34%，村集体经济股权为 4%，花椒合作社以花椒树折合股权为 4%，企业股权为 56%，按此比例分红。现代化的理念与技术通过市场化运作的方式实现了传统产业升级转型的巨变，采取"四方参与（政府、企业、村集体、贫困户）+涉农保险"的扶贫模式，最终将绿色产业之花开在了大凉山的深山里。

从项目投资建设到投入经营，贫困户通过小额贷款资金入股、就地就业等方式获得利息收益、务工收入、土地流转收入、150 元/头~250 元/头的生猪代养费"四重收入"。对在代养场和扩繁场就业的贫困户，企业统一组织技能培训，让贫困群众掌握现代畜牧养殖技术。项目的规划和建设坚持适度规模，配套建设大中型沼气池，沼渣沼液经干湿分离后，作为有机肥还田，形成生态循环养殖业。

6.2 利益联结有实招

6.2.1 "334" 模式

喜德县阿吼村面积为 22.38 平方千米，距离县城约 17 千米，地处高海拔高寒山区，为彝族聚居村。全村共有 4 个村民小组，户籍人口 260 户946 人，其中建档立卡贫困户 73 户 309 人。全村耕地面积 1 200 亩，农业为种植土豆、玉米、荞麦、燕麦等，畜牧业以养殖牛、羊、猪、鸡为主；零星种植花椒、核桃等经济林木，但不成规模。由于土壤贫瘠，加之气候海拔等环境因素的制约，阿吼村农作物产量低、经济效益差；同时，村民缺乏劳动技能，剩余劳动力转移困难，务工收入较低，全村外出务工人员107 人，主要从事建筑、餐饮等行业。2015 年，阿吼村年人均纯收入仅1 500 元左右。在定点帮扶单位国家电网的帮扶下，阿吼村走出了一条可持续的"334"扶贫模式。

6.2.1.1 创新做法

（1）3 种理念：科学、绿色、可持续

以科学思维建立扶贫体系。邀请农学专家团队科学精准规划扶贫产业，通过线上加线下的方式建立科学销售模式，与各级政府部门建立畅通的沟通机制，形成科学发展共识。以绿色产业打造扶贫品牌。坚持"传递自然美味"的产业发展核心理念，秉承无污染的生态种养殖模式，严把产品质量关，确保种养殖项目无重金属、农药、化肥等污染，保证产品原生态、无污染，筑牢绿色扶贫产业基础。以可持续发展确保稳定增收。组织开展种养殖劳动竞赛，培养致富劳动能手，激发脱贫致富信心。倡导现代理念和文明生活方式，破除陈规陋习，提升扶贫志气，强化主动求变意识。举办"农民夜校"，以集中授课、现场操作等方式开展种养殖知识和方法讲解，提升脱贫技能。指导成立阿吼村种养殖专业合作社，按照贫困户 200 元和非贫困户 300 元的标准，引导鼓励村民入股。健全农业合作社法人治理，规范农民合作社管理，实现持续经营和分红，确保贫困户收益可持续。深入挖掘阿吼村差异化种养殖优势，找准市场需求与阿吼村差异化项目之间的结合点，建设阿吼村脱贫生态产业园。

（2）3 种举措：支部共建、产业共进、文明共创

成立丽火现代农业公司，因地制宜开展百合、青刺果、雪桃、山羊、土鸡、跑山猪等种养殖项目，种植百合 70 亩、贝母 15 亩、青刺果 3 万株，修建 208 平方米的羊圈，养殖优质绵羊 256 只。以合作社带动，流转集中安置区周边 800 亩土地建立雪桃基地，建设产村相融脱贫生态循环产业园，种植雪桃 8 万株，打造"赏花、品果"的"桃花谷"景点，形成多元产业，巩固脱贫攻坚成果。组织养鸡、养猪等劳动竞赛，创新奖励机制，开展生态养殖，增强贫困群众"自我造血"的信心和能力。已累计开展 3 期养鸡劳动竞赛，发放鸡苗 2 353 只，发放猪仔 40 头，带动贫困户户均增收 3 200 余元。培养种养殖劳动能手，发挥"头雁"引领作用，引导村民跟着学、照着做，形成"点亮一盏，照亮一片"的明灯效应。通过土地流转、产业基地务工、合作社分红，保障贫困户持续稳定增收。向贫困户流转土地 279 亩，建立了种植养殖基地，使贫困户从土地流转中得到 48.5 万元的土地租赁收入。组织贫困户入园务工，学习种植技术，累计发放务工费 43 万元，实现贫困户户均增收近 6 000 元。以文明共创引领力，激发贫困群众致富信心。以开展"四好家庭"创建为契机，全面倡导现代文明理念和生活方式。

（3）4 方主体："公司+合作社+农户+电商"帮扶机制

公司积极打造"互联网+"电商平台，建立微信销售公众号、农特产品销售网点，采取实体店销售、网上预订、现场订货会等方式，全方位打通线上线下销售渠道，构建"公司+合作社+农户+电商"产业发展帮扶机

制。设立 80 平方米"扶贫农产品"展厅，依托系统内购开展销售工作。打造"丽火助农"品牌，入驻国网商城，建立"丽火助农"国网商城店、微信销售公众号和淘宝店，打通扶贫产品销售渠道。积极联合雅西高速沿途兄弟单位、国航、四川电视台等开展"以购代捐"活动，拓展扶贫产品销售增长点。策划开展扶贫农特产品订货会，举办"阿吼村农特产品交易会""办年货、促特销"活动，确保扶贫产品种得出、卖得好。

6.2.1.2 成效启示

阿吼村贫困户人均年收入从 2015 年的 1 500 元增长到 2017 年的 5 503元，超出国家脱贫标准 2 203 元，实现了 73 户贫困户易地搬迁后能住得下、可就业、可发展，并在 2017 年底顺利通过省、州检查验收，实现整村脱贫。阿吼村这样的贫困地区不仅需要传统捐钱捐物的"输血"式扶贫，更需要"334"精准扶贫模式"造血"功能的强化。既出资金、出思路，又出人才、出管理的全方位脱贫攻坚实施方案的效果已经显现，村民集体经济收入将不断增加，在全国范围的脱贫攻坚战场上具有极大的推广价值。

6.2.2　绿色科技赋能造林专业合作社

扎兰姑村位于金阳县西北方向，距县城 40 千米，平均海拔 2 460 米，面积 33.7 平方千米；下辖 4 个村民小组，户籍人口 239 户 898 人，2015 年建档立卡贫困户有 69 户 376 人，贫困发生率为 41.9%。扎兰姑村以传统农业为主，粮食作物主产玉米、马铃薯、荞麦等，畜牧业以牛、羊、猪为主。是一个典型的高寒山区贫困村。扎兰姑村脱贫攻坚造林专业合作社于2018 年 6 月成立，注册资金 500 万元。有社员 115 户 551 人，建档立卡贫困户全部入社。扎兰姑村按照既要"金山银山"更要"绿水青山"的思路，将传统优势树种种植与新型脱贫攻坚造林有机结合，实现精准扶贫与生态保护并举，创新扶贫模式、拓展扶贫途径，积累了大量扶贫攻坚的经验。

6.2.2.1 创新做法

（1）造林新模式，突出林下"种养"结合

按照"沿江青花椒林下套种白魔芋、二半核桃林下套种花魔芋、高山华山松林下套种套养"三带立体林业发展格局，投资 415.23 万元，建设了扎兰姑村华山松林下套种套养立体林业增收示范基地 2 000 亩。华山松造林后，结合幼苗抚育管理，在造林地林下再用草种撒播方式种植放牧用黑麦草。2019 年开始，按照合作社社员意愿，合理配置数量，养殖山羊，大力发展立体林业，提高造林地的使用效率，促进林业产业的提质增效功能，增加合作社农民收入。为了协调植被生长恢复与养殖业发展的关系，由合作社理事会根据实际情况，在科技支撑专家的指导下，合理分配每户的养殖数量，保障产业可持续发展。

（2）建立科技支撑系统

通过技术指导、技术培训、网络平台建设等，建立县—乡（镇）—村的技术支撑体系和服务网络体系，分别通过现场示范、辐射带动、课堂讲座、提供咨询服务、制作技术服务资料等形式进行技术推广，提高脱贫攻坚造林专业合作社的造林管护和林业产业科技文化水平，促进合作社现代林业建设的健康可持续发展。具体方案为 3 年内邀请专家进行现场集中培训和现场指导，每年 2 次，印发相关技术资料 500 本，培训对象为林业局相关人员、实施乡镇的林业站技术人员、脱贫攻坚造林专业合作社社员和农户。按照"集约经营，科学管理"的建设理念，为实时解决造林和管护、立体林业发展过程中的问题，建立金阳县脱贫攻坚造林专业合作社华山松立体林业增收示范基地建设项目专家支持系统，由 3~5 名在华山松种植与管护、经济林管理、病虫害防治以及林下种养相关专业方向有丰富经验和极强专业理论水平的专家组成专家库，及时解决造林专业合作社或农户在栽植和后期管护过程中遇到的技术问题，保障项目的顺利实施。强化合作社分级管理模式和基本工资+奖励绩效的工资模式。即同一块造林地由 2 个以上小组长监管施工，造林结束后对总用工和造林质量进行评比奖励，提高了工作效率。

6.2.2.2　成效启示

（1）助农增收

由于扎兰姑村山高地贫，传统的种养殖业难以持续稳定贫困农户的收入。造林专业合作社的成立，增加了全村劳动力就近就地务工、增加经济收入的机会。从挖坑、运苗到种树均有收入，种植一株华山松苗按平均工钱为 6 元计算，共计为全村创造工资性收入 132 万元，实现户均增收 11 000 元以上。经统计：户均工资性收入为 15 000~20 000 元的有 23 户，占社员总数的 20%；10 000~15 000 元的有 71 户，占社员总数的 61.7%；5 000~10 000 元的有 13 户，占社员总数的 11.3%；5 000 元以下的有 8 户，占社员总数的6.9%，有力确保了本村贫困户的增收。

（2）创造利润，做实村集体经济

扎兰姑村脱贫攻坚造林专业合作社在造林项目建设中的利润预计可达30万元左右。在合作社的红利中，预留一小部分资金作为今后补植补种费和管护费，其余全数用于社员分红，平均每户社员可以分红2 500元左右。

（3）示范带动，激发活力

一方面，生态环境得到有效保护。金阳县地处金沙江畔，扎兰姑村也自然肩负了建设长江上游生态屏障、维护生态安全的重任，使命重大而光荣。开展脱贫攻坚造林，将生态环境建设和贫困群众脱贫奔康进行了有效的结合，必将实现经济发展和生态保护的双赢局面。另一方面，内生动力得到充分激发。在专业合作社造林过程中，部分外出务工的村民听说家乡在开展造林建设，也纷纷赶回家乡，加入植树造林、绿化家乡的行列。如今的扎兰姑村，"绿水青山就是金山银山"的思想深入人心，已形成人人参与造林、个个自发管护的良好氛围。同时，全村群众切身体会到党的政策带来的实惠，切身体会到靠自己的劳动获取经济收入才是最大的"面子"，纷纷从根本上改变了过去或多或少的"等靠要"思想，实现了精神上的进一步脱贫和解放。

（4）提高当地农民的林业科学技术和生态意识

在项目实施过程中，从建设到经营都采用先进的经营管理手段，极大地促进了当地林业产业的科学化、集约化和规模化发展，为推动林业科技进步起到了带动示范作用。

（5）绿色生态经济发展的示范作用

华山松是金阳县传统的优势生态树种，近年来大量的华山松植被建设使得该地区生态植被得以修复，减少了区域的水土流失，加强了流域生态安全功能。通过传统优势树种种植与开办新型脱贫攻坚造林专业合作社的有机结合，形成"绿水青山就是金山银山"的生态扶贫共识，将对全面实现脱贫致富奔小康的目标起到积极示范作用。通过合作社的示范引领，贫困户社员的生产由传统的玉米、荞麦、马铃薯种植模式向花椒、核桃、华山松林下套种套养现代立体林业转变，完成了一场深刻的产业发展思想大解放和产业发展模式大转变，拓展了产业空间，延伸了产业链条，为广大贫困社员长期持续稳定增收致富奔康奠定了坚实的产业基础，有力助推了脱贫攻坚。

6.2.3　产业融合发展"3+1"

地洛乡位于布拖县东北部，与金阳县交界，距布拖县城 68 千米，辖 17 个村，属彝族聚居区，总人口 1.14 万人，总面积 112.5 平方千米，海拔范围为 1 000~3 600 米，较大范围面积在海拔 2 000 米以下，适合种植青红花椒。精准扶贫实施以来，政府一方面大力组织外出打工，另一方面则分析区位资源优势，念好"山字经"，坚定不移地实施以花椒种植为重点的林业产业化发展战略，确定了"专业合作社+致富带头人+农户"+"主管部门"的"3+1"林业产业融合发展思路。

6.2.3.1　创新做法

（1）以专业合作社统揽供产销市场服务

地洛乡花椒种植专业合作社，是一个以花椒生产、储藏销售、农资配送、技术服务为一体的综合性种植专业合作社。自 2016 年 9 月成立以来，该合作社依托西溪河边土层深厚、土壤疏松、光热资源丰富、昼夜温差大且无工业污染的自然条件，大力发展青花椒产业；在生产经营过程中，始终坚持把开拓市场放在首要位置，通过政策扶持改善硬件设施，全面推广标准化生产技术，在生产环节实行统一技术标准、统一物资采购、统一病虫害防治。定期聘请专家对基地椒园进行测土配肥；根据春、夏、秋三季花椒生长所需，针对性地制定多套药肥配方，由合作社委派专人与农资厂家对接，定制专供肥料，指导农户科学合理选择药肥，并对每户椒农进行建档立卡登记，及时准确记录产地环境、投入品使用、椒园管理、质量检测、贮藏销售等数据信息。比如，在清园时，一是采购成品农药，二是着重推广统一的自制石硫合剂或用烟叶、烟杆熬制杀虫剂，推广使用杀虫灯、诱虫板等无害化病虫害防治措施，干粉喷洒及人工授粉技术。同时，合作社还通过标准化生产示范园向椒农示范、宣传、推广现代栽植技术。

（2）以致富带头人做示范引领

致富带头人在产业发展中起着至关重要的作用。地洛乡花椒种植取得成功还得益于选准了一个致富带头人李治武（同时也是合作社的理事长），李治武靠着敢想、敢干、敢闯的开拓意识和诚实、勤奋、能吃苦的创业精神，在经营发展中一步步成长起来，积累了丰富的生产经营经验，具有了一定的经营管理能力，赢得了椒农的信赖，他的花椒种植基地规模达 15 亩，均按照标准化模式建园，从苗木培养到花椒生产、技术服务均达到了非常高的水平，并乐于将自己的技术毫无保留地与当地椒农分享。地洛乡本地椒农在建园、生产管理等方面有困难，都可以直接到李治武的椒园去参观，去请教，去探讨，有力地提升了地洛乡花椒栽植管理水平。李治武在地洛乡甚至布拖县都具有相当的知名度，他也荣获 2017 年四川省第一届"天府杯"创业大赛一等奖、"布拖县第二届劳动模范"称号、四川省"五一"劳动奖章。

（3）把农户作为标准产品生产的关键执行人

地洛乡在推广花椒产业的过程中，尤其注重对合作社所辖椒农的管理，注重对片区广大农户的宣传教育和示范引导。地洛乡地处西溪河边，海拔高度相对偏低，老乡有近 30 年的花椒栽植习惯，栽种水平也相对较高。实施"专业合作社+致富带头人+农户"的产业发展模式，通过专业合作社统揽供产销服务，农资有保障，为标准化的林产品生产提供了基本保障；通过致富带头人的示范引领，农户可以学到标准化的生产方式。但以上只是必要条件，还不是充要条件，生产标准、统一的林产品的关键还是在农户是否严格执行标准的生产管理。在主管部门的要求和指导下，在合作社的自律下，在收购价格的利益调配下，地洛乡的广大农户均严格按照高标准的建园方法，采用标准的栽培技术、病虫防治方法等，保证了花椒的良好品质，保障了林产品的一致性。

（4）把主管部门作为规划发展、协调推进的统领人

合作社是市场经营的主体，主管部门起到的是引导作用。地洛乡花椒种植专业合作社的主管部门和乡政府主动跳出来抓传统农业的惯性思维，把合作社推向前台充当主角，主管部门退到幕后甘当配角，采取"有所为有所不为"的方式，抓住花椒营销这一关键环节，发挥政策杠杆作用，"四两拨千斤"，做好引导、扶持和服务工作。通过合作社来统揽、提升整个农业产业链的效益，构建以财政投入为引导、企业投资为主体、社会资本广泛参与的现代农业发展投入增长机制，形成政策与资本同步发力、推动新型农业经营主体发展的新局面，促进合作社做大、做强和做优，为林业产业联动发展奠定坚实基础。

在县林草局和乡政府的引导扶持下，地洛乡花椒种植专业合作社由建社之初的 29 户社员发展到现在的 130 户，注册资金由最初的 40 万元到现在的 300 万元，年产优质花椒 50 吨，销售额 500 多万元。目前有 1 200 户贫困户参加了花椒种植，村民及贫困户每年从花椒种植上获得的平均收入

达 2 万元，大大提升村民种植收入，有效地助力了精准扶贫。此外，县林业和草原局顺势而为，继续投入 180 万建设 300 亩高标准花椒示范基地，以此来示范、引导当地农户高标准建园。地洛乡花椒种植专业合作社在不断壮大的过程中积极探索椒农利益分配新机制，规定入股会员享受年终分红；合作会员虽不享受分红，但同入股会员一样享受花椒收购每公斤 1~5 元的让利。有力地促进了当地经济社会的发展和脱贫攻坚。

6.2.3.2 成效启示

地洛乡的主要做法和经验可归纳为"三联五统一"。"三联"即联系市场、联系企业、联系农户，"五统一"即统一技术标准、统一技术培训、统一物资采购、统一质量检测、统一市场销售。通过"三联"消除了市场的购销障碍，夯实了与企业的合作关系，激发了社员的生产热情。通过"五统一"，形成了规模化、标准化生产，实现了生产与销售、基地与市场的无缝对接，找到了深度贫困地区产业发展的路径，实现了产业的良好发展，实现了农户的快速增收，有效规避了山区发展的限制性因素，强力助推贫困地区贫困户在家就能实现脱贫致富目标的实现。

（1）紧紧抓住市场这个关键

花椒产业是一个完整的链条，环环相扣、紧密连接，其中市场发挥着根本性作用。合作社经营得好不好，主要看能不能抓住市场这个利益链条分配终端，把产品销售出去，实现产品的价值，让农民见利分红。市场销售问题解决了，合作社才能放开手脚抓生产经营，放开胆子投资建设冷库、气调库、农资配送中心等配套设施。地洛乡花椒种植专业合作社通过长期的实践形成了"合作社+致富带头人+农户"模式，建立起了稳定的联农运行机制、利益分配机制、风险保障机制、持续增收机制，实现了专业合作社与农户的深度融合，凸显出"1+1+1>3"的效应，真正实现了农业增收、农民致富。

（2）进一步加强内部管理、理顺利益分配关系

地洛乡花椒合作社通过联合经营、分红让利等手段，与椒农形成稳定牢固的利益共同体，尽管合作社的经营还处于初始阶段，存在着发展资金短缺、人力资源匮乏、组织结构不稳定、管理体制不顺畅、内部管理不规范等问题和困难，但其基本的做法和经验仍具有典型性，代表着合作社经营模式创新的方向和趋势，具有借鉴和推广的价值。

（3）进一步做大做强合作社

专业合作社相对于农户具有资源更多、渠道更广、影响力更大、政府

扶持力度更大等优点，可以在更大范围开展联合与合作，实现市场信息互通、资金产品调剂和品牌技术共享，形成优势互补、互帮互助机制。此外，还可以走合作联社（合作社与合作社相互联合发展共同产业）的路子，不受地域、区位的限制，可以跨乡镇、跨县区，形成覆盖农产品优势产业带的合作网。通过横向联合，促进纵向经营，向农产品精深加工领域延伸，扩大合作社的业务范围，巩固和增强合作社的市场地位。

6.3　基层治理有创新

6.3.1　重塑搬迁社区机能

易地扶贫搬迁既有利于贫困农户改善居住条件，又有利于保护高山生态环境。受地形地貌的影响，凉山州的贫困村落依势于高山峡谷，散布于各处。作为易地扶贫搬迁任务繁重的地区，在"搬迁一批脱贫一批"的总方针指引下，安土重迁的历史车轮滚滚向前。800人以上的易地扶贫搬迁集中安置点在喜德县共有4个，其中最大的彝欣社区安置群众达1 698户，涉及建档立卡贫困户1 399户7 084人。为了实现"稳得住、有就业、逐步能致富"的目标，喜德县牢牢把握易地扶贫搬迁安置发展定位、需求和路径，在全方位巩固脱贫成果、提高成色质量基础上，以深入实施城乡基层治理、乡村振兴等重大战略为主导，持续推进安置点规范治理和后续发展，深化"安居""乐业"两大民生工程，构建起以"一核三治"为主干的强大组织行动体系，强化公共服务配套，努力创业增收，为安置点治理与后续发展奠定了扎实基础。

6.3.1.1　创新做法

（1）"一核三治"牵引组织行动力

"一核三治"是指以基层党组织为核心，自治、法治、德治"三治"有机结合，最终实现共治共享的治理格局。"一核三治"既是一种基层治理格局，也是一种治理手段。以喜德县为例，"一核"即突出党组织引领作用，成立城乡治理委员会，县级领导对口联系集中安置区，在800人以上的4个集中安置区成立党支部和社区居委会，按照"两块牌子一套人马"，选派有基层工作经历的业务骨干担任社区支部书记，并通过合法程序兼任居委会主任，其余安置点由所在党支部直接管理服务。党支部（居委会）全面研判梳理安置点后续治理重点难点工作，按照教育、医疗卫生、就业发展、户籍管理、治安维护等群众急需解决的问题梳理分解，逐类逐项落实人头，定点联系相关业务主管部门，全力推进"问题清零"行动。

"三治"，即自治、法治和德治。引导居民自治，通过制定居民公约八条、成立社区事务监督委员会，落实党支部党小组组长兼任居民小组长，推选党员担任楼栋长，实行楼栋保洁工作楼栋长负责监督制和住户门口及楼梯清洁制，引领贫困群众共建共享。推进社区法治，实施"慧眼"工程，在安置区设立警务室，并派驻 3 名警务人员，组建一支 28 名队员的社区治安联防队。法务工作者上门服务，开设公共法律服务工作室，"定分止争"，促进邻里和谐，人人守法、懂法、用法。强化德治引领，引导群团组织和社会组织力量参与集中安置点治理，依托青年之家、巾帼服务等平台，转变搬迁群众思想观念，促进移风易俗，发挥"彝学讲堂"和"民间德古"的德育治理作用。

（2）公共服务实现"安居"

优质便利的教育、四通八达的道路、设施齐全的医院、应有尽有的生活物资，这些都是贫困群众向往的新居生活，也是吸引他们"挪穷窝"的魅力。要确保贫困群众在集中安置区"稳得住"，强化公共服务配套是关键性工程。喜德县整合"三区三州"教育脱贫攻坚补助、佛山援建等资金，统筹落实集中安置点教育教学、医疗卫生等公共资源配套，在安置点配套建设社区医疗服务中心，实行公共卫生网格化服务，并配备落实家庭医生签约服务团队。整合全县教育资源在安置区附近建设教育园区集中办学，满足从幼儿到中学的全阶段教育需求，能容纳 6 000 余名学生就近就学。同时，在最大的安置区还配套建设了 310 平方米的日间照料中心，配备了棋牌室、休息室、老幼活动室、农贸市场和便民超市。为了满足贫困群众的社会管理服务需求，创新社区服务管理，以社区党群服务中心为依托，在集中安置区开设就业、社保、物业管理、多元化调解、环境卫生整治 5 类公共服务窗口，统一集中办理居民基本公共服务事项，通过公共服务供给打通联系服务群众的"最后一公里"。

（3）创业增收实现"乐业"

为了实现搬迁群众的"安居"与"乐业"同步发展，喜德县依托资源禀赋、政策优势积极探索发展路径，确保搬迁群众稳定脱贫、逐步致富。

大力发展富民产业，按照搬迁后原有土地、山林所有权不变的原则，通过耕地、林地流转入股，增加财产性收益。积极落实产业扶贫小额贷款政策，引导发展"1+X"生态林业、"飞地产业园""果薯蔬草药"等富民产业，完善产业入股分红利益连接，确保搬迁贫困户户均有一项以上致富产业。引导创业就业，开展职业技能培训，完善劳务奖补机制，搭建创业就业平台，依托东西部劳务协作、"春风行动"转移搬迁群众到广东佛山、浙江金华等地务工。通过创业指导、创业奖补和减免房租等形式，引导鼓励安置点贫困群众租赁商业门铺创业增收。在安置点引入灵活就业点（彝绣）、彝族漆器厂等就地带动部分群众就业增收。落实政策兜底，统筹公益性岗位资源，增设公益性岗位，严格落实低保"应保尽保"政策，优先保障特殊困难群体、脱贫收入达标有风险的贫困群众，筑牢贫困群众生活的最后一道保障线。

6.3.1.2 成效启示

（1）完善公共服务机制

一是针对性地提供公共服务。影响搬迁贫困群众基本生活的公共服务在时间有限、资源有限等客观因素下，应该着重、优先考虑供给，比如安置区基础设施、文化教育、医疗服务、养老保障、最低生活保障等。同时针对整合型安置点，还应考虑相应的社区融入服务和民事调解纠纷服务等。二是应形成多元化的服务供给主体。作为新建安置区，要避免政府大包大揽的局面，在确保基础性公共服务由政府提供以外，应引入专业性社会服务机构共同参与的机制。三是注重服务内容与形式的创新。针对搬迁后的贫困群众，要考虑到接收服务主体的个体能力，对角色转变的适应，对社区生活的适应，对未来生活的期望等，它们都应列为服务提供的前置考虑因素。

（2）完善可持续性发展机制

搬迁贫困群众最关心的、最紧迫的还是生存问题，所以应优先考虑对贫困户以及户内人口做出相应的生存发展规划。一是因户制定后续发展规划，按照有劳动力和无劳动力划分，实行最低生活保障、公益性岗位等一揽子社会福利兜底的规划原则。二是针对搬迁户的身体状况与人力资本潜力提供定制化的短期、初级技能培训，并且与搬迁安置同步，引入部分低层级、基础性的产业，为搬迁户提供较长期的就业机会。三是解决金融资本短缺问题，在对贫困户经济状况摸底的前提下，对于有一定人力资本潜力的搬迁户，可通过降低信贷门槛为其提供贷款。四是推动搬迁群众就业和收入多元化。随着搬迁群众人力资本、金融资本的不断积累，应适时鼓励推动技术水平较高、管理经验丰富、有能力、有意愿的搬迁群众进行自主择业与创业，实现就业的多元化与人力资源的高效配置。

（3）完善社区融入机制

为了尽快实现搬迁群众心理层面上的"稳得住"，还需要对搬迁群众在社区融入方面提高认识、加大投入。一是社区组织要充分认识社区融入的重要作用。心理问题无小事，搬迁群众在初期会遇到各种各样的不适应问题，有生活方面的不适应，有人际交往的不适应，还有对未来生活的焦虑感，身份的认同，社区的归属，这些都是导致搬迁群众留不住的重要因素。所以基层组织在这一阶段应该认识到并着重开展这方面的工作与服务。二是开展适宜的、专业的社区活动。在人员组成或联合开展服务的过程中，社区组织应当引入专业人员参与筹备、策划，开展心理健康教育、行为矫正、居民身份认同等方面的社区活动，丰富搬迁群众的文化生活，让积极、乐观、向上的活动感染搬迁群众。

6.3.2 农民夜校照亮发展路

作为四川省农民夜校的发源地，喜德县冕山镇小山村的农民夜校开展感恩奋进教育，宣讲党中央、省委、省政府强农惠农政策和脱贫攻坚举措，使农民群众进一步加深了对中国共产党的感情。当地村民创作了《小山村农民夜校之歌》，编排了彝族舞蹈，以文艺作品的形式表达他们对中国共产党的感恩之情。

6.3.2.1 创新做法

（1）建好阵地，着力强化农民夜校的功能定位

利用农村党员远程教育平台，采用喜闻乐见的形式，组织党员群众加强政策理论学习，进一步激发农民群众的学习热情。组织党员干部采取中央精神宣讲与走基层活动相结合的方式，深入联系贫困户开展学习宣讲，引导该村党员自觉把思想和行动统一到中央精神上来。在农民夜校中持续开展"感党恩、跟党走、建家园、奔小康"教育活动，大力宣传党中央、省委、省政府强农惠农政策和脱贫攻坚举措，引导和教育广大农民群众知党恩、听党话、跟党走。定期开办农业技术培训班，组织农技人员和当地的"土专家""田秀才"，围绕该村"五大产业"（肉牛、山羊、绵羊、土

鸡、大蒜），面对面、手把手讲授实用技能技术。举办厨艺、装载机、挖掘机、电焊等特种技能培训班，又组织村民参加培训。发挥夜校教育功能，组织文明示范户、道德模范，以报告会、院坝会等方式传播孝老敬亲观念、村文明新风，引导村民改变传统观念，逐步革除陈规陋习。

（2）加强机制建设，全面提升"农民夜校"的办学水平

大力引导党员干部带头学带头做，积极发挥老党员、老干部"传帮带"作用，与群众一起学习、共同进步。制定优秀学员标兵、创业标兵、新风标兵评定办法，将获奖与党员发展、村干部培养、家庭奖励等挂钩，进一步提高农民群众参加夜校学习的主动性和积极性。建立灵活的施训机制。一方面地点选择灵活，采取教师流动授课的方式，邀请县（镇）领导、专家、农技人员、致富能手等作为骨干老师，送课到村组、到农户、到田间地头，方便群众现场学习、就近学习。另一方面时间安排灵活，在农忙季节选择晚上播放养殖、种植科教片；针对春节、彝族火把节期间大量农民工返乡的情况，集中对农民工进行法律法规、玛木特依①、安全知识、实用技术培训。

（3）强化行动落实，切实增强农民夜校的建设实效

围绕把党员培养成致富能手、把致富能手培养成党员或入党积极分子这个重要目标，组织党员干部和村民代表赴先进地区学习考察，帮助他们开阔眼界、转变观念。开展党员"百分夺星亮牌"活动，将党员干部自身产业发展情况和对贫困户的帮扶情况作为评比标准，激励党员干部带头苦干实干。大力引导能人返乡创业，带领群众脱贫增收。截至目前，小山村党员和大户带动成立了 2 个合作社，兴办了 1 家矿泉水厂、2 家农家乐、1个家庭牧场，并把 12 名党员培养成了致富能手。立足小山村现有资源优势，鼓励党员干部和致富能手带头成立了安帮大蒜农民专业合作社和安源养殖农民专业合作社，让小山村 39 户贫困户全部免费入股合作社，在合作社按股分红。依托小相岭景区开发，大力开办彝家乐等乡村旅游，激发贫困村民发展特色产业的热情和动力。早在 2016 年底，小山村便摘掉了贫困村的"帽子"。借助农民夜校这个平台，大力宣传信访条例、防毒禁艾政策法规以及村规民约等。在农民夜校设立公开栏和电子显示屏，常态化开展党务村务公开，接受村民监督。定期在农民夜校征集村民意见，积极引

---

① 玛木特依又叫玛木伟尔、玛木等，是彝族人民口头流传的传统道德教育经，主要内容是典章制度、习惯法，起着教育启迪、劝学向善等作用。

导广大村民参与基层治理、理性表达诉求、依法维护权益。近年来小山村引导村民逐步实现了自我管理、自我教育、自我服务、自我监督。

6.3.2.2 成效启示

（1）增强了贫困群众对党的感恩意识

通过大力开展感恩奋进教育，宣讲党中央、省委、省政府强农惠农政策和脱贫攻坚举措，广大农民群众进一步加深了对党的感情，编排了彝族舞蹈，以文艺作品的形式表达他们对党的感恩之情。村主任杨玉勇创业致富后，受各级党组织真心帮扶该村贫困群众的感染，为了感恩党的好政策，主动将投资兴建的矿泉水厂10%的股份作为村集体经济收入；村二组一名丧偶妇女吉木尔的莫带着4个孩子，生活非常困难，通过参加农民夜校学习重拾了信心，办起了一个小超市，她自己将其取名为"感恩超市"，并动情地说："共产党就是一盏明灯，为我指路，帮我圆梦。"一组贫困户皮特五呷是聋哑人，通过农民夜校学习，学会了用手机、画黑板画及挖掘机技术。

（2）促进了贫困户就业增收

农民夜校已举办各类培训班40余期，培训村民1 500余人次，其中40余人取得了特种作业资格证。20余名村民在村里兴办的2家农家乐和1家矿泉水厂实现就业，实现月均收入1 800元；全村137名村民在外务工就业，实现月均收入2 500~3 000元。

（3）夯实了农村基层党建

结合"农民夜校"建设，启动活动室、图书室、绿色网吧等改造和建设，强化农民基层党组织阵地。把四川省安监局和喜德县政府提供的产业发展资金作为小山村集体资金注入合作社，每年将合作社收益的30%、矿泉水厂收益的10%作为集体经济分红。有了集体经济收入后，村两委定期开展走访慰问、助困帮扶，解决群众的具体问题，使农民群众切实感受到了党的温暖，村民入党的积极性明显提高。同时，借助农民夜校，常态化开展"三会一课"等，促进基层党组织生活更加规范有序，农村基层党建工作水平不断提升。

6.3.3 "移风易俗"树新风、展新貌

凉山州木里县自2016年移风易俗工作开展以来，按照"四好"（住上好房子、过上好日子、养成好习惯、形成好风气）要求，在全县开展了

"讲文明、除陋习、树新风""四好家庭""四好村"创建、"移风易俗倡树文明新风"等活动，教育引导广大农村群众和贫困群众切实增强财富积累意识、发展意识和家园意识，积极投身扶贫开发，勤学善用科学技术，苦干实干勤劳致富，建设乡风文明的社会主义新农村，让群众享受到现代文明，为建设"文明、美丽、富饶、和谐"木里做出积极贡献。

6.3.3.1 创新做法

（1）成立专门的领导机构

2016 年，木里县成立了移风易俗巩固工作推进组，由县委常委任组长，县人大、政府、政协负责人任副组长，县委宣传部等 10 个部门负责人为成员。2019 年，该推进组不断调整和完善，新组建为"木里县广泛开展移风易俗倡树文明新风主题教育实践活动领导小组"，由县委副书记担任组长，县委常委、宣传部部长，县政府常务副县长、分管副县长任副组长，县委办等 30 个涉及部门负责人为成员。领导小组负责组织开展科技、文化、教育、卫生、计生、文明"六进"活动，同时要求各乡镇均要成立相应的领导机构，以加强活动的组织领导。工作组每年制定并下发《木里县移风易俗活动方案》，明确了目标任务和主体责任，明确了县、乡、村、组、农户"四级"责任体系，将移风易俗活动和"四个好"创建工作纳入脱贫攻坚重要内容，细化目标任务，制定了移风易俗和"四好创建"考核办法和考核细则，并于年底组成考评组对当年工作开展情况进行考评。

（2）全覆盖式的宣传教育

依托科普月、世界环境日、国际禁毒日、扶贫日、民族团结月、农民夜校等形式，大力开展科技、文化、教育、卫生、计生、文明"六进"活动。先后组织开展了医疗义诊、法律咨询、健康咨询、科学技术知识宣传、禁毒防艾知识宣传等活动，集中宣传了对偏远农村较为实用的生产经营方式和医疗保健知识，给广大农牧民群众带去了家庭种植、养殖科学方法、科学的医疗保健知识和优良的思想文化。在电视台、"中国木里""木里资讯"等平台发布移风易俗倡议书、宣传资料、公益广告等。各部门、各乡镇、各行政村设立移风易俗宣传栏，张贴宣传标语，深入宣传孝老爱亲、勤俭节约、遵纪守法、健康卫生、文明礼貌等先进、科学的思想观念，营造良好的社会氛围。发动各级力量对贫困群众进行良好风尚的培育引导。充分发挥第一书记、乡镇文化队伍、巾帼志愿者、综合帮扶队、帮扶责任人、乡村干部的作用，采取入户必讲、逢会必讲形式，持续开展爱与感恩、勤劳致富、环境美化、清洁卫生等宣传教育，使群众形成健康文明的生活方式。

（3）引导群众自我管理

创新"强化领导监督、广泛宣传动员、精心组织起草、反复征求意见、依法表决备案、认真组织实施"的"六步工作法"，113个行政村全部制定了村规民约，运用村规民约强化依法治村。推广"五会"，即红白理事会、自治理事会、道德理事会、邻里互助会、环境卫生监督理事会，让广大群众把参与管理的过程变成找到自尊、树立自信的过程，让移风易俗真正变成群众的自觉行动。

（4）发挥榜样带头作用

开展"木里榜样""木里好人""凉山好人""道德模范""感动凉山十大人物"评选和宣传教育活动，先后树立"康巴信使"王顺友、"雪域卫士"仁青偏初、"高凳上的'格根'"宋衍荣、"溜索医生"陈正清、"致富能手"余显奎等17位各行业的优秀典型，这些先进人物先后获得"四川好人""道德模范""劳动模范""感动凉山十大人物"等荣誉称号。组织开展"致富明星""最美家庭"评选表扬活动以及"孝子、孝女、好母亲""孝媳孝婿"等孝老爱亲优秀典型的评选表扬活动，通过"光荣榜"展示加强宣传，充分发挥典型示范的引领作用。各行政村以文明村创建工作为契机，大力培育和践行社会主义核心价值观，推进群众性精神文明创建活动，将文明创建与新农村、幸福美丽新村建设，移风易俗，"四好"创建，社会道德风尚建设相结合，与脱贫攻坚工作相结合，使经济效益和社会效益稳步提高，违法违纪案件和刑事案件大幅减少，基本杜绝"黄、赌、毒"和邪教活动，创建了乡风纯朴、乡风文明的涉藏地区新村。

（5）创新活动惠民润心

推进"我们的节日"主题文化活动，以重要节庆为切入点，举办群众喜闻乐见的系列活动。在藏历新年、春节举办民族服饰展演、迎新春游园活动、文艺演出活动、拔河比赛、乒乓球比赛等。在"五一"和"五四"期间，分别开展义务劳动、争当优秀共青团员、舞动青春、放飞梦想联谊活动等。在"七一""八一""十一"期间开展爱国爱党教育活动。在重阳节活动期间看望、慰问离退休老干部，并开展了座谈会、篮球、羽毛球等活动。通过"我们的节日"系列活动，引导人们在认知传统文化的过程中增进爱党、爱国、爱社会主义的情感，吸引广大群众参与，营造欢乐喜庆、文明祥和、温馨和谐的节日氛围。支持各乡镇组织开展"党心连民心、脱贫攻坚心连心"活动。开展了"木里县苗族苗歌会",突出了"传承民族特色文化,讲好木里故事"的主题。

（6）良好风气从"娃"抓起

将爱国主义和移风易俗教育结合起来培养新时代好儿童、好少年、好青年。开展"清明祭英烈""学习和争做美德少年""童心向党"歌咏比赛等活动,引导广大未成年人向英模学习、向雷锋学习、向模范学习,树立心向党、跟党走的坚定信念。组织学生开展"小手拉大手、文明一起走"和"我劝父母远离赌博、封建迷信"活动,发挥了"教育一个带动全家"的积极作用。

6.3.3.2　成效启示

2016 年以来,在各类宣传活动中,共向群众发放各类宣传资料、书籍、报刊 13 万份（册）、各类科普图书 6.3 万份（册）、科技光盘 1.3 万盒。开展免费义诊活动 1.24 万余人次、科技咨询服务 2.33 万余人次,法律咨询 3 900 余人（次）。为涉藏地区农牧民群众免费送去各类药品 30 余种 2.6 万余盒。全县 113 所农民夜校授课 53 余期,参训学员达 6 万余人次,每村每月开展集体培训 2 次以上。送戏下乡 480 余场、受众 3.42 万人次,送书下乡 28 次、送书刊 2.2 万余册、完成农村电影放映 2 300 余场次、受众 9.8 万余人次。各行政村均已配齐文明聚餐场所,鼓励村民在此地操办红白喜事,进一步规范管理,有效地防范食品安全隐患,同时引领文明节俭风尚。2016—2018 年共创建"四好家庭" 28 637 户,实现了"四好"家庭创建全覆盖;获评州级"四好村" 57 个、县级"四好"村 40 个,发放"四好家庭"标牌 28 637 个。成立巾帼志愿者服务队、法律志愿者、医疗志愿者、党员志愿者、社区志愿者等志愿服务队 65 支 800 余人。建成"公共文化设施学雷锋志愿服务队"州级示范点 1 个、县乡示范点 3 个。成立村锅庄舞蹈队 113 支、农民艺术队 12 支。建设完成 113 个村级文化活动室,配套有音响、话筒、电视、电脑、点歌系统等。建成村、牧家、寺庙、社区农家书屋共计 155 个、农村阅报栏 113 个。"户户通"和集应急广播、通知、转播为一体的"村村响"工程建设实现全覆盖。

（1）建立健全移风易俗的长效机制

移风易俗是一项长期事业,必须建立长效工作机制。在此框架下,要建立健全强有力的工作专班即组织领导机构。按照共性与个性的原则,充分考虑本地文化特性，制定以人民群众为主体的行动方案。充分发挥党政主导、农民主体、帮乡驻村"五个一"责任主体作用，激发基层干部群众参与创建活动的积极性、主动性。多形式、多渠道、宽领域做好宣传工作。整合人力物力，做好保障工作，除了通常意义上的奖励或惩罚形式之外，可以尝试与有关政策待遇挂钩，比如将"先进模范"优先纳入诚信户给予信贷支持，对反面典型暂停现有政策待遇，起到奖惩激励作用。

（2）做细做深移风易俗的方式方法

开展移风易俗活动的目的是破除一些地区、一些群众的陈规陋习，而人的行为习惯和认知不是一朝一夕就能改变的。科学的认知、良好的习惯和文明的行为，都需要引导、培育和巩固，所以移风易俗活动的目标群体应为未成年人，尤其是在园、在校的学生群体，注重从幼儿时期就培养良好的生活习惯、正确的价值观和健康的人生观，加大幼儿及中小学生的素质教育和国学教育力度，将素质教育和国学教育列入主要课程予以保障，将其与文化成绩同教育、同考核，从而让社会主义接班人从小就吸收传统文化精髓和科学文明生活方式，摒弃陈规陋习。只提要求、没有配套也不行，还必须加大基础设施的建设力度，除解决基本的生活生产用水用电问题外，还要加大农村基础设施现代化建设力度，将现代化实用性的技术与设备在农村地区推广。

6.3.4 大山里走出的"状元郎"

尔吉村位于喜德县贺波洛乡，海拔 2 400 多米，共有 481 户 2 265 人，居民均为彝族，曾有贫困户 131 户 662 人，2017 年以前全村还未出过一名大学生，但近年来考上大学的学生已达 59 名。2015 年，四川省社会科学院（省社科院）开始结对帮扶尔吉村活动，创新推出"低段保供、中段强基、高段培优"教育帮扶措施。

"低段保供"即在学前教育阶段保障孩子们的物资供给，确保所有适龄儿童都能够成功入学。省社科院在尔吉村幼儿园实施营养午餐专项计划。免费入学的政策加上丰富多彩的校园生活吸引了家家户户把孩子送到幼儿园接受学前教育。"中段强基"即在义务教育阶段筑牢孩子们的学习基础，不让一个孩子因为家庭困难而辍学。省社科院建立义务教育阶段学生台账，把全村有辍学风险的学生列为重点关注对象，一对一指定帮扶责任人，针对性地帮助解决学生的实际困难。"高段培优"即在高中阶段鼓励孩子们努力学习、勇攀高峰,力争在高考选拔中斩获佳绩。在村上开办"手拉手"夏令营,选拔优秀学子走出大凉山到成都开眼界、拓视野、长知识,同时设立"大学生教育基金",为村上每位考上大学的学生提供10 000元的资助①。

6.3.5 赋能激活新"动力"

改善人居环境是实现人民群众幸福感提升的头等大事,乡村早已不是依山傍水的"世外桃源",土壤污染、水质恶劣、白色垃圾遍地、垃圾处理方式粗暴等现实问题成为守住"乡愁"的短板。而单靠硬件的投入与提升并不能解决根本问题,关键还在人的问题上。现代化生产生活方式的普及,既给农村带来了便捷与高效,也造成了环境的污染。而这种负面的影响在村民眼中不那么重要,归根结底在于他们以有限的认知与薄弱的能力无法看到或解决这一宏观命题。在鼓励外出务工的环境下,农村留守群体既需要关爱呵护,也需要鼓励发展。基于对农村治理与扶贫工作的现实考虑,在四川省社会科学院的倡导与组织下,率先在定点帮扶贫困村——尔吉村成立起妇女健康与教育互助会(以下简称"互助会"),以妇女为突破口,她们成为村级事务治理工作的参与主体之一,发挥妇女"半边天"的作用,从自身健康与居家环境等细微处着手,将鼓励、支持与教学相结合,把个人卫生、居家环境卫生、健康饮食习惯等彝区农村旧习彻底翻新;开展各类主题活动,让每一位妇女参与其中,通过"专家+妇女村民+主题活动"的形式构建起激发彝族妇女内生动力的扶智模式。

互助会发起者省社科院整合各类资源,联合当地教育、医疗、卫生、公安等部门,邀请当地种养殖能人、"乡村土专家"参与其中,以轻松愉悦的活动为载体,让每一位参与其中的村民接受健康卫生、环境、禁毒防艾、婚姻法、劳动法等实用知识。同时开展每月卫生评比的活动,以奖励卫生标兵日常生活用品的激励手段,激发村民勤打扫、讲卫生、懂礼貌的积极性。互助会成立至今,累计参与人次1万人,先后获得奖励的妇女超过百人。通过长时间的外力督促,村民们逐渐将文明卫生培养成一种内化行为。

---

① 樊邦平.7年接续教育帮扶:这个彝家新寨走出59名大学生 [N/OL]. 四川日报,(2022-08-31) [2023-03-14]. https://epaper.scdaily.cn/shtml/scrb/20220831/280514.shtml.

6.4 组织保障有底气

6.4.1 乡村党建制度化

凉山州委将建立乡村"党建月会"制作为抓基层党建落地落实的一项重要举措，在全州 3 732 个村党支部组织实行，累计召开乡村"党建月会"近 10.7 万次，规范了乡村党组织日常工作运行，确保了一线战斗堡垒作用充分发挥，为决战贫困、转型跨越提供了坚强组织保障。

6.4.1.1 创新做法

（1）"要点+清单"精准部署

针对党建工作与中心工作"两张皮"、融合度不高等问题，凉山州各乡（镇）党委每年初对照上级党委部署要求，结合实际制定年度中心工作要点和基层党建工作要点，建立责任清单，及时把基层党建年度任务细化到月、量化到村、落实到人，让 2 132 名乡（镇）党委班子成员都有明确的目标、量化的指标，切实履行党建工作"一岗双责"。

（2）"乡月会+村月会"联动推进

乡村两级的月会，均在每月第一周召开。乡（镇）月会重点解决村党支部不会抓党建、村干部开会不记笔记等问题，会前检查村党支部工作手册，会上组织学习政策理论、评估上月工作、研判社情民意、安排当月工作，会后印发学习清单、任务清单、问题清单，将党建工作抓在平时、严在经常。村月会在乡（镇）月会结束后接着召开，会前组织党员重温入党誓词，会上组织专题学习、研判社情民意、总结安排工作，通报党员缴纳党费、流动党员管理、干部纪律作风及上月重大任务落实等情况，既突出重点，又统筹兼顾，确保村党支部工作有效落实。

（3）"过程控制+满意度测评"跟踪问效

为全程监督村党支部落实"党建月会"情况，凉山州要求县乡领导干部定期参加所联系乡（镇）、村"党建月会"。每次"党建月会"均由乡党组织书记总结上月工作、安排当月工作，村党组织汇报上月工作落实情况并接受点评，倒逼工作落地落细。同时，为落实群众的参与权、知情权、监督权，凉山州简化工作程序，每年 7 月初、次年 1 月初，针对性开展满意度测评，通过联乡包村，用一次测评层层关联测算村、乡、县有关责任人满意度，结合实际进行趋势分析、客观评价。对测评结果排在前1/3的，经组织认定后作为评先选优和干部任用的重要参考；排在后1/3的，经组织认定后列入"后进"党组织进行整顿，约谈联乡包村干部，推动压紧压实责任。

6.4.1.2 成效启示

凉山州乡村"党建月会"制推行以来，《中国组织人事报》《四川党的建设》《四川基层党建情况通报》以及人民网、共产党员网、四川在线等先后予以报道。2018年5月，"乌蒙山区和大小凉山彝区乡镇党委书记示范培训班"在西昌举办并观摩"党建月会"实操。凉山州创新建立的乡村"党建月会"制，有效克服了农村基层党建与中心工作"两张皮"现象，为脱贫攻坚等重大任务的圆满完成提供了有力保障。

（1）围绕中心大局、抓住"关键少数"

农村基层党建离开了中心工作就是无根之木、无源之水。乡村"党建月会"制紧扣脱贫攻坚、乡村振兴、基层治理等中心工作，通过制定责任清单把"关键少数"拴在责任链条上，通过满意度测评实现层层关联，通过搭建平台构建起一级抓一级、层层抓落实的"抓人促事"机制，解决了农村基层党建与中心工作"两张皮"的问题。

（2）集成系统思维、明晰方法步骤

上面千条线，基层一根针。把上级要求割裂开来碎片化地落实，既增加了基层负担，效果也大打折扣。乡村"党建月会"制将组织生活刚性要求与全州中心大局深度融合，用一个会把几个会合起来套开、把几件事统起来解决，把工作要求细化为具体的操作流程，切实为基层减轻了负担。

（3）以群众满意为取向、切实提升群众满意度

群众满不满意，是检验基层党建是否取得实效的关键。乡村"党建月会"制通过定期收集社情民意、解决突出问题、回应群众诉求，每半年测评群众对党员干部能力作风的满意度，及时分析研判满意度趋势、纠偏校正工作，有效提升了群众满意度，夯实筑牢了党的执政根基。

6.4.2 机关党建与脱贫攻坚深度融合

脱贫攻坚以来，凉山州州直机关工委把扶贫工作作为重中之重，认真履行"双联"和干部驻村帮扶牵头部门责任，广泛动员和组织社会力量参与扶贫，狠抓各项工作落实，大力推进机关党建助推脱贫攻坚工作，在带

动社会扶贫、推动民生改善、改进机关作风等方面取得明显成效，为加快脱贫攻坚进程、促进经济社会发展做出了积极的贡献。

6.4.2.1 创新做法

（1）"党建助推"，延伸党建工作新触角

抓党建与经济社会、民生发展的深度融合，充分发挥党建工作服务脱贫攻坚的重要作用，延伸了机关党建工作的触角。一是抓村"两委"班子思想作风建设，广泛开展"传帮带"，指导村党支部抓好党员发展和管理；健全基层党建规章制度，整顿软弱涣散的基层党组织，规范"三会一课"、主题党日活动。每年常态化开展基层党组织"分类提升"大行动，仅2017年全年集中挂牌整顿260余个"软乡弱村"，不断增强基层党组织的凝聚力和战斗力。二是发挥政治优势，加强对农村干部群众的教育引导，加强感恩教育，开展新旧对比、各种优惠政策宣传，强化成果展示，引导群众感党恩、跟党走。深入农户开展脱贫攻坚大宣讲、大调研，转变群众落后思想观念，使群众增强脱贫致富内生动力，变被动脱贫为主动脱贫。三是结合"两学一做"学习教育常态化、三项整改"回头看""不忘初心牢记使命"主题教育，改进和加强帮扶工作。以新村、新居、新产业、新农民、新生活"五新一体"，深化"四好"活动，倡导和养成现代文明生活方式，凝聚共识，聚合力量助推脱贫攻坚。

（2）"结对共建"，构建基层治理新模式

一是组织保障，明确要求各级党组织选派第一书记，全州2 072个建卡贫困村第一书记全部到位。制定干部驻村帮扶工作方案，构建横向到边、纵向到底的责任体系。17县市都落实了县市级领导包片联点，县级部门定点帮扶贫困村，机关干部结对帮扶贫困户，形成"五个一"的工作格局。二是依托驻村帮扶"五个一"机制，开展组织联建、党员联管、活动联办、人才联育、资源联用、产业联促、治理联抓的"城乡党建结对共建"行动，推动先进理念、优秀人才、优势资本、新型产业、现代科技、惠农服务等要素资源互联互通。三是以干部驻村帮扶工作为平台，认真贯彻落实党的群众路线，帮扶单位、帮扶责任人的帮扶责任更加明确，驻村干部和村两委干部主动担当作为，将帮扶工作与社会治安综合治理、城乡环境综合整治、禁毒防艾、控辍保学等有机结合一体推进，基层治理和村民自治水平不断提高。

（3）"以购代捐"，拓宽群众收入新渠道

主要着力于帮助定点村发展农业产业、部门（单位）采购农产品及帮助寻找其他销路、多方设法变产品为商品帮助定点乡村群众增收，助力脱贫及成果巩固，立足部门（单位）和定点乡村实际组织开展活动。要求每个帮扶部门（单位）积极响应州委号召，以高于市场价10%的价格"以购代捐"购买贫困群众的农产品，开辟多元化销售渠道，大力推行"农户+超市""互联网+农户""公司+基地+农户"等模式，主动对接超市、电商等销售平台，协助贫困村、贫困户、合作社等对接各级帮扶部门单位、各地企业和爱心组织、爱心人士，签订供销合同，拓展销售渠道和销售市场，帮助贫困群众推销农产品，增加群众收入。

6.4.2.2　成效与启示

党建工作服务脱贫攻坚，既有加快贫困地区脱贫致富步伐的经济意义，又有增强贫困群众对党和政府的信任、巩固党的执政基础的政治意义。

（1）充分发挥派出单位后盾作用

做好驻村帮扶工作，不是第一书记、驻村工作队单打独斗，而是派出单位共同的责任担当。只有充分发挥派出单位的后盾作用，帮扶工作才能取得实效。必须坚持把驻村帮扶工作作为部门"一把手"工程，列入党委（党组）重要工作议程，定期专题研究，加强调度指导，及时解决问题，为第一书记、驻村工作队驻村帮扶创造良好条件、提供有力支持。只有及时与第一书记谈心谈话，打消思想顾虑，及时解决后顾之忧，才能确保其轻装上阵、安心工作；发动机关党员干部和帮扶责任人心往一处想、劲往一处使，共同为第一书记出主意、想办法，帮助其尽快进入角色、打开工作局面、赢得群众信任。实践证明，派出单位只有当好驻村帮扶干部的"娘家人"，才能让他们安心基层、放手工作。

（2）充分动员和组织社会力量

机关、企事业单位、联系领导、帮扶单位（帮扶责任人）、第一书记、驻村工作队、农技员齐上阵，形成"五个一"帮扶机制合力攻坚。只有充分动员和组织社会力量积极开展帮扶工作，才能集聚各方面力量共同推进全州扶贫攻坚和全面小康进程。只有整合帮扶资源，才能激励全社会积极参与扶贫济困，形成同舟共济、人心向善的正能量，充分体现中国特色社会主义制度的优越性。

（3）充分发挥驻村帮扶干部能动作用

驻村帮扶干部是村情民意"调研员"、惠农政策"宣传员"、脱贫致富"指导员"、基层党建"协助员"、村容整洁"监督员"，他们扎根贫困农村，服务贫困群众，不仅让贫困群众感受到了党和政府的温暖，鼓起了自力更生、艰苦奋斗、自立自强的勇气和信念，更重要的是让帮扶干部得到了锻炼，积累了经验，对巩固党的执政基础、培养和造就高素质的党政干部队伍有着极其深远的意义。

（4）充分发挥受扶县帮扶办和牵头大组部门作用

帮扶单位在各县定点村的工作情况，受扶县直工委（驻村帮扶办）最清楚。牵头大组部门承上启下、上传下达，定期召开片区帮扶工作联席会，交流工作情况，共同研判所在县帮扶工作，起到了相互了解、学习借鉴、相互促进的作用，提高了综合管理、考核的成效。

（5）践行"以人民为中心"的思想

带着感情、带着责任、带着方法，了解群众疾苦，分析致贫原因，增添帮扶措施，"一户一策""一村一品"精准施治，大力发展产业，拓宽增收渠道，真心实意为群众办好事实事，才能赢得广大贫困群众的信任，群众的获得感、安全感和幸福感才能得到不断提升，帮扶成效才会大大彰显。

6.4.3 金融助力"四带一自、五方联合"

针对凉山州金融精准扶贫工作中面临的产业基础薄弱、金融支持缺少支点、产业带动扶贫效果不突出等问题，中国人民银行凉山州中心支行（人行凉山中支）创新"四带一自、五方联合"模式并持续深入推动，集聚金融力量支持扶贫产业发展，取得明显成效。

6.4.3.1 创新做法

结合州情，中国人民银行凉山州中心支行积极探索创新，"量身定做"金融支持产业扶贫方案，出台了《关于推动凉山州"四带一自""五方联合"金融产业扶贫模式的通知》。

（1）瞄准"四带"主体，解决产业扶贫贷款投向不精准问题

聚焦农业产业园区、龙头企业、农民专业合作社、能人大户（致富带头人、家庭农场）四类产业带动主体（简称"四带"），组织金融机构全力实施信贷支持，实施利率优惠，切实降低融资成本，并运用扶贫再贷

款、再贴现等货币政策工具引导金融机构加大支持。人行凉山中支印发指导性文件，明确了扶贫产业主体认定标准、产业精准扶贫贷款投放要求和产业带动贫困户协议模板，组织州、县两级金融机构举办专题业务培训，确保主体认定精准、信贷支持到位、带动贫困户有效。

（2）推行"三合"方式，解决贫困户与产业主体的利益链接问题

推动金融机构加大对产业带动主体的培育、引导，积极通过吸纳就业、流转土地和产品购销等方式带动贫困户，以此争取扶贫优惠政策，满足融资需求。带动贫困户自愿参与、自发贷款、自主使用（简称"一自"），以合伙（入伙贫困户、合作社、家庭农场）、合作（成立并加入合作社）、合营（专合社与龙头企业协作经营）的方式，聚集信贷资源和生产要素，投入生产经营，实现扩产增收。通过"三合""一自"方式，促进企业与贫困户形成共同利益体，实现互惠互利目标。

（3）实施"五方联合"，解决金融支持产业扶贫政策保障不足问题

推动构建政府、银行、企业、保险和贫困户五方联动的保障机制。政府机构建立健全财金互动政策，以风险分摊等方式搭建平台，撬动信贷资源有效对接扶贫产业主体。全州"政担银企户"扶贫产业贷款风险保障金和乡村振兴农业产业发展贷款风险补偿金成功建立，州内部分县（市）已启动县本级产业发展风险基金筹建工作。银行、企业和贫困户推行"四带一自"模式，运用扶贫贷款带动贫困户生产增收。保险机构实施保险保证和增信。

（4）跟进考核督导，解决各方推进协调不畅问题

把金融支持产业扶贫工作列为对金融机构的金融扶贫考核和综合评价重要内容，先后多次召开推进会明确任务，签订责任书推动落实。对辖内17个县（市）全覆盖开展金融扶贫现场督导，"一对一"反馈问题短板和工作建议，推动地方党政和金融机构加强统筹协调，合力促进产业扶贫发展。

6.4.3.2 成效与启示

（1）产业精准扶贫贷款扩面增量

截至2019年末，凉山州产业精准扶贫贷款余额为50.16亿元，比2018年初增加40.74亿元、增长423.48%；贷款加权平均利率为5.01%，比2018年初下降0.1%。金融支持产业扶贫实现了州内17个县（市）全覆盖，特别是在11个产业基础薄弱的深度贫困县全部完成产业精准扶贫贷

款投放。全州发放产业精准扶贫贷款的金融机构从 2018 年初的 8 家增加到 14 家，金融支持的扶贫产业主体达到 218 个。

（2）货币政策工具得到充分运用

大力推进"扶贫再贷款+产业精准扶贫贷款""支农再贷款+产业精准扶贫贷款"模式，至 2019 年末，凉山州扶贫、支农再贷款余额分别为 15.4 亿元、7.8 亿元，比 2018 年初分别增长 88.01%、331.18%。

（3）财金互动政策推动产业扶贫成效初显

凉山州政府印发《凉山州推进"政担银企户"五方联动助推精准扶贫工作实施方案》，建立了 2 700 万风险保障金，由金融机构按 1∶10 比例放大发放产业扶贫贷款。出台凉山州《建立乡村振兴农业产业发展贷款风险补偿金制度》，推动金融支持产业扶贫工作进一步深入开展。

6.4.4 严防死守扶贫惠农底线

凉山州纪委监委在全国创新开展惠民惠农财政补贴资金"一卡通"专项清理（简称"清卡行动"），以清理"小卡片"为突破口，斩断了伸向贫困群众"救命钱""造血钱"的"黑手"，切实为脱贫攻坚护航。该举措入选中央"不忘初心、牢记使命"主题教育攻坚克难典型案例。

6.4.4.1 创新做法

以"小切口"挖出大问题。结合扶贫领域监督执纪问责工作，深入开展蹲点调研和典型案例剖析，及时发现惠民惠农财政补贴资金"一卡通"管理使用中存在的突出问题，并认真分析研判，牵头制定工作方案，协调建立州、县、乡、村四级联动工作机制，迅速推进专项清理。将清理整治情况纳入纪委监委和巡察监督重点，先后在县市和州级部门开展 3 轮次全覆盖督查，发现并督促整改问题 418 个。

6.4.4.2 成效与启示

以涉农资金为重点、建档立卡贫困户补贴为重中之重，督促州、县动员 4 万余人次，开展地毯式、全覆盖入户清查，核清"一卡通"银行卡 738 万张、补贴 61 项 96 亿元。累计纠错兑付滞留资金 1.7 亿元，督促银行兑付暂存资金 4.7 亿元，推动职能部门查找廉政风险点 140 个，借势解决群众各类困难问题 2 400 余个。建立线索处置、审查调查、追责问责"三本台账"，限期核查、销号，处置问题线索 1 820 件，做到"无积压""零暂存"。推行县纪委监委班子成员分片包案、乡镇纪委协作办案机制，州纪委监委组建 6 个提级办案组、11 个交叉办案组，严肃查处惠民惠农财政补贴领域腐败和作风问题 651 件，处分 558 人，移送司法机关 25 人，清退追缴资金 2 314 万元。全覆盖开展干部谈心谈话，敦促主动交代说清问题人员 1 790 人、涉案 3 183 万元。

牵头制定全州惠民惠农财政补贴资金"一卡通"管理办法，健全"1+N"的制度体系，推动补贴资金代理银行数、补贴卡数、资金兑付环节"三个减少"，全面优化兑付流程。创新开发建设全州惠民惠农财政补贴资金"大数据"监管平台，补贴发放全程平台内封闭运行，发放贫困群众各类补贴资金 48 亿元，实现全程规范、整体防控。

7 巩固与拓展的经验总结

从贫困的空间分布和贫困人口特征来看，中国的贫困问题主要集中在农村地区，农村人口占贫困人口的多数，当然，城市贫困人口在我国也属于一个比较庞大的群体，相对而言，农村及农民更为集中。如果继续将农村贫困人口按照空间分布和民族属性来细分，又存在"胡焕庸线"以北多于以南，这也是少数民族较为聚集的地区，比如"三州三区"就是我国深度贫困地区之一。少数民族的贫困问题，既有共性因素，也有个性因素，在脱贫攻坚战取得完全成功后，共性因素得到基本解决，而当前进一步分析个性因素（环境脆弱性、无力感和社会排斥等问题），是民族地区尤其是已脱贫地区可持续发展的关键。本书从绿色发展的理论视角出发，对民族脱贫地区的后扶与发展工作进行系统思考，通过对凉山州绿色发展的实地调查，提出在民族脱贫地区实践中存在以下几点经验性认识：

7.1 形成脱贫地区的绿色扶贫工作框架

我国民族地区的绿色扶贫大多处于探索阶段，尚未从理论和制度层面形成体系，尤其是理论、指标体系尚未成熟。当务之急是要厘清民族地区生态环境与发展的关系，对生态保护与经济发展之间的复杂联系进行探索，构建科学的生态扶贫指标体系。生态保护与经济发展二者相辅相成，生态环境作为人类活动的载体，其作用总是表现出两面性，一面是资源的供给，另一面是灾害的威胁。在数千年的历史中这一规律恒定不变。构建绿色扶贫体系，目的是制定更加清晰的、具有强制效力的行动方案，这也是处理好环境与发展矛盾关系的有效路径。要对绿色扶贫进行系统的管理，还必须建立起生态环境系统数据库，对各类生态指标形成实时的数据，可以针对民族地区这类特殊区域增设专门性指标和数据库，畅通跨部门、跨领域的数据和信息交换机制，便于政府从整体角度精准施政和为制度创新提供科学的信息参考。

7.2 绿色扶贫的地方性知识发掘与利用

回顾人与自然互动的历史，不难发现先民已经积累了丰富的成功经验，在很多民族的诗歌、仪式、节庆中都能看到保护自然的历史积淀。绿色扶贫要利用好地方性知识，例如不同民族的知识体系、教育与审美价值观、社会关系、文化遗产等。当地民族经过与自然万物的长期磨合，传统的地方文化已经能够与所处生态环境和谐共存，当地人不仅可以更好地生活，也能有效地维护区域生态安全①。例如彝族人去世后选择火化，虽然这与彝族对死亡的认知密切相关，但是从生态环境保护的角度来看，彝族人的火化行为远远超前于汉族人的土葬，尤其是在对农地占用和乡村风貌的影响上。这样的案例还有很多，这些行为习惯是历史积淀的宝贵财富，在过去技术落后的时期，只有顺应自然，才能确保族群的繁衍生息。绿色扶贫的行动方案应该将挖掘、利用地方性知识作为一项重要工作，进而激发当地群众的认同感、参与的积极性。

7.3 多样化的绿色发展方式

对于绝大多数民族地区的发展而言，绿色扶贫方式属于最优选。一方面民族地区的贫困往往都有不利的自然环境因素的影响，要么是资源的匮乏，要么是生态环境脆弱而限制开发发展，进而走入恶性循环。这也是多数农村地区人口外移就业的深层次因素，因为家乡就业需求不足，而就业需求不足，是因为贫困地区没有完整且成熟的产业发展环境。但也可以从另一个角度分析，既然发展传统工业产业不适合，那么就应该面向未来，

---

① 罗兰. 贵州少数民族贫困地区生态扶贫研究 [D]. 贵阳：贵州财经大学，2019.

突出优势，在发展与保护之间找到一条中间道路，以一二三产业为整体谋划布局，在绿色发展道路中采用多种方式。现代化农业、现代化制造业和现代化服务业，这些道路和其融合发展都可以作为民族贫困地区转型的方向。再从不同主体角度出发：政府要通过政策引导，加快地区经济发展模式的转变，企业要通过技术改善来实现转型，社会大众要通过改变观念做到行动自觉。思考这一问题，需要跳出扶贫看发展，虽然还存在短板，但要从长远利益角度分析问题；尤其是地方政府，要把开展扶贫的工作标准提高到发展的高度，在摸索中总结经验教训，从一个企业、一个村做起。对于地方政府来说，只要把握住绿色发展的方向，那么可选择的道路、模式就变得多了起来。

7.4 "政府+"生态模式的培育

生态，特指生物的生活状态，借用到治理领域中，可以理解为一种治理状态。而"政府+"生态模式，就是在此基础上多元治理主体呈现出有机组合的最优组合或状态，而这种组合或状态应该具备可持续的特性。"政府+"的模式作为一项治理创新实践，得到了各级政府的追捧。从认识逻辑上，缓解了政府与社会的对立局面，弥合了"大政府、小社会"的张力，营造出开放、包容与合作的局面；从行动逻辑上，各司其职特别适合对效率的追求，同时还能降低行政的风险。但从实际操作层面来看，"政府+"模式的生态性仍然处于萌芽阶段。以现代循环农业产业园为例，对于政府、企业、村集体、合作社和村民的利益联结模式，政府在这里面扮演着十分重要的角色，在话语结构中完全处于主导地位。政府牵线搭桥、整合涉农资金、出台优惠政策等，既出力又出钱，企业出资、出技术、撬动市场，村集体对接上下关系（更多的是各方需求），协调各方确保项目顺利落地实施，村民出地、出力。单从理论模型的标准来看，这已经足够接近最优组合的状态了，但从实践层面来看，任何模式的发展与变化都处于一种不确定性状态下，该模式在起步阶段会使各主体保持一种高关注、高参与和高响应的状态，政策的推动、舆论的关注、市场的迎合，都会起到放大优势作用，遮掩了缺陷。例如生猪代养场采取两套管理模式，最大的代养场从管理人员到工人全由企业派驻，当地村民只能参与其余6个小型代养场的基础工作，这是企业的"算盘"。这也充分说明了各方主体最终都会回归理性，以利益为中心做出有利于自己的决定。这样一旦发生利益冲突时，各方主体极易对立，而市场行为本就具备风险性的特点。其实这类模式失败的案例比比皆是，尤其是在贫困地区，在法治建设不足、市场观念缺乏、专业技能薄弱、公共配套薄弱和本地社会关系网络（熟人社会、家族势力、利益集团等）发达的情况下，从模式到践行还需要很长一段路要走。当前，要注重因地制宜、构建"政府+"的模式，同时要更加注重"政府+"模式的可持续性。政府在这一模式中不仅要发挥功能性作用，还要在制度建设、监督上发挥引导作用。在走过了培育阶段后，应该尊重市场运行规律，让各市场主体在制度性和道德性的框架下运行，这样才能可持续。而且，在贫困地区，单方面攫取当地资源、套取政策红利甚至剥削当地劳动力的现象应该坚决依法制止，对贫困地区的市场主体也应该秉持既发展又扶持的原则使其履行社会责任。最后，还要加强新型经营主体的缔造，加快本土化人才的培育。

7.5 主体能力的梯度建设

国家治理能力现代化建设的根本在于治理主体的能力建设，而治理主体的多元化特征决定了能力表现方面的差异化结果。在自上而下的治理能力现代化的构建过程中，处于结构上层的主体往往在信息获取与能力匹配上表现出令人满意的结果，而结构中越往下的治理主体，其能力越弱势。而自下而上的现代化探索，因个体差异性太大，结果总是不够令人满意。以妇女健康与教育互助会为例：互助会作为一种创新形式，对本身缺乏外部信息交流平台的彝族妇女来说具有极大的吸引力。最主要的吸引力在于以妇女为参与主体的互助会使得当地彝族妇女体验到了从未有过的自我价值感。对于长期埋没在生产生活中的她们来讲，互助会就像一种自我意识觉醒的催化剂，所以互助会的工作得到了她们大力的支持。这类主题性质的活动在基层社会一般都很难召集，但是互助会每次的活动都能聚集众多村民，有些妇女还盛装出席。这说明了"内容大于形式"是致胜关键。互助会能够得到村民的支持和维护，关键在于成立了互助会的理事会。理事会在成立之初就明确要求除互助会的创立者以外，其余成员全部由当地村民民主推荐产生。理事会激发了村民自我管理、自我服务、自我监督的治理能力，当然这既需要专业人员有序引导，也需要保持动态调整。这也是本节想要进一步探讨的问题，即随着村民的参与程度不断加深、自我觉醒意识不断增强，我们所开展的任何形式和内容的行动应该适时调整。正如每个人进入学校接受教育一样，应该是不断朝着更高阶的方向前进。但是在基层社会的实践中，要做到这一点很难，要破解活动形式化、专业化资源匮乏、保障不足、参与持续性差等问题。要解决以上问题，单单依靠政府、社会团体或某一个强人能人都难以影响整体局面，还是需要从原子化的独立个体入手，从做小做细开始。尤其是在脱贫攻坚以后，物质需求逐步让位于精神需求，对于个体而言，美好生活中的"三感"（获得感、幸福感和安全感）将会是"满意度"的重要指标。

7.6 注重环境保护与开发的有效性与有限性

随着全球气候问题凸显，生态保护与修复已经成为一种全球性话题。对于中国农村地区，尤其是生态脆弱性程度较高的贫困地区，党的十八大以来，党和国家高度重视其生态环境问题，在乡村振兴战略中明确指出生态宜居是关键。推动农村生态环境治理与建设是实现农村脱贫的重要手段，而当前农村的生态环境问题面临着历史旧账与未来挑战双重压力。一方面，过去粗放式的生产方式所埋下的隐患正逐渐显现，例如滥砍滥发、农药化肥的过度使用、牲畜家禽粪污处理不当等；另一方面，现代化生活方式的改变又衍生出新的问题，如白色垃圾泛滥、传统工业向西向内地向落后地区转移、地质灾害频繁等。从现实角度来看，这些问题越积越多，农村环境问题有日益加重的趋势。在地方政府的招商"竞技赛"中，地方政府对一些企业项目缺乏有效的环保论证，而百姓缺乏对潜在污染源的发现能力与应有的重视。例如在一些村落，村民对环境的保护存在着主观偏好，对水源地的保护、对耕地的爱惜、对院落环境的重视，与过度使用农药化肥、地膜，公共空间塑料垃圾遍地等行为形成强烈的反差。对于农村地区的环境工作，我们既要看清形势，也要找准方法。在调研中我们也看到许多值得深思的现象，例如在校学生是有环境保护意识的，但是现在的环境问题不可能等到他们这一代人长大成人后去解决。我们应该思考为什么未成年人的环境保护教育是成功的，而对成人的相关教育却是低效的。不能片面地以经济因素来解释：我们知道对于绝大多数村民而言，都希望自己世代居住的地方山清水秀。回归到绿色扶贫的主题上来看，对现实生态环境的合理有效利用与保持生态环境的可持续性，既是对经济发展规律的尊重，也是对未来社会的责任。有学者常用"小农思想"来形容农民注重眼前利益的行为，这显然过于片面，甚至是一种偏见。

8 构建脱贫成效的"绿色"长效机制

"实现巩固拓展脱贫攻坚成果同乡村振兴有效衔接"是"十四五"时期经济社会发展的主要目标。随着我国脱贫攻坚战取得全面胜利,巩固拓展脱贫攻坚成果需要在全面推进乡村振兴战略实施背景下统筹安排。绿色扶贫不仅符合"巩固拓展脱贫攻坚成果同乡村振兴有效衔接"的政策要求,而且是现阶段我国生态文明建设的现实路径。绿色扶贫从属于国家发展战略框架,并不是一个独立的单元。要推动民族脱贫地区向绿色发展转型,就要主动将扶贫对接到乡村振兴、生态文明建设等国家治理的目标要求中去。习近平总书记曾强调,精准扶贫要打好"组合拳"。要形成绿色扶贫的长效机制,促进脱贫地区实现绿色发展转型,就要求在贫困治理过程中破除碎片化,加强部门联动,建立合作机制,形成绿色治理制度合力,将巩固拓展扶贫成果与生态环保价值实现联结,这是推动脱贫地区内生可持续发展的重要内容。

8.1 建立可持续的政策保障机制

8.1.1 强化科学谋划与统筹协调的规划制度

绿色发展要成为各级党委的核心议题和各级政府的主要工作,要加快构建党委领导、政府多部门协作的绿色扶贫规划制度体系。例如,在省级、市级和县级层面上要编制绿色扶贫总体规划,逐步引导和推动各地因地制宜确定发展路径,对绿色产业发展方向、重点和规模开展科学论证与设定。要建立健全生态扶贫激励机制、财政投入动态增长机制和金融支持机制等,要优化生态扶贫考核机制,加强乡村振兴战略、耕地保护制度等与生态扶贫政策的衔接,为绿色发展提供制度保障。探索建立省市州、区县的绿色(扶贫)发展联席会议制度,确立部门管理事项有相应的宏观调控机制及监督协调机制,统筹乡村振兴资金和生态建设资金,最终实现生态保护与扶贫开发的有机统一[1][2]。

8.1.2 筑牢绿色金融保障体系

要发挥财政资金的撬动作用,要筑牢绿色扶贫金融保障体系。一要建立以引导性财政资金为基础,受益者合理分担、吸引社会资金参与的资金筹集机制,充分利用政策性银行长期贷款等市场化机制来扩大资金来源[3]。加强保险与信贷联结,创新特色保险品种,发挥保险对贫困户的风险分散和信贷增信作用。二要大力推进两权试点工作,深入挖掘生态资源的经济价值,要针对分散的农户较难直接向银行进行抵押获得融资等问题,以行政村为单位,帮助搭建经济合作平台,设立村级担保基金,并建立资产评估、收储担保和风险防控机制,为自然资源产权抵押贷款提供合理支持。三要强化政策工具运用和引导,积极探索"央行扶贫再贷款+银行+企业(项目)+农户"的"四位一体"的精准扶贫模式,通过精准对接建档立卡贫困户发展需求,发展绿色农业、生态康养、民族文化旅游等特色产业,发挥产业带动效应。四要积极开展银政企融资对接,可以采取一企一策、点对点帮扶等多种举措,通过加大信贷产品创新力度,不断提高与农村经济主体用款需求的匹配性。

8.1.3 完善生态补偿的机制建设

对贫困地区实施生态补偿,是我国扶贫工作中积累的有效经验。但长期实施也使当地居民产生了一些依赖思想,所以需要调整目前转移支付的方式,通过"劳有所获"的方式引导广大农户参与当地的生态修复和保护

---

① 刘春腊,徐美,周克杨,等. 精准扶贫与生态补偿的对接机制及典型途径:基于林业的案例分析[J]. 自然资源学报,2019,34(5):989-1002.

② 胡学英. 欠发达地区生态扶贫实践研究:以江西为例[J]. 湖北经济学院学报(人文社会科学版),2020,17(10):8-11.

③ 肖文海,蒋海舲,夏煜. 深入推进生态扶贫[N]. 中国社会科学报,2018-11-02(5).

工作。贫困地区生态补偿必须强调机制建设，单一的生态补偿政策、措施难以保障补偿制度的实效性，贫困地区的生态补偿应该法律化、制度化。目前，我国生态补偿专门立法和反贫困立法都处于空白状态。一方面，我国还没有出台生态补偿专项法律，生态补偿的精神和理念散见于各个相关的法律条文，缺乏纲领性的指导，实施生态补偿的法律保障力不足。另一方面，我国也没有反贫困的专门立法，有的只是相关政策，如《国家"八七"扶贫攻坚计划》（1994—2000）、《中国农村扶贫开发纲要》（2001—2010）和《中国农村扶贫开发纲要》（2011—2020）。虽然政策具有针对性强、反应及时的优势，但行政扶贫的临时性和不确定性会妨碍扶贫的长期性和持续性。法律具有强制力和稳定性，能克服行政性扶贫的固有缺陷，反贫困立法应是长久之策。不管是生态补偿立法，还是反贫困立法，都应该设立专节或用专门条文规定贫困地区生态补偿责任、标准、方式等问题，使政策法律化。贫困地区生态补偿机制的建设除了立法外，还应包括相关制度建设。与贫困地区生态补偿相关并具有补充完善功能的制度主要有财政转移支付制度、激励制度、流域管理体制、环境税制度、水权交易制度、宣传教育制度等，更重要的是要正确、有力地实施法律。这些制度建设和实施到位了，才能切实保护贫困者的利益。从贫困地区生态补偿的实践来看，资金来源主要包含国家和各级财政的专项投入以及对破坏流域生态环境的政府、企业、个人处罚缴纳的罚款。但是单靠政府的投入和罚款所得到的补偿资金非常有限，应该引入社会和市场的参与，加大社会公益机构和广大民众对生态补偿的捐助和资助。同时积极吸收国际组织的项目资金，做大生态补偿资金的"蛋糕"①。

8.1.4 设立多方考核与奖惩机制

考核评估是检验扶贫工作效果的关键环节。科学合理的评价机制是一种促进手段，可以有效推进工作开展，提升参与者的积极性与责任感，最终促进工作质量的提升。具体来说，考核评估包括群众评价、政府部门评价、专家评价，是否实现绿色惠民和绿色减贫脱贫目标是三方面评价的基本依据。要在百姓、政府和专家组之间建立良好的沟通渠道和反馈机制，形成有效的双向反馈机制，及时发现和解决实践过程中存在的问题以改进

---

① 徐丽媛，郑克强. 生态补偿式扶贫的机理分析与长效机制研究［J］. 求实，2012（10）：43-46.

绿色扶贫工作，同时还要总结提炼有价值、可推广的经验做法，以此作为绿色扶贫工作奖惩的重要依据。

一是群众评价。人民群众是政府扶贫开发活动的直接参与者和体验者，是绿色扶贫工作开展的具体对象。对扶贫工作的评价要体现出人民群众在体验的感受和体验后的收获，落脚点在于构建科学的、易操作的综合满意度评价体系，这正是"以人为本""以民为本"扶贫理念在评价机制中的体现。综合满意度是人民群众在绿色扶贫共享发展过程中所享受的优惠政策和物质或精神方面得到的满足和提升。人民群众的综合满意度包括居住环境、工作环境、物质和精神需求满足状况、个人或家庭的收入情况等。为更真切呈现人民群众在政府扶贫工作过程中的体验，就要逐步建立合理的评价标准。在扶贫工作评价中，要凸显人民群众的生活水平提高、居住环境提升和改善、精神面貌焕然一新，并重点突出扶贫工作实现"输血"功能向"造血"功能转化、增收渠道更加多元以及家庭平均收入稳定提升等方面的评价，以提升人民群众内心的获得感、满足感，使人民群众切实体会到生态扶贫带来的巨大收益，进而感受到参与绿色发展的重要性。

二是专家评价。专家在绿色扶贫工作中具有主导作用，为政府全面开展绿色扶贫工作提供必要的指导和帮助，专家指导作用发挥的功效大小与绿色扶贫开发工作效果的好坏有密切关系。因此，在扶贫评价构建过程中应加强对专家组指导作用的评价，以合理的形式把工作组指导政府投入生态扶贫的实践进行量化，并将之作为业绩考核的重要内容。把百姓增产增收与专家指导性工作同时都作为评价的基本内容，完善专家指导扶贫工作的评价内容和评价方式。将专家指导绿色发展工作的成效纳入其业绩考核和评价体系。目前，专家组指导工作的考核内容主要侧重于工程设计、风险管理、指导效度和团队素质等方面，在扶贫工作中形成专家组指导性评价机制，需要将专家组参与生态建设中的积极作用分解到各个环节，真正发挥和体现专家组的重要作用。对专家组的指导性评价应采取多元化的评价方式，即定性评价与定量评价相结合的方式。

三是政府部门评价。政府是绿色扶贫工作的组织者、推动者和守夜人，为推动扶贫工作的深入开展，需要将之纳入政府工作考核，以确保政府脱贫成效评估的目标导向。政府脱贫成效评价的目的是推动政府转变扶贫观念，明确工作思想，加大经费投入和体系建设，提高工作质量，促进绿色扶贫开发工作的内涵式发展。要把绿色扶贫纳入政府乡村振兴业绩指标的整体架构来考量，在评估目标设计上，以压实责任为抓手，强化组织领导，牢牢坚持"标准不降、力度不减、力量不散"原则。此外，要把绿色扶贫的督查工作纳入评估，对重点扶贫项目推进、扶贫资金使用、扶贫政策落实、专家工作组指导情况、产业实施效果进行常态化督促检查，及时发现工作中存在的突出问题，并通过常态化、多元化、制度化方式推动绿色扶贫工作落地落实①。

8.1.5 完善退出机制和返贫预防机制

在总结精准扶贫阶段的经验基础上，为了杜绝"争戴穷帽"等现象，充分发挥财政资金的效能，对于帮扶县、村、户，需要完善绿色贫困退出机制，严格考核评估的指标和程序，科学界定帮扶县、村的退出标准，科学设置贫困户的评价指标，既要反映扶贫的成效，又要确保基层部门减少漏评、错评、漏退、错退等情况，充分考量可持续发展基础。同时利用各种保险工具帮助家庭和个体规避返贫风险，综合利用社会保障体系、社会互助、商业保险等手段搭建全面的返贫预防机制。

8.1.6 探索绿色发展先行先试的创新机制

对于有条件的地区，要突破现有思维模式，借鉴国外绿色市场的有益做法，下放权限试点，逐步打通生态资源资产化、生态资产资本化有效渠道，推动"绿水青山"与"金山银山"的双向转化。创新生态资源资产化制度，例如要加快建立现代产权制度，抓紧做好山、水、林、田、湖、草等各类自然资源确权登记制度，逐步深化所有权、承包权、经营权"三权分置"改革，要建立权、责、利相统一的"权利清单"。创新生态资产资本化制度，核心是要发挥资本市场作用，要大力推动绿色金融改革，界定并建立绿色产业目录和绿色项目库，加快完善环境权益交易市场，深化水权、排污权、用能权、碳排放权等环境权益交易制度改革，形成促进生态环境治理和绿色产业发展的市场化体系。

---

① 陈怡帆. 新时代生态扶贫工作效能机制探究［J］. 福州党校学报，2019（1）：47-52.

8.2 完善多主体协同治理的参与机制

协同治理是指政府主体、市场主体和社会主体相互协调、共同作用，有效处理公共事务的过程。在实际工作中，各参与主体的地位取决于其发挥的作用大小，而扶贫工作中各方作用的大小一目了然；照此逻辑，一家独大或本末倒置还会发生。那么，绿色扶贫应借鉴协同治理的思路，即在尊重政府、市场和社会主体的绝对地位的前提下，尽可能将各方功效释放并整合为绿色发展的动能。

8.2.1 发挥政府在协同治理中的关键作用

政府不仅发挥着政治职能和社会职能，也在资源配置、生产、流通、消费等社会经济生活的方方面面起作用。在市场经济条件下，政府是除了企业和家庭私人部门之外的公共部门，对国民经济运行和发展有着重要的影响。绿色扶贫既要考虑经济运行的收益与成本，又要考虑生态环境的负荷和状态、社会的公正和公平，这需要政府制定科学合理的秩序规范，提供优质的管理与服务，发挥在协同治理中的关键作用。

新中国成立以来，解决"三农"问题始终是国家推动贫困地区、农村发展的重中之重，党和政府开展了大规模的扶贫、减贫行动，先后提出了坚持科学发展观、建设社会主义新农村、加强生态文明建设、构建和谐美丽社会、新发展理念等一系列生态环境与经济增长的战略决策和发展理念。国家的政策供给和方向影响着扶贫参与者的行为。因而，只有构建国家、市场与社会三者的协同与平衡机制，才能引导市场和社会参与精准生态扶贫工作，促使各项扶贫举措贴近实际需求，扶贫技术与模式才会不断创新，扶贫的社会组织才能不断产生。

8.2.2 调动市场主体的积极性

通过发挥市场主体作用，推进脱贫地区、人口走市场化、社会化和产业现代化的经济增长之路。要通过市场机制来促进扶贫主体和对象的社会地位平等。另外，要通过市场规律的作用，强化社会保险等机制，增强脱贫人口抵御风险的能力，减少因病、因灾等返贫现象发生。绿色扶贫要利用市场的竞争机制和价格机制，更好地调动脱贫人口对绿色扶贫的积极性和创造性，更广泛地吸引其参与决策、执行、反馈等全过程；也要利用市场机制信息反应灵敏的特征，及时为脱贫人口和市场搭建"桥梁"，及时、准确传递各类有用信息，引导其按照市场需求安排生产。绿色扶贫应重视市场对生态资源开发和利用的优势作用，加快脱贫地区资源普查和资源开发单独立法工作，更好地适应生态资源和生态资本转化的潮流，积极推进生态产品市场化和资源产权制度等改革，通过立法划清市场主体在脱贫地区"可为"与"不可为"的边界。

8.2.3　大力发挥社会组织的价值

要注重全社会动员，积极开发社会志愿性资源，培育充分开放的竞争性扶贫公益市场，引导家庭、社区、社会组织共同投入绿色扶贫事业，探索"公私合作的 PPP 模式""以工代赈资产变股权、贫困户变股民"的资产收益扶贫新模式，调动政府、民间资本、行业资本和社会资本形成合作伙伴关系，改善贫困人口的社会环境、社区交往方式、经济收入方式，为贫困人口融入社会提供更多机会。要建立有效激励机制，发挥各民主党派、无党派人士、工商联等的积极作用，使他们积极投身生态环境保护、绿色产业发展；要以乡情乡愁为桥梁和纽带，动员和吸纳社会各类技能人才，通过包村包项目、投资兴业、行医办学、捐资捐物、法律服务等方式灵活开展扶贫志愿活动。要推动社会组织（力量）参与绿色扶贫法规法律的制定，维护其合法权益，强化对其投入扶贫领域行为的监督。

8.2.4　充分调动人民群众的力量

在整个扶贫过程中，人民群众是最复杂而又最重要的主体。扶贫作为一种互动行为，受助者既是帮扶资源的接收者，也是资源转化为发展效能的反馈者；好的政策能够顺利实施，好的项目能够成功落地，都离不开群众这一主体的积极参与。扶贫的终极目标就是消除贫困，而作为贫困载体的人，只有消除自身致贫因素，并形成良好的发展意愿和能力，才能体现出扶贫的价值意义。绿色扶贫因其绿色发展的理念，更强调"人"的主体性、能动性，所以要充分保障人民群众的参与权、决策权、发展权的运用，要明确作为被帮扶主体的责任义务。

8.2.5 建立共治共享共担机制

生态保护和贫困治理两项工作都具有公共产品属性，要鼓励、引导社会各界参与，凝聚共治共享的强大合力。脱贫攻坚阶段的扶贫工作由政府主导推动，参与主体较为单一。在全面推进乡村振兴的背景下，要加快构建以政府为主导、主体多元化与运行市场化的绿色扶贫体系。同时，要建立健全利益联结机制，以农户的稳定增收为核心，强化产销对接，创新农户参与形式，打通各环节参与机制，加强对市场风险的防控，让绿色产业发展有效惠及广大农户，避免一股了之、一分了之和一家独大的局面发生，加强区域性规划布局，以市州宏观布局为主、县域细分为辅，形成产业互补。当然，有市场的地方就存在风险，对于市场风险引发的产业风险，需要为农户、企业等产业发展主体建立一套稳定持久的风险共担机制。

8.3 完善法治保障机制

8.3.1 政府：依法行政

严格实行规划先行制度。绿色发展规划是指国家以绿色发展为宗旨，以环境容量和环境承载力为基础，在一定时期、一定地域范围内，为确定绿色发展的基本目标所做的总体部署。绿色发展规划是引导和规范生态扶贫活动的基本依据。根据国家有关部委发布的《生态扶贫建议方案》，应"牢固树立和践行绿水青山就是金山银山的理念""把精准扶贫、精准脱贫作为基本方略"，坚持扶贫开发与生态保护并重，采取超常规举措，从"加强重大生态工程建设""加大生态保护补偿力度""大力发展生态产业"三个方面统一部署、分步实施。为使这一绿色发展规划落地实施，国务院和地方各级人民政府编制了专项性和区域性的规划，并就生态扶贫规划确定了约束性指标，对各类主体的法律责任做出了明确规定。

8.3.2 企业：保障发展权益、明确社会责任

企业对经济、环境、社会可持续发展目标的达成有着重要的影响，企业社会责任的构建与完善是达成可持续发展目标的重要环节。在绿色发展理念的指引下，企业对贫困地区的生态环境保护、自然资源合理利用承担

着不可推卸的社会责任。然而企业社会责任是当前一个颇具弹性的议题，因此，有必要加以制度规约，以保证其切实践行。具体而言，生态扶贫企业社会责任制度的建构，应重点关注两方面的问题：一是发挥政府的行政指导功能。通过政府的行政指导行为，引导企业树立绿色发展的社会责任感，将经济效益与社会环境效益统一起来。二是发挥市场激励与法律规制的作用。通过市场激励手段，鼓励企业积极介入绿色开发项目、采用现行法律规定的环境标准上限执行。同时，法律应明确企业的生态环境保护义务，促使其承担社会责任。

8.3.3 公众：确保发展自决权的行使

不论是在扶贫开发的行为逻辑中，还是生态环境保护的行为逻辑中，社会成员都发挥着基础性的作用。尤其是在二者矛盾的边界地带，在经济发展与环境保护的双重导向下，社会公众虽然一开始可能存在着只追求眼前利益的行为，但是历史的车轮终将走向光明之路。所以，在尚未发生矛盾冲突的阶段，应更多地强调公众参与。社会公众特别是贫困主体对生态环境质量的优劣最为关注，贫困地区的开发利用，不仅影响其环保利益，也关乎其经济利益乃至生存状况。公众参与是正当程序原则的基本要义和具体体现，也是扶贫开发和生态环境保护的客观需要，公众通过参与表达主张，促使生态扶贫决策体现利益平衡[①]。政府和企业的行为主体具有流动性的特点，而当地居民显然更具稳定性，在对当地环境开发与保护的事业中，他们才是"主人"。

8.4 构建互惠互利的绿色产业发展机制

习近平总书记指出："一些地方生态环境资源丰富又相对贫困，更要通过改革创新，探索一条生态脱贫的新路子。"[②] 民族地区要立足资源优势，通过采取"保护+发展"的产业模式，大力开拓特色产业，以实现致富的目标。

---

① 肖磊. 绿色发展理念下生态扶贫法治保障研究 [J]. 法学杂志，2019，40 (5)：39-47.
② 中共中央宣传部. 习近平新时代中国特色社会主义思想三十讲 [M]. 北京：学习出版社，2018.

8.4.1　因地制宜布局绿色大产业格局

真正的绿色扶贫绝不能以牺牲生态环境为代价，而发展绿色产业就是将产业扶贫与生态建设相结合的最好形式。要培育和发展绿色农业。继承和发扬传统农业精华并采用现代农业科技，调整优化农林牧副渔产业结构，将区域内可持续发展的战略目标与农户微观经营和脱贫致富结合起来，通过调整区域产业布局、优化农牧品种、退耕还林等措施，保护和改善农村生态环境，提高土地综合开发效益。要大力发展绿色工业。处理好企业发展与自然资源保护之间的关系，因地制宜，加速新能源开发，发展循环经济。按照"低开采、高利用、低排放"的原则，依靠现代技术和管理模式，鼓励民营企业布局绿色产业链，大力扶持和开发特色生态产品，建立以无污染、节能为特征的工业生产与加工生态系统，实现经济与环境的双赢。要合理开发和利用绿色资源，发展服务业。如实施生态旅游扶贫工程，既实现了旅游经济增长和生态保护双重目标，更带动了参与主体的积极性，使其成为生态旅游项目的受益者[①]。

8.4.2　大力发展绿色企业

绿色企业是一种全新的发展理念，而绿色管理则是企业主动适应绿色发展这一新型发展模式的主动作为。一般来说，绿色企业应坚持绿色管理理念，将绿色发展理念融入企业管理的全维度与全过程，努力使企业的经济效益和环境效益达到最优化的状态。绿色企业遵循着"节能减耗、环境友好"的原则。在产品生产过程中，通过绿色设计，从源头、生产过程、终端控制废物污染物的产生，特别是产品完成使用功能后可以作为生产和再利用的原材料，最大限度地减少废物和污染物的排放，大大提高资源的利用效率。当然，这需要技术上的突破。创建绿色企业要树立绿色价值观，运用绿色技术，最大限度地循环利用资源，把绿色发展理念贯穿到企业生产以及营销等各个环节，建立一个多层次的绿色发展体系。这里面，尤其需要从以下7个方面着力：

一是要生产绿色产品。绿色产品不仅仅是指纯天然产品及其加工产品，还包括在研究设计、加工制造、销售使用甚至回收利用全环节对生态

---

① 史云贵，刘晓君. 绿色扶贫：基本内涵、演变逻辑与实现路径 [J]. 长安大学学报（社会科学版），2017，19（5）：98-106.

环境无危害或者危害较小的产品，它们符合具体的环保要求，有利于资源节约和再生。生产并提供绿色产品是绿色企业的重要标志。这要求从设计到生产和成品的全过程都要保障践行不污染环境、节约物料资源、减少排放废弃物、加大回收再利用、采用清洁工艺及合理包装和服务等绿色环保理念。二是使用绿色技术。这是指在生产产品和提供服务的过程中，采用能够做到节约资源并避免或减少环境污染的技术。绿色技术的推行是建设绿色企业的核心内容。从总体上看，绿色技术可以分为两种，即后期终端处理技术与先期污染预防技术。研究和推广绿色技术是解决能源消耗大和环境污染加重等问题的有效途径。不仅如此，应用绿色技术还能够提高企业经济效益，提升企业社会认可度，在不牺牲环境的前提下实现企业的可持续发展。可以说，运用绿色技术是绿色企业的关键。三是推行绿色生产。在产品的设计、制造过程中持续应用"减少原料、重新利用和物品回收"的原则，以节约能源、降低消耗、减少污染为主要目标，以技术进步和管理手段创新为抓手，通过对生产全过程的生态审计，选择并实施相关的污染防治措施，以减少对人类自身和自然生态环境的危害，从而最大限度地降低环境污染，提高经济效益。绿色生产还包括节约原材料和能源、减少污染物的排放、加强安全管理、防止事故发生等。绿色生产应贯穿于两个"全过程"：生产组织全过程和物料转化全过程。四是开展绿色营销，虽然营销是一种管理行为，但在这一环节中可以识别、预测和满足社会需求，并带来企业利润。将绿色发展理念作为核心指导，在市场预测、市场调研、产品开发与价格制定等各个环节维护生态平衡、注重环保，从而使企业的发展符合消费者的需求和公众的利益。具体来说，绿色营销不仅包括收集和整理绿色信息、研究和运用绿色技术、开发和生产绿色产品、实施绿色促销、制定绿色价格策略、选择和疏通绿色渠道等，还包括宣传和梳理企业的绿色形象，最重要的是在营销活动中将绿色的价值理念传导给消费者群体。五是实施绿色管理。作为管理模式，绿色管理是指将环境保护的理念融入企业管理的各个层面，包括运营、管理、技术研发、服务、市场等方方面面，即企业在追求自身经济增长的同时，将保护环境的责任纳入企业的经营方针和考核体系，建立相应的环保部门，进行相应的环保绩效考核，监督员工的环保行为，并通过具体的环保管理行为来实现社会和环境的可持续发展。六是重视环境责任。一般的传统企业秉持利润最大化、成本最小化的经营理念，对环境的关注较低甚至忽视环境。绿色企业不仅对利润有所追求，同时还肩负对环境的责任：既有保护的责任，也有带头保护的社会责任。作为社会主体，企业在环境保护与治理的活动中越来越扮演着举足轻重的角色。一方面，企业应对环境保护负有主要的责任，因为其活动对环境的影响最大；另一方面，企业也是连接政府、社会成员主体的桥梁。

8.4.3 开发具有市场竞争力的特色产业

我国民族地区普遍具有奇特而神秘的自然生态和人文景观，这也奠定了其"人无我有"的天然开发优势。民族地区第三产业在扶贫中的作用已经为国内外众多学者所公认。以发展民族特色旅游产业为例：一方面，旅游业具有较强的综合性。发展旅游业能够高效和充分地利用民族地区丰富的自然资源和人文资源，打破"生态资源诅咒"，真正将自然资源转化为经济效益。另一方面，旅游业还具有较强的关联性。旅游业巨大的经济辐射作用几乎能够带动第三产业中的所有行业，进而形成产业链条。而且伴随各行业规模不断扩大，企业集聚效应凸显，还会吸引大量国内外企业投资与合作，以赢得良好的生态效益、经济效益和社会效益。民族地区生态旅游扶贫工程必须注重产业延伸，实施旅游产业立体发展战略，可以确保整个产业链的共同推进和全面发展[1]。不同民族都有属于自己的独特文化，这些文化凝聚着他们各自的智慧和生活体验。民族文化的"民族性越强，越具有特色，差异化竞争力也越强，越容易形成特色产业"，如民族工艺文化、民族村寨文化、非物质文化遗产等。充分发挥民族文化资源优势，既能丰富人们的精神生活、推动"精神脱贫"，又能"实现文化与产业的深度融合，让文化成为资本，成为产品打入市场的优质符号……成为地方招商引资的靓丽名片，成为经济活动的活要素"[2]。这些都是民族地区发展旅游业的底气。需要特别指出的是，在不适宜发展旅游业的地区，应结合自身特色，合理规划布局，避免盲目跟风。例如，在大健康背景下，民族地区独特的中药材资源具有较大的发展潜力。数据显示，在全国 9 812 种

---

① 马立志，吴美川. 新时代民族地区绿色扶贫现实契机与实践路径 [J]. 石河子大学学报（哲学社会科学版），2019, 33（6）：22-29.

② 李忠斌. 民族地区精准脱贫的"村寨模式"研究：基于 10 个特色村寨的调研 [J]. 西南民族大学学报（人文社科版），2017, 38（1）：9-16.

药用植物目录中，桂、贵、蒙、青、藏、新、云、宁八省（区）的品种覆盖率分别达 41.1%、40%、10.2%、14.9%、14.9%、20.5%、48.5%、9.35%。

8.4.4　完善利益联结机制

如果说产业扶贫是稳定脱贫的根本，那么利益联结机制就是产业扶贫的核心。它就像管道，起到运输的作用。可以依托当地主导产业，重点项目和农业龙头企业、合作社等新型农业经营主体，聚焦生态农业、生态工业、生态旅游业、健康养生业等多元产业，统筹各级财政专项扶贫资金，整合涉农资金，撬动金融资本，引导社会资金，通过新建、改（扩）建和合作入股等方式，建设一批产业扶贫重点项目，培育一批不同层次的扶贫重点示范企业（基地），形成多条生态产品价值实现路径。要根据实际创新多种模式，不断完善收益分配和利益联结机制。

深入推进"龙头企业+贫困户"的产业发展带动模式。通过签订帮扶协议，采取土地经营权流转、量化入股、订单农业、经营权托管、技术承包服务、劳务就业等多种方式建立合理的利益联结机制。可以采取种、养、产、供、销一体等多种方式、渠道，不断提高农户生产的组织化程度和风险抵御能力。要积极发展"新型经营主体+低收入农户"的产业发展共享模式，通过签订协议，以包购包销、入股分红、管理培训、技术服务等多种方式加强合作联结，通过共享市场资源，共享技术支撑，共享信息平台，实现新型经营主体和建档立卡贫困户共享发展。要大力发展"致富示范户+低收入农户"的产业发展互助模式，倡导致富示范户帮助低收入农户，依靠种养结合、经销农产品，发展庭院经济，逐步实现稳定脱贫、增收致富。要着力推进"旅游+农业+低收入农户"的产业融合模式，要依托旅游和生态资源优势，积极引导低收入农户融入旅游龙头企业和本地特色旅游线路，从事餐饮、住宿、导游、户外服务、土特产销售等项目，从而帮助其实现稳定脱贫。

激发绿色产业"造血"功能。推动生态产业化发展，延长产业链，不断创新产业扶贫的造血机制。在继续加大生态保护修复，加快生态乡村建设，进行生态补偿、生态搬迁以推动扶贫的同时，更加注重扶持、培育、发展生态产业，注重各地旅游资源的集约利用和优势产业的品牌打造，以龙头企业为核心，以配套企业、合作社、农户和基地为辅助，着力集聚集约开发，在区域内形成完整产业链，打造大生态农业、大生态旅游，同时强化关联产业的发展，搭建生态科技、市场信息、金融保险、电子商务为一体的生态产业服务平台，大力促进生态产业发展。延长产业链，推动一二三产业融合发展，提高产品附加值①。

8.5　夯实人才技术的支撑机制

8.5.1　重视生态环境治理技术的开发与应用

治理生态环境是绿色扶贫的根本举措。在绿色扶贫过程中治理生态环境的重点是：进行连片特困地区农产品产地环境污染防治与生态修复，保障连片特困地区农业发展；建立具有区域特色的生态修复技术体系，利用贫困地区的自然、经济、社会等复合系统，在环境脆弱地区加强科技支撑，积极运用适宜的成熟技术，快速恢复生态环境和地区生产力。加大与科研机构的对接力度，将科研机构作为绿色扶贫的重要参与主体，建立"政府+科研机构+企业+农户"的绿色扶贫主体参与机制。在绿色扶贫技术层还应融合运用当下的新科技，主要包括大数据融合管理技术和绿色生产科学技术。大数据融合管理技术主要指推动大扶贫、大数据、大生态三大战略行动，在贫困地区植入现代新业态②。绿色生产技术主要涉及电商技术、生产技术、绿色农业技术、光伏技术、技术人才培养等③④。

8.5.2　对标需求，转变人才培养策略

建立"订单式"人才培养机制，提升当地人口发展技能。要将绿色扶贫培训作为重要抓手，尤其是培训与本地区相关的扶贫政策和生态技术应用，以强化农户自身能力。农业技术推广部门应提升服务水平，在农业发展的全过程和各环节进行相应的技术指导和培训；还应根据本地情况以及

---

① 胡学英. 欠发达地区生态扶贫实践研究：以江西为例 [J]. 湖北经济学院学报（人文社会科学版），2020，17（10）：8-11.

② 李志强. 村镇复合生态系统与社区治理：理论关联及路径探索——以浙江沿海地区村镇社区生态培育为例 [J]. 探索，2018（6）：137-145.

③ 邓红，尚娜娜. 习近平关于扶贫脱贫问题重要论述的逻辑内涵与时代价值 [J]. 北京行政学院学报，2019（3）：25-31.

④ 林万龙，陈蔡春子. 从满足基本生活需求视角看新时期我国农村扶贫标准 [J]. 西北师大学报（社会科学版），2020，57（2）：122-129.

农户特点，制定相应的技术指导方案和科技培训课程，提高农户对生态农业技术的掌握水平，为生态农业发展提供更为坚实的技术保障。建立互联网、电子商务等新技术的培训机制，提高农户适应社会发展的能力。创新教育服务形式，加快推进"互联网+"新型职业农民的技术培训。

8.5.3　培养绿色教育人才

绿色教育是相对于传统教育的一种新型的教育系统。绿色教育的内容历经环境教育通识内容、环境教育中可持续发展理念的融入，目前其内涵也在不断丰富发展[①]。人力资源是指在一定范围内的人所具有的劳动能力的总和，是指能够推动整个经济和社会发展的、具有智力劳动和体力劳动能力的人的总和。人才是科技的载体，是科技的发明创造者，是先进技术的运用者和传播者。在经济发展中，人才是一种无法估值的资本，一种能够给企业、社会带来巨大效益的资本。将人才作为资源进行开发是经济发展的必然结果。作为教育活动的主要实施者，教师的素质水平对教育质量有着至关重要的影响。在绿色发展理念的传播与教育实践活动中，教师队伍在其中扮演着重要角色。可以说，教师队伍的素质水平不仅与学生和教育的未来息息相关，甚至也关系到国家和整个民族的未来。因此，我们必须重视教师队伍的建设，并将其打造成一支专业素质强、职业素养高、思想水平高的绿色教师队伍。这就要求我们在教师培养过程中加入绿色发展等先导性理念，在知识传播者这一环内嵌绿色发展理念，进而在整个教学教育活动中对受教育者起到耳濡目染的作用。

除此之外，还要达成四个目标。一是学习绿色知识。学校等教育机构或组织要传授绿色知识，使受教育者不断更新自己的知识结构，从而为社会提供可持续发展所需要的绿色专门人才。第二是形成绿色价值观。这包含提升绿色意识和培养绿色道德两个方面，让学生树立正确的人生观、价值观、伦理道德观，站在一个更高的层次上看待生态问题，帮助学生更好地了解自然，实现人与自然的和谐相处。第三是实践目标，即培养学生的绿色行为。通过让学生充分利用他们所学到的绿色教育内容，自觉实施绿色行为，使其在离开校园之后仍能继续进行绿色实践，并扩大绿色实践对身边每一个人的影响，提升学校绿色教育在社会上的感染力和影响力。第

---

① 肖贵蓉. 绿色化价值取向之绿色教育［M］. 大连：大连理工大学出版社，2021.

四是绿色技能掌握。技能是价值、理念和知识的整合体现，绿色技能的掌握与使用，直接关系到绿色目标的实现。这也是绿色知识不断更新的实践基础，通过应用，技术得到检验，再与现实需求相结合，促进绿色知识体系的更新与创造。

8.6　探索群众内生动力的培育机制

任何关于发展议题的讨论，都不离开"人"这一核心元素，发达或不发达的地区皆是如此。作为一种扶贫和发展的可持续路径，绿色扶贫旨在通过理念、技术、文化等方面贯通绿色发展内涵，激发群众内生动力，达成个体可持续发展的目标。

8.6.1　提升农户绿色发展的获得感

通过实施一系列绿色扶贫政策措施，使有劳动能力的贫困人口积极参与生态保护与建设，通过生态补偿政策增加转移性收入、生态公益性岗位工资性收入、生态工程建设劳务收入，通过发展特色产业增加经营性收入。绿色扶贫将贫困人口转变为生态工人，贫困人口的收入从多个方面显著增加，生活水平也逐步提高。绿色扶贫主张树立贫困人口"自力更生"的斗志，通过生态补偿政策，实现政策资金与农户保护生态环境之间的有条件性转移支付，避免其产生不劳而获的心理。通过劳动换取福利，获得了社会的认同，增强了幸福感、获得感，进而使贫困人口从思想到行为产生良性互动的"内循环"。

8.6.2　树立正确的生态价值观

树立新生态价值观。我国绝大多数深度贫困地区同时也是国家重点生态功能区，多年来，政府和社会投入了大量的人、财、物，在广大人民群众心中已经培养起爱护环境的良好意识。为了实现全中国的天更蓝、山更绿、水更清的目标，需要再次从个体主体性出发，加大培育人与自然和谐共生的发展理念，让已经家喻户晓的"留得青山在，不怕没柴烧"的朴素生态观迭代为"绿水青山就是金山银山"的发展新思路。

参考文献

[1] 马克思,恩格斯.共产党宣言 [M].北京:人民出版社,2018.

[2] 毛泽东.毛泽东选集:第3卷 [M].北京:人民出版社,1991.

[3] 邓小平.邓小平文选:第2卷 [M].北京:人民出版社,1994.

[4] 江泽民.江泽民文选:第3卷 [M].北京:人民出版社,2006.

[5] 胡锦涛.胡锦涛文选:第2卷 [M].北京:人民出版社,2016.

[6] 中共中央宣传部.习近平新时代中国特色社会主义思想三十讲 [M].北京:学习出版社,2018.

[7] 皮尔斯.绿色经济蓝图 [M].北京:北京师范大学出版社,1995.

[8] 马克思.哥达纲领批判 [M].北京:人民出版社出版,2015.

[9] 印希.我们的目的是共产主义 [M].北京:人民出版社,1952.

[10] 胡鞍钢.中国:创新绿色发展 [M].北京:中国人民大学出版社,2012.

[11] 托达罗.经济发展与第三世界 [M].印金强,赵荣美,译.北京:中国经济出版社,1992.

[12] 李小云,左停,靳乐山,等.环境与贫困:中国的实践与国际经验 [M].北京:社会科学文献出版社,2005.

[13] 费孝通.乡土中国 [M].上海:上海人民出版社,2013.

[14] 森.以自由看待发展 [M].任骑,于真,译.北京:中国人民大学出版社,2013.

[15] 方时姣,魏彦杰.生态环境成本内在化问题 [J].中南财经政法大学学报,2002(2):92-97.

[16] 郇庆治.21世纪以来西方生态资本主义理论 [J].马克思主义

与现实，2013（2）：108-128.

[17] 王玲玲，张艳国."绿色发展"内涵探微 [J]. 社会主义研究，2012（5）：143-146.

[18] 胡鞍钢. 绿色发展是中国的必选之路 [J]. 环境经济，2004（2）：31-33.

[19] 黄志斌，姚灿，王新. 绿色发展理论基本概念及其相互关系辨析 [J]. 自然辩证法研究，2015，31（8）：108-113.

[20] 蒋南平，向仁康. 中国经济绿色发展的若干问题 [J]. 当代经济研究，2013（2）：50-54.

[21] 刘纯彬，张晨. 资源型城市绿色转型初探：山西省太原市的启发 [J]. 城市发展研究，2009，16（9）：41-47.

[22] 王永芹. 对创新驱动绿色发展的思考 [J]. 河北学刊，2014，34（2）：222-225.

[23] 李萌. 中国"十二五"绿色发展的评估与"十三五"绿色发展的路径选择 [J]. 社会主义研究，2016（3）：62-71.

[24] 胡鞍钢，周绍杰. 绿色发展：功能界定、机制分析与发展战略 [J]. 中国人口·资源与环境，2014，24（1）：14-20.

[25] 董战峰，葛察忠，王金南，等."一带一路"绿色发展的战略实施框架 [J]. 中国环境管理，2016，8（2）：31-35，41.

[26] 黄磊，吴传清. 长江经济带工业绿色创新发展效率及其协同效应 [J]. 重庆大学学报（社会科学版），2019，25（3）：1-13.

[27] 秦书生，胡楠. 中国绿色发展理念的理论意蕴与实践路径 [J]. 东北大学学报（社会科学版），2017，19（6）：631-636.

[28] 刘杨，杨建梁，梁媛. 中国城市群绿色发展效率评价及均衡特征 [J]. 经济地理，2019，39（2）：110-117.

[29] 李晓西，刘一萌，宋涛. 人类绿色发展指数的测算 [J]. 中国社会科学，2014（6）：69-95，207-208.

[30] 姚西龙，牛冲槐，刘佳. 创新驱动、绿色发展与我国工业经济的转型效率研究 [J]. 中国科技论坛，2015（1）：57-62.

[31] 杨顺顺. 长江经济带绿色发展指数测度及比较研究 [J]. 求索，2018（5）：88-95.

[32] 钱争鸣，刘晓晨. 我国绿色经济效率的区域差异及收敛性研究

[J]．厦门大学学报（哲学社会科学版），2014（1）：110-118.

[33] 朱海玲．绿色经济评价指标体系的构建 [J]．统计与决策，2017（5）：27-30.

[34] 高强．脱贫攻坚与乡村振兴有效衔接的再探讨：基于政策转移接续的视角 [J]．南京农业大学学报（社会科学版），2020，20（4）：49-57.

[35] 魏后凯．2020 年后中国减贫的新战略 [J]．中州学刊，2018（9）：36-42.

[36] 左停．反贫困的政策重点与发展型社会救助 [J]．改革，2016（8）：80-83.

[37] 何植民，蓝玉娇．精准脱贫的可持续性：一个概念性分析框架 [J]．行政论坛，2021，28（1）：28-38.

[38] 张琦．减贫战略方向与新型扶贫治理体系建构 [J]．改革，2016（8）：77-80.

[39] 李俊杰，耿新．民族地区深度贫困现状及治理路径研究：以"三区三州"为例 [J]．民族研究，2018（1）：47-57，124.

[40] 李俊清，向娟．民族地区贫困成因及其治理 [J]．中国行政管理，2018（10）：57-61.

[41] 谭俊峰，陈伟东．深度贫困地区脱贫攻坚路径研究：以嵌入性理论为视角 [J]．天津行政学院学报，2018，20（5）：78-87.

[42] 张丽君，罗玲，吴本健．民族地区深度贫困治理：内涵、特征与策略 [J]．北方民族大学学报（哲学社会科学版），2019（1）：18-23.

[43] 史源渊．新贫困陷阱：少数民族地区信贷扶贫政策反思 [J]．华南农业大学学报（社会科学版），2019，18（2）：27-34.

[44] 赵兵让．扶贫开发的法治化建设推进路径探析 [J]．法学杂志，2019，40（6）：133-140.

[45] 邓晶晶，刘海军．形式主义的新变种 基层干部"痕迹主义"倾向剖析 [J]．人民论坛，2019（20）：54-55.

[46] 黄晨熹．深度贫困地区脱贫攻坚要避免急躁和厌战情绪 [J]．人民论坛，2018（26）：65-67.

[47] 殷路路，李丹青．基层扶贫干部"微腐败"行为分析与精准治理 [J]．领导科学，2018（36）：10-12.

［48］陈科. 扶贫干部"心不在焉"的典型表现和治本之策［J］. 领导科学, 2018 (36): 12-14.

［49］葛志军, 邢成举. 精准扶贫: 内涵、实践困境及其原因阐释: 基于宁夏银川两个村庄的调查［J］. 贵州社会科学, 2015 (5): 157-163.

［50］陈立鹏, 马挺, 羌洲. 我国民族地区教育扶贫的主要模式、存在问题与对策建议: 以内蒙古、广西为例［J］. 民族教育研究, 2017, 28 (6): 35-41.

［51］肖时花, 吴本健. 民族地区教育扶贫的内在机理与实现条件［J］. 黑龙江民族丛刊, 2018 (5): 100-105.

［52］许汉泽, 李小云. 精准扶贫: 理论基础、实践困境与路径选择: 基于云南两大贫困县的调研［J］. 探索与争鸣, 2018 (2): 106-111, 143.

［53］谭俊峰, 陈伟东. 深度贫困地区脱贫攻坚路径研究: 以嵌入性理论为视角［J］. 天津行政学院学报, 2018, 20 (5): 78-87.

［54］陆铈凡, 苏青帝, 姜润杰, 等. 易地搬迁扶贫成效及问题分析: 以安徽省金寨县为例［J］. 中国市场, 2017 (14): 176-177.

［55］豆书龙, 叶敬忠. 乡村振兴与脱贫攻坚的有机衔接及其机制构建［J］. 改革, 2019 (1): 19-29.

［56］陆益龙. 乡村振兴中精准扶贫的长效机制［J］. 甘肃社会科学, 2018 (4): 28-35.

［57］魏后凯, 刘长全. 中国农村改革的基本脉络、经验与展望［J］. 中国农村经济, 2019 (2): 2-18.

［58］汪三贵, 冯紫曦. 脱贫攻坚与乡村振兴有机衔接: 逻辑关系、内涵与重点内容［J］. 南京农业大学学报 (社会科学版), 2019, 19 (5): 8-14, 154.

［59］李小云. 冲破"贫困陷阱": 深度贫困地区的脱贫攻坚［J］. 人民论坛·学术前沿, 2018 (14): 6-13.

［60］范和生. 返贫预警机制构建探究［J］. 中国特色社会主义研究, 2018 (1): 57-63.

［61］章文光. 建立返贫风险预警机制化解返贫风险［J］. 人民论坛, 2019 (23): 68-69.

［62］徐曼. 打好"后扶贫时代"脱贫攻坚战［J］. 人民论坛, 2019 (9): 58-59.

［63］习近平.在打好精准脱贫攻坚战座谈会上的讲话［J］.当代党员，2020（9）：1-5.

［64］武健鹏.资源型地区产业转型路径创新研究：基于政府作用的视角［D］.太原：山西财经大学，2012.

［65］冉逸箫，张凤荣，张佰林，等.贫困山区农村衰落的特征及诊断：以重庆市酉阳县为例［J］.资源科学，2017，39（6）：14.

［66］NELSON, RICHARD R. A theory of the low-level equilibrium trap in underdeveloped economies［J］. The American Economic Review, 1956（5）：894-908.

［67］THOMAS REARDON, STEPHEN A. VOSTI. Links between rural poverty and the environment in developing countries：Asset categories and investment poverty［J］. World Development, 1995（9）：1495-1506.

［68］姜德华，张耀光，杨柳，等.中国贫困地区类型划分及开发研究提要报告［J］.地理研究，1988（3）：1-16.

［69］王艳慧，李静怡.连片特困区生态环境质量与经济发展水平耦合协调性评价［J］.应用生态学报，2015，26（5）：1519-1530.

［70］佟玉权，龙花楼.脆弱生态环境耦合下的贫困地区可持续发展研究［J］.中国人口·资源与环境，2003（2）：50-54.

［71］张家其，吴宜进，葛咏，等.基于灰色关联模型的贫困地区生态安全综合评价：以恩施贫困地区为例［J］.地理研究，2014，33（8）：1457-1466.

［72］邓曲恒，岳希明.乡村振兴与扶贫攻坚［J］.经济学动态，2019，（6）：92-99.

［73］徐欣顺.民族地区易地扶贫搬迁：给予型政策与地方性秩序的张力研究：基于国家与社会关系的分析视角［J］.黑龙江民族丛刊，2019（2）：19-26.

［74］刘敏，包智明.西部民族地区的环境治理与绿色发展：基于生态现代化的理论视角［J］.中南民族大学学报（人文社会科学版），2021，41（4）：73-81.

［75］方世南，徐雪闪.正视生态治理与经济发展的辩证关系［J］.国家治理，2017（Z1）：42-48.

［76］胡学英.欠发达地区生态扶贫实践研究：以江西为例［J］.湖北

经济学院学报（人文社会科学版），2020，17（10）：8-11.

　　[77] 刘春腊，徐美，周克杨，等. 精准扶贫与生态补偿的对接机制及典型途径：基于林业的案例分析 [J]. 自然资源学报，2019，34（5）：989-1002.

　　[78] 肖文海，蒋海舲，夏煜. 深入推进生态扶贫 [N]. 中国社会科学报，2018-11-02（5）.

　　[79] 陈江波. 习近平执政为民理念对社会主义本质论的拓展 [J]. 南通大学学报（社会科学版），2017，33（3）：31-35.

　　[80] 李忠斌. 民族地区精准脱贫的"村寨模式"研究：基于10个特色村寨的调研 [J]. 西南民族大学学报（人文社科版），2017，38（1）：9-16.

　　[81] 李志强. 村镇复合生态系统与社区治理：理论关联及路径探索——以浙江沿海地区村镇社区生态培育为例 [J]. 探索，2018（6）：137-145.

　　[82] 邓红，尚娜娜. 习近平关于扶贫脱贫问题重要论述的逻辑内涵与时代价值 [J]. 北京行政学院学报，2019（3）：25-31.

　　[83] 林万龙，陈蔡春子. 从满足基本生活需求视角看新时期我国农村扶贫标准 [J]. 西北师大学报（社会科学版），2020，57（2）：122-129.

附录 1 调查问卷

问卷编号：　　　　　　调查时间：　　　　　　调查村落：

民族地区绿色发展研究调查问卷

（村民卷）

一、基础信息

1. 您所在村是否为贫困村：A. 是　B. 否

2. 您的性别：A. 男　B. 女

3. 您的年龄：A. 18~20 岁　B. 21~29 岁　C. 30~39 岁　D. 40~49 岁　E. 50~59 岁　F. 60~69 岁　G. 70 岁及以上

4. 您的民族：A. 藏族　B. 汉族　C. 彝族　D. 羌族 E. 其他：＿＿＿＿＿＿＿＿

5. 您的文化水平：A. 文盲　B. 小学　C. 初中　D. 中专或中技 E. 高中　F. 高专或高职　G. 本科　H. 研究生

6. 您的婚姻状况：A. 已婚　B. 已婚离异　C. 未婚

7. 您家家庭户籍人口数：A. 1 人　B. 2~3 人　C. 4~6 人　D. 6 人及以上

8. 您家未成年子女数：A. 0 人　B. 1 人　C. 2 人　D. 3 人　E. 4 人 F. 5 人及以上

二、经济情况

1. 过去一年您家收入的主要来源：A. 务农（含畜牧业）　B. 打工收

入　C. 做生意　D. 政策扶持（例如养老金、低保金、各类惠农补贴等转移性收入）　E. 其他（请简单注明）：＿＿＿＿＿＿＿＿＿＿＿＿＿＿

2. 您家务农收入来源（可多选）：A. 没有务农收入　B. 一般农作物　C. 养殖（猪、牛、羊、鱼等）　D. 地方特色性产品（例如松茸、虫草、花椒、中草药等区域性、特色性产品）　E. 集体经济分红　F. 其他（请简单注明）：＿＿＿＿＿＿＿＿＿＿＿＿＿＿

3. 您家务农收入的获取方式：A. 没有务农　B. 散种散养　C. 专营合作社　D. 专营公司　E. 合作社/集体经济/公司分红　F. 其他（请简单注明）：＿＿＿＿＿＿＿＿＿＿＿＿＿＿

4. 村里面有没有成立合作社、集体经济或农业专营公司：
A. 不知道　B. 有　C. 没有

5. 过去一年您家花费最多的是哪方面：A. 吃饭　B. 修房子　C. 孩子上学　D. 看病　E. 家里办事情（红白事）　F. 种地　G. 搞养殖　H. 买车自用　9 买车挣钱　J. 外借　K. 其他（请简单注明）：＿＿＿＿＿＿＿＿＿＿＿＿＿＿

6. 和 5 年前相比，您认为您家的生活状况是：A. 不好不坏　B. 变好一些　C. 变好很多　D. 变坏一些　E. 变坏很多　F. 其他（请简单注明）：＿＿＿＿＿＿＿＿＿＿

7. 您家是否有外债：A. 有　B. 没有

8. 您借钱用途是什么：A. 吃饭　B. 修房子自住　C. 搞旅游　D. 孩子上学　E. 看病　F. 家里办事情（红白事）G. 搞种养殖业　H. 做生意　I. 买车自用　J. 买车挣钱　K. 其他（请简单注明）：＿＿＿＿＿＿＿＿＿＿

9. 您家是否享受生态补偿政策（例如退耕还林、粮食直补等）：
A. 是　B. 否

三、生活方面

1. 您常住哪里：A. 本村　B. 本乡（镇）　C. 本县　D. 其他（请简单注明）：＿＿＿＿＿＿＿＿＿＿

2. 您家是否在近 5 年内搬迁过：A. 是　B. 否

3. 搬迁的形式为：A. 没有搬迁　B. 自主搬迁　C. 政策扶持（例如易地搬迁、移民）

4. 搬迁的原因（可多选）：A. 没有搬迁　B. 缺水　C. 缺土地

D. 远离城镇　E. 气候不好　F. 生态保护　G. 商业开发　H. 修建水库、电站等国家设施　I. 子女教育　J. 其他（请简单注明）：＿＿＿＿＿＿

5. 您家厨房使用哪种能源：A. 天然气　B. 罐装液化气　C. 柴草D. 电　E. 煤炭　F. 沼气　G. 燃料用油　H. 牲畜粪便　I. 其他（请简单注明）：＿＿＿＿＿＿

6. 您家的用水：A. 水井水　B. 高山流水　C. 自来水　D. 雨水E. 其他（请简单注明）：＿＿＿＿＿＿

7. 您家的用水设施：A. 蓄水池（桶、缸）　B. 入户水管（不含龙头）　C. 自来水管（含水龙头）　D. 其他（请简单注明）：＿＿＿＿＿＿

8. 您家日常盥洗设施：A. 无　B. 电热水器　C. 太阳能热水器D. 燃气热水器　E. 其他（请简单注明）：＿＿＿＿＿＿

9. 您家厕所是：A. 传统旱厕　B. 卫生厕所　C. 无

10. 您家生活污水处理方式：A. 排入污水（化粪）池　B. 直接排放　C. 其他（请简单注明）：＿＿＿＿＿＿

11. 家中有无垃圾筐（桶）：A. 有　B. 无

12. 您家附近有无垃圾池、垃圾集中收集桶、垃圾站：A. 有　B. 无

13. 您家垃圾处理方式：A. 就地焚烧　B. 没有管它　C. 倒入垃圾池、垃圾集中收集桶、垃圾站　D. 其他（请简单注明）：＿＿＿＿＿＿

14. 村中垃圾处理方式：A. 没有　B. 焚烧　C. 掩埋　D. 从垃圾地运走　E. 无人管理　F. 不知道　G. 其他（请简单注明）：＿＿＿＿＿＿

15. 您认为村中垃圾处理方式合理吗：A. 不合理　B. 合理　C. 不知道

16. 不合理的原因是什么（可多选）：A. 无　B. 离我家太远　C. 离我家太近　D. 垃圾遍地都是，无人打理　E. 污染空气　F. 污染土地G. 污染水　H. 其他（请简单注明）：＿＿＿＿＿＿

17. 村里面有无专人（或公益岗位）打扫卫生：A. 有　B. 无　C. 不知道

18. 您感觉村中环境是否卫生：A. 卫生　B. 不卫生　C. 不知道

19. 您感觉村的环境质量与大城市相比如何：A. 城市环境更好B. 我们村环境更好　C. 不知道　D. 其他（请简单注明）：＿＿＿＿＿＿

四、生产

1. 您家耕地使用：A. 自己种　B. 荒废　C. 租借出去　D. 请人种 E. 其他（请简单注明）：_____

2. 您家耕地主要种植：A. 不知道　B. 荒废　C. 当地常规作物 D. 经济作物（指大部分或全部售卖的作物）　E. 其他（请简单注明）：_____

3. 您家种植收成如何使用：A. 没有收成　B. 全部自用　C. 部分卖出 D. 全部卖出

4. 用化肥、农药、饲料才能提高种养殖收益：A. 是的　B. 不一定 C. 不知道

5. 您家养殖牲畜家禽吗：A. 有　B. 没有

6. 您家的牲畜家禽是圈养还是散养：A. 没有养殖　B. 圈养　C. 散养

7. 牲畜家禽的粪便如何处理：A. 没有考虑过这个事情　B. 收集起来 用作燃料或地肥　C. 排入化粪池　D. 其他（请简单注明）：_____

8. 村里有没有种养大户（本研究认为种植规模上百亩或养殖上百头， 包括合作社、公司等）：A. 不知道　B. 有　C. 没有

9. 他们是哪里的人：A. 没有　B. 本村　C. 本地外村　D. 外地 E. 不知道

10. 这些大户种植或养殖的方式和您家一样吗：A. 没有　B. 不知道 C. 一样　D. 不一样

11. 如果不一样，除了规模以外最大的区别是什么：A. 没有　B. 不 知道　C. 品种好　D. 设备先进　E. 技术先进　F. 投钱多　G. 人力多 H. 其他（请简单注明）：_____

12. 您会学习他们的方式吗：A. 不知道　B. 会　C. 不会

13. 您村有没有搞乡村旅游的（例如农家乐、酒店等）：
A. 不知道　B. 有　C. 没有

14. 您认为搞农家旅游如何才能赚钱（可多选）：A. 没有想过　B. 硬 件一定要整好　C. 服务一定要好　D. 要有景色　E. 要有娱乐项目 F. 交通便利　G. 政府支持　H. 旅游公司合作　I. 资金要够　J. 要懂管 理、经营　K. 其他（请简单注明）：_____

15. 如果让您来搞种植、养殖，如何赚更多的钱（可多选）：A. 不知

道　B. 扩大规模　C. 投入最新的设备设施　D. 改变原来的种养方式
E. 请专业老师帮忙　F. 其他（请简单注明）：＿＿＿＿＿＿＿＿＿＿

五、认知情况

1. 政府发放的生态补贴金是用来做什么的：A. 不清楚　B. 增加我的收入　C. 补偿我的损失（退耕还林、拆旧复垦）　D. 保护当地生态环境　E. 其他（请简单注明）：＿＿＿＿＿＿＿＿＿

2. 您觉得破坏生态环境的行为有哪些：A. 砍树　B. 割草　C. 开荒　D. 用农药　E. 用化肥　F. 用地膜　G. 乱丢乱扔垃圾　H. 焚烧垃圾　I. 随意排放生活污水　J. 散养牲畜家禽　K. 其他（请简单注明）：＿＿＿＿＿

3. 村上有无宣传保护、爱护环境：A. 不知道　B. 有　C. 没有

4. 种植、养殖规模搞大了会破坏生态环境：A. 不知道　B. 不一定　C. 肯定会　D. 不会

5. 现在城市里面提倡垃圾分类处理，您听说过吗：A. 没有听说过　B. 第一次听说　C. 听说过，但是不知道具体怎么做

6. 如果村上免费组织去学习考察，您愿意参加吗：A. 不一定　B. 不愿意　C. 愿意

7. 如果让您自己选择学习的内容，您更愿意学什么：＿＿＿＿＿＿＿＿

附录2 实地调查整理的部分材料

凉山彝族自治州喜德县贺波洛乡尔吉村村规民约

1. 热爱祖国，热爱中国共产党，热爱集体，学法知法，遵纪守法，同一切违法犯罪行为做斗争。

2. 努力学习文化知识，努力学习科学技术，不断提高文化素质、思想素质、道德素质和科学技术素质。

3. 努力生产，努力工作，艰苦奋斗，勤劳致富，反对好逸恶劳。

4. 遵纪守法，洁身自好，反对违法乱纪。不偷盗，不斗殴，不赌博，不偷税漏税，不卖淫嫖娼，不吸毒贩毒，不违法建房，不违反村和村民小组的规划建房。

5. 爱护公共财物，不得损坏水利、交通、通信、供电、供水、生产、休闲场所等公共设施，发现违规人和事，要积极制止并及时向村委会报告。

6. 团结友爱，相互尊重，相互理解，相互帮助，和睦相处，不打架斗殴，不诽谤他人，不造谣惑众，不拨弄是非，不仗势欺人，建立良好的邻里关系。

7. 提倡社会主义精神文明，移风易俗，喜事新办，不铺张浪费，丧事从俭，不搞陈规旧俗，不搞家族主义，反对封建迷信及其他不文明行为，树立良好的社会风尚，对"移风易俗示范户"将挂牌并给予一定物质奖励。

8. 搞好公共卫生和村容整洁，做到人畜分离，垃圾不乱倒，粪土不乱堆，污水不乱流，柴草不乱放，房前屋后不积水，檐沟处处要疏通。

9. 严禁私自砍伐国家、集体或他人的林木，不准在村附近或田边路旁乱挖土，严禁损害庄稼和其他作物。

10. 自觉养路护路，维护道路畅通，不准在村道、主道边搭建违章建筑，堆放废土、乱石、杂物，不准在路道上乱挖排水沟，不准在路肩上种植作物，侵占路面。

11. 计划生育，晚婚晚育，优生优育，男女平等，尊老爱幼。

12. 凡村内大事要事，严格按照"四议两公开"程序讨论通过，由村两委负责实施，接受村民监督，让村民评议，让村民满意。

凉山州"1+X"林业生态产业（核桃）发展情况专题报告

凉山州是全国泡核桃的起源地之一，核桃在全州 17 县市均有天然分布，是凉山州传统的优良乡土经济树种。长期的天然杂交和自然、人工选择，凉山州蕴藏了丰富的核桃优良类型。

一、凉山州核桃产业优势独特

一是环境优，72% 以上的山区面积/光、热、水源等资源丰富。大凉山全州 72% 以上的国土面积是山区，立体气候明显，光、热、水源等资源丰富，是核桃发展的主要区域，为大力发展核桃产业提供了充足的土地资源；同时，凉山州核桃种植区域天然隔离较好，果树病虫害较少，具有土壤、空气和灌溉污染低的良好生态环境，具备大范围、大规模生产优质、无公害绿色果品的优势。二是基础好，2015 年以前全州核桃种植面积就已经达到 400 多万亩。据 2014 年全州核桃调查，凉山州 17 个县市 80% 的村都适宜核桃产业发展。由于特殊的地理和气候条件，凉山成为全国核桃、泡核桃两大主要栽培品种的混生交错地带，冕宁、盐源、木里等县至今还保存有大量的泡核桃天然林。凉山州拥有原始核桃林，树龄达到 800 年以上。三是品质优，凉山州核桃含油率最高可达到 69%，平均含油量也在 65% 以上，这在全国核桃品种中都是领先的。凉山核桃富含不饱和脂肪酸，核桃的各项指标都高于全国的平均水平，有的样品蛋白质含量高达 19g/100g；对人最有益的 α-亚油酸含量更是高达 7%；大多数样品的 ω-6 与 ω-3 的比值已是人体需要的 1：3 黄金比例。中国林科院核桃首席专家裴东教授称赞凉山核桃：中国核桃看西南，西南核桃看凉山 。

二、凉山州核桃产业发展论证、决策过程

核桃产业是凉山州特色农业优势产业，也是传统产业、大众产业，种植发展核桃已经成为全州山区综合开发和解决"三农"问题、精准扶贫的重要举措。凉山州 17 县市 80% 的村都适宜核桃产业发展，如何充分利用好核桃的这一"群众基础"，拓宽产业发展的路子和方法，州委、州政府在反复评估论证的基础上，让核桃产业成为精准扶贫的精准产业，成为凉

山州精准脱贫的生力军和中坚力量，成为落实"产业扶贫"、打好扶贫攻坚战的重要手段。早在2013年下半年，州林业局在全州广泛开展了核桃产业发展调研，2014年出台了《凉山州核桃产业中长期发展规划纲要》（2014—2025年），2015年底为了配合抓好全州州脱贫攻坚工作，州林业局编制完成了《凉山州"1+X"生态产业发展实施方案》10年方案。2015年10月，在全州脱贫攻坚推进工作现场会上，州委、州政府要求全州林业生态产业扶贫攻坚任务要"十年任务、三年完成"。为此，编制了《凉山州"1+X"生态产业发展实施方案》，用三年（2016—2018年）时间完成以核桃为主的"1+X"（"1"指核桃，"X"指油橄榄、青花椒、红花椒、杨树、桤木、华山松、油用牡丹、茶、桑、果等其他经济林木树种）林业生态产业基地1 500万亩建设任务〔其中：核桃基地1 040万亩，油橄榄基地50万亩，青（红）花椒基地100万亩，茶、桑、果等基地200万亩，速丰林、油用牡丹等基地110万亩〕。

2016年4月6日，凉山州脱贫攻坚指挥部印发《凉山州"1+X"生态产业实施方案》，由此全州"1+X"生态产业正式实施，凉山州是全省核桃主产区和最适生态发展区，核桃种质资源十分丰富，州委、州政府在反复评估论证的基础上，将发展核桃产业确定为全州脱贫攻坚的重大战略，作为"1+X"生态产业的"1"，青（红）花椒、华山松、油橄榄、茶桑果等作为"X"组成了凉山州1+X生态产业）。2016年州人大组织调研组，开展了全州核桃产业调研，完成了《强力推进"1+X"生态产业发展　打造全州脱贫攻坚新兴支柱产业》的专题报告，该报告对全州核桃产业发展给予了充分肯定，同时提出许多发展建议和意见。2017年8月，凉山州林业局委托四川省核桃专家对凉山州"1+X"生态产业发展特别是核桃产业发展进行了中期评估，评估专家组完成了《凉山州"1+X"生态产业发展——核桃产业发展中期评估报告》。该评估报告对凉山州核桃产业发展给予了客观评价，并对凉山州核桃产业发展提出了许多对策和建议。

三、工作情况

（一）基地建设情况

根据凉山州脱贫攻坚指挥部2016年印发的《凉山州"1+X"生态产业实施方案》（以下简称《实施方案》）中的核桃产业发展要求，2016年完成新建403.39万亩核桃基地；2017年完成核桃基地368.8万亩，青（红）

花椒基地 80.9 万亩，华山松基地 45.8 万亩，油橄榄基地 4.5 万亩，其他经果林基地 10.5 万亩；2018 年完成新建核桃基地 9.5 万亩，青花椒基地 28.4 万亩，红花椒基地 33.4 万亩，华山松基地 32.9 万亩，油橄榄基地 4.2 万亩，核桃嫁接 52.42 万亩；2019 年完成 "1+X" 林业生态产业提质增效（新建或改造）示范基地 24.8 万亩，核桃嫁接 91.34 万亩。

截至 2019 年，全州 "1+X" 林业生态产业基地面积累计达到 2 364 万亩。其中，核桃基地面积 1 209 万亩，挂果面积 291 万亩，干果年产量 17 万吨，产值 26 亿元；青花椒基地面积 237 万亩，挂果面积 84 万亩，干果年产量 2 万吨，产值 18 亿元；红花椒基地面积 126 万亩，挂果面积 59 万亩，干果年产量 2 万吨，产值 16 亿元；华山松基地面积 204 万亩，挂果面积 87 万亩，产量 1 万吨，产值 2 亿元；油橄榄基地 11 万亩，挂果面积 1 万亩，鲜果产量 0.5 万吨，产值 0.5 亿元；板栗基地 26 万亩，挂果面积 17 万亩，产量 3 万吨，产值 2 亿元；其他经果林基地面积 551 万亩。"1+X" 林业生态产业已覆盖贫困村 1 808 个，涉及贫困户 12.4 万户，涉及贫困人口 48.6 万人。全州林业总产值达到 141.85 亿元，农民人均林业收入达 2 064 元。

（二）加强林业队伍建设

充分发挥人才在林业发展中的保障和支撑作用，凉山州坚持实施 "科技兴林、人才强林、产业富民" 的林业发展战略，不断加大科研投入，重视科技推广应用，有效发挥科学技术对林业发展的支撑作用，加快特色效益林业建设步伐。州委、州政府印发了《凉山州 "123" 林业技术人才培养计划实施方案》，着力加强林业队伍建设，有效解决凉山州基层林业技术人才缺乏问题，保障 "1+X" 生态产业发展，加快脱贫奔康步伐。从 2016 年起，依托西昌学院和凉山农业学校，全州计划在两年内完成培训 10 000 名基层技术人才、委托培养 200 名林业技术大专毕业生、定向培养 300 名现代林业技术中专毕业生（套读四川农业大学林业技术成教大专）；毕业后将他们分配到乡镇林业站、林场、农业服务中心等基层一线工作，通过学习培训、培养，造就一批 "留得住、用得上" 的现代林业建设的技术骨干人才队伍，为科技兴林、人才强州提供有力支撑。

1. "123" 林业技术人才培养计划实施情况

按照普通高校招生录取的要求和相关程序，2016 年西昌学院共录取园林技术（林学方向）专业并签订三方协议 73 人，2017 年共招录、签订三方协议 121 人，两年共招录 194 人。2016 年凉山农校招录 149 人，2017 年招录 143 人，两年共招录 292 人。2016 年招录培养的毕业生，已经被安排到基层一线工作。

2. 基层林业事业单位人才引进情况

在实施"123"林业技术人才培养计划的同时，为解决当前基层林业技术人才紧缺问题，全州县乡基层林业事业单位 2016 年公开考核聘用 29 人，2017 年公开考核聘用 31 人，两年共考核聘用 60 人。

3. 基层林业技术人才培训情况

组织凉山农业学校、西昌学院、凉山州核桃产业协会、凉山州声蓝培训学校、凉山州林业产业指导服务中心、凉山州林木种苗站等 7 家培训学校和培训机构以及中国林科院、四川省林科院等的技术力量，对不同层次的人才开展培训。到目前为止，已培训各类技术人才 23 900 人次。

（三）积极学习借鉴云南核桃发展经验

为贯彻《中共四川省委关于全面推动高质量发展的决定》的决策部署，加快凉山州"1+X"林业生态产业高质量发展，切实巩固凉山州脱贫攻坚成果，2018 年，凉山州林业局由局长带队，组织盐源、甘洛、冕宁、美姑、宁南、会理 6 个核桃发展重点县林业局局长、产业站长以及四川川余核桃科技有限公司、凉山南充商会负责人等一行 18 人前往云南省楚雄州、大理州考察调研核桃产业发展情况，并形成了《凉山州林业局赴云南省楚雄州大理州考察核桃产业报告》，上报州委、州政府。

（四）全力推动核桃产业提质增效、转型升级

为科学制定推进核桃产业高质量发展的具体举措，分析当前核桃产业发展新形势、新问题，探索推进凉山核桃产业高质量发展，促进凉山乡村振兴、脱贫攻坚的新思路、新方法。2018 年 12 月 29 日，召开了凉山州核桃产业发展座谈会。来自四川省林科院、云南省漾濞核桃研究院等省内外核桃专家与相关企业代表围绕凉山州核桃产业发展进行了交流讨论。会议强调，全州上下要健全保障机制，促进高质量发展，积极探索符合凉山实际的产业发展新模式，激活内生动力，带动农民增收致富。以强化人才、科技、技术"三大支撑"，引领推动转型发展，加强实用技术推广，加强专业人才培养；着力构建规范种植、经营加工、品牌构建"三大体系"，以点带面规范化、标准化种植，加强对经营主体培育力度，积极引导地方和新型经营主体创建具有民族文化内涵的特色品牌，积极开拓产品市场，

充分利用电商平台拓宽产品销售渠道。要充分利用凉山丰富的资源优势，加快推进核桃三产融合高质量发展，进一步推动核桃产业发展，拓宽产业发展的路子，让核桃产业成为精准扶贫的产业，为打好脱贫攻坚战做出贡献。

为深化交流合作，促进产销对接，助推凉山核桃产业持续健康发展，凉山州还通过坚持每年举办"核桃成熟采收开杆节""核桃节""生态旅游节"等节会活动，结合乡村文旅、特色小镇、乡村振兴等国家大中或小型项目，着力打造核桃特色小镇，实现一二三产业联动，产教融合。将符合条件的核桃产业园区纳入省级现代林业示范园区进行培育，并推荐申报国家林业产业示范园区。

为全面推动核桃产业提质增效、转型升级，助推致富奔康，有效解决核桃产业发展中存在的经营管理粗放、基地建设管理措施不到位、产品附加值不高、销售渠道不畅等问题。2019年8月9日，在宁南县召开了核桃产业发展推进现场会。会议就当前全州各县市核桃产业发展的现状进行了讨论，总结了核桃产业发展成效和经验，形成了推动核桃产业提质增效、转型升级、助推脱贫奔小康的强烈共识和有效措施。会议要求，各县市要直面问题和困难，进一步统一思想，提高认识，坚定产业发展的信心和决心；切实强化措施，狠抓落实，推进产业提质增效转型升级，全力开创凉山核桃产业发展新局面，坚定推动林业和草原事业高质量发展，为加快构建幸福文明和谐新凉山做出更大的贡献。

为有效解决凉山州核桃产业发展中无精深加工龙头企业带动的问题，引进了浙江国丰油脂有限公司，在西昌市成凉工业园区建立凉山国丰油脂公司，开展核桃精深加工，提高对核桃资源的综合利用，提高核桃产业的经济、生态和社会效益，促进核桃产业持续健康发展。

建节水灌溉　创现代园区
促产业发展　助农民增收
——美姑县拉木阿觉乡青花椒产业示范区项目脱贫致富典型案例

一、背景与概况

2015 年以来，美姑县强力推进以核桃为主的"1+X"林业生态产业建设，花椒也同时得到快速发展。至 2018 年底，全县红花椒面积达 10 万亩，青花椒面积达 4 万亩。通过专业机构品质检验，美姑花椒品质很好，部分指标甚至优于特级，也直接带来市场畅销，年销售 800 吨左右。但由于多年的习惯，美姑花椒种植以（田边地角）零星栽植为主，没有形成真正意义上的产业，种植不规范、后期管护为零、产量不高，无初/深加工，无品牌包装，也没有具有代表性的示范点、示范园区。

为贯彻落实党中央、国务院加快农业现代化建设和省委、省政府推进现代农业示范园区建设的决策部署，充分发挥现代农（林）业产业园区引领凉山农业发展、带动农民增收致富的重要作用，通过育龙头、建基地、搞加工、创品牌、促营销，发展适度规模经营，成片成带成规模推进，把美姑区域资源优势、要素优势转变为产品优势、市场优势和竞争优势。本项目对标现代林业园区建设标准，在水、电、路、网等基础设施配套到位的情况下，建成现代化、智能化、科技化的喷灌设施、排灌体系，努力创建现代花椒园区，通过园区带动产业发展，助力农民增收。

二、基本模式和创新做法

模式：园区+基地+农户+公司

建设期：脱贫攻坚造林专业合作社建花椒基地+公司建基础设施、配设施设备（喷灌体系）、搞产品加工

经营期：公司申报现代林业园区+公司运营管理设施设备+农户土地入股分红+农户种植、套种、林下养植

创新做法：先期创新在花椒基地建设高效节水喷灌设施，实现水肥一体化、病害防治一体化，达到节水、增产、增效，既有利于花椒生产，也

有利于林下种植（如中药材、土豆）。再对标对表完善现代林业园区建设申报（主要建产品加工），通过园区带动花椒产业发展，以花椒产业发展带动农民增收。

三、成效与作用

美姑县拉木阿觉乡青花椒产业示范高效节水灌溉项目是由美姑县林业和草原局主导的花椒产业项目，项目总投资 1 500 万，建设地点位于美姑县拉木阿觉乡，涵盖瓦尼村、移民村、马堵村、拉达村等村，发展青花椒高效节水灌溉 4 055 亩，有 5 套灌溉系统。现在项目施工已基本完工，蓄水池、取水口、沉砂池、主管网、控制用房、分管网、喷灌设施、田间步道、凉亭等已施工完毕，只剩智能化设备安装。其中，4 号灌溉系统已进行了喷灌试水调试，呈现效果极佳。

节水灌溉项目建成后能实现水肥一体化、水药一体化、智能控制、全程监控，同时带来显著的经济、社会、生态效益，达到节水、增产、省地、省肥、增效，能减少水土流失、改善生态环境，同时有利于迅速改善本地贫困村农民的生产生活条件，提高农民的生活质量，进一步繁荣当地农村经济，带动和促进青花椒产业的快速发展。

另外，园区配套花椒初深加工项目目前已进入选址立项阶段。在科技支撑方面已与四川省林业科学研究院达成初步合作意向。

四、经验与启示

通过园区示范带动，充分发挥农户主体作用，进一步扩大花椒标准化种植面积，真正形成花椒产业，打响美姑花椒品牌，同时结合当地生态环境、自然风光进一步开发田园观光、花椒采摘等农旅融合项目，真正实现一二三产融合发展，最后建成"产业兴旺、生态宜居、乡风文明、治理有效、生活富足的幸福美丽乡村"。

探索补充水田新方式，确保耕地动态平衡，
助力脱贫攻坚和转型高质量发展

耕地占补平衡是《中华人民共和国土地管理法》确定的一项重要制度，是贯彻落实"十分珍惜、合理利用土地和切实保护耕地"基本国策的需要。习近平总书记指出：耕地是我国最为宝贵的资源，要像保护大熊猫一样保护耕地。近年来，我国经济发展进入新常态，新型工业化、城镇化建设深入推进，耕地后备资源不断减少，耕地保护面临多重压力。依法依规做好耕地占补平衡，坚决防止耕地占补平衡中出现的补充数量不到位、补充质量不到位问题，坚决防止占多补少、占优补劣、占水田补旱地的现象，是各级政府保护耕地的重大责任。

一、凉山州耕地占补平衡现状

凉山州位于四川省西南川滇结合部，全州面积 6.04 万平方千米，辖 17 县市，其中国家级贫困县 11 个，是全国最大的彝族聚居区，在国家西部大开发大格局中，属欠发达民族地区，也是国家乌蒙山区域发展与扶贫攻坚和攀西战略资源创新开发试验区的重点地区。

根据第二次土地调查成果，全州耕地总面积 582 624 公顷，占总面积的 9.67%；园地 109 966 公顷，占总面积的 1.82%；林地 3 629 792 公顷，占总面积的 60.23%；草地 1 298 600 公顷，占总面积的 21.55%；交通运输用地 30 283 公顷，占总面积的 0.5%；水域及水利设施用地 95 928 公顷，占总面积的 1.59%；城镇村及工矿用地 71 659 公顷，占总面积的 1.18%；其他土地 207 006 公顷，占总面积的 3.4%。

第二次土地调查确立了凉山州四川省土地后备资源第一大州的地位，全州可开发利用的土地后备资源约 430 万亩，主要分布在昭觉、布拖、美姑等山区县，新增耕地以旱地为主。"十三五"以来，在部省支持下，全州共实施并验收完成土地开发整理项目 109 个，取得占补平衡指标 9 100 公顷，其中水田指标 1 380 公顷，占比为 15.16%；服务保障建设用地报批 13 000 公顷，为凉山州经济建设提供了强有力的要素保障。

二、凉山州开展"旱改水"的必要性

水田指标存量少。通过全国耕地占补平衡动态监管系统了解到，凉山州存量占补平衡指标为 3 776.56 公顷，其中水田为 408.22 公顷，占比仅为 10.8%。

补充水田既有的后备资源利用空间狭小。虽然全州占补平衡工作取得了一定成效，但土壤条件、灌溉条件、交通条件较好，新增水田比例高的安宁河流域坝区优质资源已基本用尽，目前立项实施的土地整理项目大部分位于二半山区及高山地区，新增水田潜力小，部分项目仅能取得旱地指标，不产生水田指标。正在实施的 149 个土地整理项目，预计可新增耕地 12 591 公顷，其中新增水田仅为 793 公顷，占比 6.3%。

水田指标需求巨大。为支持凉山州脱贫攻坚，四川省委、省政府出台了《中共四川省委办公厅 四川省人民政府办公厅关于支持大小凉山彝区深入推进扶贫攻坚加快建设全面小康社会进程的意见》（川委办〔2015〕34号）。该意见明确：凉山州范围内的独立选址项目的占补平衡工作由凉山州自行负责。这一重大支持政策有效地增加了凉山州财政收入，但也导致凉山州占补平衡指标尤其是水田指标需求量大增，矛盾突出。白鹤滩水电站、成昆铁路复线、泸黄高速改扩建等已开工重大建设项目，仅 2019 年就需水田指标 1 201.809 4 公顷（不含 2018 年已报批的乌东德水电站指标）。据估计，未来五年全州需 2 000 公顷以上水田指标，缺口约 1 300 公顷。综上所述，通过开展传统土地整理项目取得水田指标无法满足各类建设工程占补平衡需求，改变水田补充方式、在全州范围内开展"旱改水"项目迫在眉睫，是助力脱贫攻坚和全州转型高质量发展的必备保障要素。

三、开展"旱改水"可行性分析

国家政策支持。为深入贯彻党中央、国务院关于坚持最严格耕地保护制度的决策部署，落实和完善耕地占补平衡制度，坚决执行"占水田补水田"的规定要求，国土资源部制定下发了《关于补足耕地数量和提升耕地质量相结合落实占补平衡的指导意见》（国土资规〔2016〕8号），明确可以采取提升现有耕地质量、将旱地改造为水田，以补充耕地和提质改造耕地相结合的方式落实占补平衡工作。

全省正在启动试点。借助四川省自然资源厅启动"旱改水"试点的东风，凉山州已于 2019 年 8 月 27 日向四川省自然资源厅上报《关于申请将凉山州纳入全省"旱改水"工作试点地区的请示》，州自然资源局已多次到省厅汇报，争取支持，现已获得省厅相关处室答复，明确将凉山州西昌市纳入全省"旱改水"试点县（市）。

骨干水利工程给予有力支撑。近年来，凉山州先后实施大桥水库灌区一期工程、会东新华水库及新马灌区工程、会理大海子水库等一系列骨干水利工程，为灌区耕地提供了充足的水源保障，也为"旱改水"创造了有利条件。

"旱改水"有潜力可挖。据测算，凉山州耕地坡度小于 15°、海拔低于 2 500 米、具备灌溉条件、可改造为水田的旱地有 3 856 公顷，主要分布在西昌、德昌、冕宁、会理、会东、宁南、越西等县市。"旱改水"潜力分布如附表 1 所示。

附表 1　凉山州"旱改水"潜力分布表

县市	潜力面积/公顷	占比/%
西昌市	362	9.39
冕宁县	1 005	26.06
德昌县	550	14.26
会理县	306	7.94
会东县	1 333	34.57
越西县	102	2.65
宁南县	198	5.13
合计	3 856	100

基础工作较为扎实。一是组织了相关部门人员赴云南考察"旱改水"工作，学习先进经验。二是组织起草了《凉山州"旱改水"土地整理项目实施办法》（征求意见稿）和《凉山州"旱改水"土地整理项目建设标准》（征求意见稿）。三是积极争取将凉山州纳入四川省"旱改水"试点地区（包括但不限于西昌市）。四是指导西昌、会东、会理开展了"旱改水"项目立项资料编制。目前，3 县市 6 个"旱改水"项目已报凉山州自然资源局立项。

四、实施"旱改水"效益分析

有效解决凉山州水田占补平衡指标不足，助力转型高质量发展。凉山州属贫困民族地区,当前正处于快速城镇化、工业化的关键阶段,城市建设、交通大会战等基础设施和新农村建设、民生项目、大型水电站、工业园区、招商引资等各类项目用地需求量大,且占用水田面积大、比例高。相关法律、法规、政策决定了"占水田补水田"的刚性制度,实施"旱改水"项目在改变农村生产生活条件的同时,将新增水田指标使用到城镇建设及独立选择项目上,确保全州重大项目落地有了土地指标要素保障,可有效解决当前凉山州项目建设补充水田指标不足的问题。

有效改善农民生产生活条件,帮助农民增加产业收入,助力脱贫攻坚。一是项目完成后,土地使用率将明显提高,极大地缓解项目区人多地少的矛盾,增加农业产量,增加农民收入,助力脱贫攻坚,促进社会经济发展。二是项目通过修建田间道路、生产道路,提高通达度,有利于农业机械作业,改善耕作条件和生产条件,促进农业机械化的发展,为农副产品的加工销售打下良好的基础。同时,加快农村基础设施建设,改变脏、乱、差面貌,将极大地改善农村生态环境。三是项目规划设计充分与农村产业发展相结合,通过土地整治,改善传统农业生产格局,有利于新产业的培育拓展和标准化生产、规模化经营,适应现代化农业发展的需要。土地整理项目不仅通过项目为农民带来收益,还在项目建设过程中吸纳当地农民参与项目建设,解决剩余劳动力的就业问题,直接为农民增收创造条件。

有效改善项目区生态环境。通过实施水土流失治理、节水灌溉和农田防护林建设,不仅可以提高项目区的植被覆盖率、增强项目区的防风固沙涵养水源能力,还可缓解当地人、畜、田的用水矛盾,为当地的水资源可持续利用提供有力保障;完善排水系统,有利于防洪排涝,也有利于减少水土流失;优化生态结构,增强防御自然灾害的能力,改善项目区生态环境。

五、推进"旱改水"存在的主要问题

政策文件及技术标准不健全。自然资源部虽然出台了相关政策文件,鼓励地方通过将耕地提质改造、实施"旱改水"落实占补平衡,但四川省"旱改水"工作尚处于试点阶段,未出台相应的实施方案及建设标准,项目立项、实施、验收无章可循。

项目资金来源不足。凉山州属于国家脱贫攻坚重中之重的"三区三州"，财力有限，加上脱贫攻坚任务艰巨，地方财政无力安排资金投入"旱改水"项目。

经验不足，技术薄弱。目前，四川省刚开始"旱改水"试点，凉山州"旱改水"项目建设尚处探索阶段，经验不足，技术力量也很薄弱。

部分政策操作性不强。部分政策文件规定："十二五"以来已经实施过土地整治的耕地不再纳入"旱改水"范围。而凉山州"旱改水"潜力区域大部分在"十二五"以来实施过土地开发整理的项目上，按规定不能纳入"旱改水"范围。

六、对策建议

及时对接部省，争取上级支持。一是对接四川省自然资源厅，争取将凉山全域纳入全省"旱改水"工作试点地区，争取更多政策支持。二是争取四川省自然资源厅在项目实施和备案方面给予支持，"旱改水"土地整治项目新增和改造水田能否用于占补平衡，主要取决于是否完成在农村土地整治监测监管系统中备案。三是争取部省特殊支持，争取将凉山"十二五"以来已经实施过土地整治的耕地纳入"旱改水"范围，确保凉山州具备"旱改水"条件的区域均能实施并顺利上图入库。四是争取四川省自然资源厅在人员、设备、技术力量等方面给予大力支持。

尽快完善制度，规范项目运行。一是在认真分析潜力的基础上，尽快编制"旱改水"专项规划，将其纳入土地整治规划。二是尽快制定印发《凉山州"旱改水"土地整治项目实施办法（试行）》，规范项目立项、变更、核查、验收等流程，明确项目资金来源、项目监管、档案管理等要求。三是尽快制定印发《凉山州"旱改水"土地整治项目建设标准（试行）》，建立全州"旱改水"项目技术标准。四是建立完善土地整治项目地籍变更机制，确保已确认的新增耕地数量及水田面积纳入当年变更调查予以变更。五是强化后期管护工作，定时对已验收项目的后期管护工程进行实地抽查，对于管护不利、耕地质量明显下降的，依法追究相关人员责任。

积极创新机制，促进项目落地。一是采取差别化地力培肥措施，确保耕地质量达标。针对不同耕地质量，采取对应的培肥措施，执行差别化计费标准。对于采用农家肥的，可以交由村民自行实施，并从项目经费中支付相应费用。二是在项目区开展"试验田"制度。由项目区村民自愿报名，将耕地纳入"试验田"种植水生作物，以解决项目实施后水田认定问题。三是建立种植水生农作物奖励机制。对项目实施后种植水稻等水生作物的村民给予一定的经济补助，鼓励村民种植水生作物。

整合部门力量，形成工作合力。一是实施土地整治资金整合，用好财政涉农资金，解决"旱改水"项目资金来源问题。二是对水利、农业农村等部门立项并组织实施的土地整治和高标准农田建设项目，应优先选择地势平坦、水源充足、土壤肥沃、有条件开展"旱改水"的区域，采取完善灌排设施、提高田面平整度、实施地力培肥等方式将旱地改造为水田。三是尽快建立凉山州土地整治和高标准农田建设项目新增耕地认定机制，制定《凉山州土地整治项目新增耕地核定办法》，实行新增耕地来源上图。对自然资源、水利、农业农村等部门立项并组织实施以及社会主体自主实施的土地整治和高标准农田建设项目，依照办法规定由自然资源部门核定新增耕地，并在农村土地整治监测监管系统备案。

煮饭告别烟熏火烤！凉山州提高农村沼气效率

（四川农村能源 发布时间：2019-09-02 来源：《农民日报》）

农村户用沼气被列为四川凉山州十大民生工程建设项目。2010 年以来，凉山州安排中央、省和州级项目资金 25 245.5 万元，支持农户新建户用沼气池 108 645 口，使农户沼气普及率进一步提高至 52%。农村能源户用沼气建设每年可产沼气 13 248 万立方米，为农户节省燃料支出 3.12 亿元，减少农药和化肥支出 3 785 万元。沼气综合利用为农户增收节支 4.5 亿元，每年可使 132.48 万亩林地林木免受樵采，水土流失减少 170 万吨，二氧化碳排放当量减少 75.7 万吨。

"柴草乱垛、垃圾乱倒、污水乱流、粪土乱堆、畜禽乱跑、蚊蝇乱飞、烟熏火燎"是过往凉山州农村生活环境的真实写照。发展农村沼气，建设沼气池，可以带动改圈、改厕、改厨"一池三改"，带动农民居家环境和卫生状况大改善，尤其是让农村妇女从繁重的劳动中解放出来。发展农村沼气对人畜粪便进行无害化封闭处理，切断了疫病传播渠道，减少了流行疾病发生，明显改善了农村生产生活环境。

转变思想观念，提高认识水平。凉山州县乡党委政府把农村能源建设纳入"十三五"农村经济的总体规划，在农村草畜产业、精准扶贫、住房安全建设项目实施中因地制宜推广"一池三改"工程，建立必要的奖惩考核机制，使得农村沼气池建设顺利实施、稳步发展。广泛宣传建沼气池的好处，利用电教室播放录像、印发宣传手册，让更多的农户了解沼气并尝到沼气使用的甜头，提高建设沼气池的兴趣，促进广大农民利用沼气的积极性。采取典型引导、示范带动的方法，进一步激发农户兴建沼气池的热情。

加强技术培训，提高人员素质。加强对沼气用户的技术培训、提高建池用户的综合使用水平是发挥沼气综合效益的基础。一方面从沼气的发酵原理、原料的合理配制、接种物的选择、进出料方法、燃具的简单维修、安全使用沼气等方面进行培训，另一方面培训与沼气综合利用相关的实用技术，如沼气池建设及使用技术、猪圈牛羊舍管理及饲养技术、沼肥在农业种养殖方面的应用。加强对农村沼气技术管理人员的培训工作，为沼气服务体系提供管理技术支持。

增加财政投入，稳定技术队伍。凉山州各县市农村能源主管部门对沼气生产在技术上严格要求，适当提高沼气技工人员工资待遇，使他们在沼气池建设中体会到学习沼气技术比其他行业更能挣钱，不吃亏，有奔头，不让一些经过培训具有实践经验的持证技工流失，确保沼气池建设。积极开展政府购买沼气服务和推广户用沼气保险。在争取中央及四川省专项资金的同时，将州县财政配套资金和工作经费纳入财政预算，继续支持每年用林地林木补偿 1 000 万元支持农村户用沼气建设，提高补助标准，保障工作运行。

完善服务体系，发挥长久效益。沼气池维护和使用是一项专业性、技术性很强的工作，且存在一定危险，一般用户不可能完全掌握这一技术，没有能力自行解决维护和使用中出现的各种问题。据农户反映，一些漏水、漏气、气少、清渣等问题，由于日常维护跟不上，沼气池被废弃的速度加快，农户损失增大。因此，要加快农村沼气服务体系建设，走市场化运作、物业化服务道路，确保后续服务到位。只有做到物有所值，群众才会乐意接受，才能不断提高沼气池使用效率，延长其使用寿命，从而推动沼气事业的长久发展。

探索应用新工艺、新技术，确保工程持续运行。针对全州部分已建沼气工程的畜禽养殖场生产经营不稳定、养殖存栏量时高时低而缺乏畜禽粪便进行发酵的实际，主动认真学习畜禽养殖场沼气工程发酵的新技术、新工艺。鼓励并支持已建沼气工程的畜禽养殖场大胆进行技术创新，千方百计地拓宽发酵原料的种类和来源，确保全州畜禽养殖场每一座已建沼气工程都能正常投料运行并产生效益，在实践中探索出一条符合全州畜禽养殖场沼气工程发展的路径。

科技扶贫，照亮彝族同胞产业脱贫路

——四川农业大学新农村发展研究院雷波科技服务团志愿者扶贫案例

1. 扶贫志愿服务案例概要

针对凉山州雷波县农业科技力量缺乏、产业发展动力不足这一突出问题，四川农业大学新农村发展研究院组建科技服务团，以规划为先导，为雷波提供强有力的人才和科技支撑，勠力提升产业发展动力，倾情倾力助推雷波产业脱贫。开展志愿活动超 200 次，指导培训各类人员超 5 000 人次，整合资金 1 700 余万元，实施科技扶贫项目 11 个，示范推广科技成果 30 余项次，带领雷波走出了一条"科技服务团+政府+企业（合作社）+农户"的产业脱贫之路。

2. 瞄准的贫困问题

雷波县隶属凉山彝族自治州，位于四川省西南边缘、金沙江下游北岸，素有"彝区门户"和"川滇咽喉"之称。全县辖 47 个乡镇、271 个村、9 个社区，人口 27.6 万，其中以彝族为主体的少数民族占 57.5%，有建档立卡贫困村 171 个、贫困户 17 023 户 76 574 人，贫困发生率高达 30.98%，是国家扶贫开发工作重点县和中纪委、省纪委定点帮扶的"三区三州"深度贫困县。在落实好"两不愁、三保障"基本目标基础上，产业发展是实现高质量脱贫的根本途径，而科技投入是产业脱贫的力量源泉，也是可持续脱贫的根本动力。雷波县光热资源充足，水资源充沛，山区立体气候适宜多种多样的物种生存繁衍，具有发展特色产业的良好自然条件，有利于发展绿色、有机产品的生态特色产业链，以产业发展推动脱贫致富。但作为深度贫困县，雷波农业基础薄弱，支撑全县产业发展的科技体系不健全，先进实用型科技成果供给不足，贫困群众科技文化水平低，高水平科研技术人员和科研平台缺乏。加之雷波地形复杂多样，基础设施落后，农业组织化程度低，导致科技成果推广运用受阻，产业竞争力缺乏，带动效应不足，集体经济发展滞后，贫困群众增收致富能力受限，返贫风险高。

3. 志愿服务团体介绍

四川农业大学新农村发展研究院（以下简称"农发院"）于 2012 年

4月经教育部、科技部正式发文批准成立。同年7月11日，刘延东同志为学校授牌。农发院按照"统筹规划、联合共建、机制创新、综合服务、科教结合、创新模式"的原则，建立以新农村发展研究院为主体的新型农村科技综合服务体系，全面组织、协调与实施"科教兴农"。2015年，四川省委印发了《中共四川省委关于集中力量打赢扶贫开发攻坚战确保同步全面建成小康社会的决定》。为充分发挥我校农业学科、人才、科技和平台优势，突出高等教育作为科技第一生产力和人才第一资源重要结合点的独特作用，全力做好雷波县帮扶工作，根据我校《2015—2020科技扶贫工作方案》和《深度贫困县科技扶贫总体方案》，学校探索建立了以农发院为主体的高校科技扶贫模式，组建了农发院雷波科技服务团。服务团以兴中华之农事为己任，秉承"种给农民看，带着农民干，领着农民富"的宗旨，以科技引领农业产业发展为主线，致力于把论文写在雷波的高山大川、写进雷波的田间地头。服务团以农发院为管理主体，以学校相关产业专家为科技服务主力，以青年学生为力量补充，统筹协调各方力量，致力于把我校雷波科技扶贫工作由过去松散型、单一型的游击战，转换成现在的集团军作战和阵地战。

4. 服务过程及内容

一是发挥农业智库优势，做好产业顶层设计。山高水远，步履艰难，是每一位到过雷波的人的第一感受。如何发展雷波农业扶贫产业，成了解决"一步跨千年"的彝族同胞永续脱贫的关键。为破解这个难题，服务团充分发挥学校农业智库优势，组织四川省农村发展研究中心、西南减贫与发展中心、区域经济与金融研究所等涉农领域专家，积极开展产业脱贫战略研究。先后为雷波制定《优势特色产业精准扶贫规划》《中药材产业发展规划》《仿野生天麻生态种植可行报告》等产业发展和扶贫规划报告，通过规划的编制，不仅确定了帮扶工作的方向和措施，也增加了对雷波实际情况的了解，为帮扶打下了实践基础。如产业扶贫规划的编制，就由四川农业大学副校长杨文钰任组长，汇集了学校水果、茶叶、中药材、蔬菜、核桃、花椒、农产品加工、农业经济管理等领域精英。他们的足迹遍布雷波县的帕哈乡、杉树堡乡、箐口乡、马湖乡、千万贯乡、八寨乡、松树乡、黄琅镇等10多个乡镇，哪座山适合种药材，哪片林适宜养羊，哪块地适合种蔬菜——服务团专家们不仅做到了心中有谱，还做到了脚下有路。

二是发挥人才科技优势，夯实产业发展基础。针对雷波县农业科技人才缺乏、科技成果投入不足这一突出问题，服务团充分发挥自身人才和科技优势，着力为雷波培养了一支本土技术队伍，提供了产前、产中和产后一系列科技成果支撑，夯实了产业发展基础。三年多来，4 位专家先后作为科技帮扶干部直接参与雷波产业扶贫工作，专家教授 200 多人次赴雷波开展技术指导培训，培训基层干部、农业技术人员、农户 5 000 多人次，有效地提升了雷波基层科技人员和农民的专业技能，增强了贫困户"造血"功能。服务团专家作为项目主持人或技术负责人在雷波牵头实施科技扶贫项目 11 个（获总经费 600 万元），协调学校投入各类产业帮扶经费 160 余万元，带动企业投入经费 700 多万元。通过项目实施，在马湖乡、千万贯乡、八寨乡、谷堆乡、箐口乡、元宝山乡等乡镇示范推广新品种、新技术 30 余项（次），指导建立专业合作社 5 个、专家大院 1 个、专家工作站 3 个、生产示范基地 10 多个，有效帮扶雷波莼菜、茶叶、山药等特色产业发展，项目核心示范区农户人均增收 1 000 元以上，走出了一条"科技服务团+政府+企业（合作社）+农户"的产业脱贫之路。如"玉—豆—草—羊"技术从根本上解决了可持续性难题，为马湖乡大杉坪村的贫困户彻底摆脱贫困指明了致富的路子，更用实际的帮扶使多户贫困户练就了"造血"功能。四川农业大学研制的第五代全新装配式标准化羊圈更是被称为"养羊神器"。而山葵标准化种植技术在谷堆乡和瓦岗乡的集成与示范，则带动了当地发展山葵 800 余亩，亩产值 1 万元左右，带动贫困户 20 余户，产品已远销韩国、日本等地。

　　三是用心用情，提升脱贫致富动力。在做好产业扶贫的基础上，服务团积极整合学校资源，动员全校师生，用心用情开展各类帮扶活动。组织师生开展四好创建、衣传千万贯、植保标本义卖、以购代捐等系列活动，累计投入资金 240 余万元。带领近 300 名学生在雷波千万贯乡和马湖乡开展暑期支农、支教活动。开展销售扶贫，举办"龙城杯"四川省大学生农业创意设计大赛，为雷波脐橙等设计包装 70 项；筛选雷波马湖莼菜、山葵、紫山药等农产品，由服务团专家代言在四川农业大学"牛 e"平台进行线上和线下销售。其中，2018 年"川农牛"公益营销大赛暨年货节累计销售额就达 30 万元。此外，服务团还积极组织学校基层党支部赴唐家山村、千万贯村、大水井村、拉巴村等贫困村开展支部互联共建，通过捐赠阵地建设资金、开展党课学习、"智志双扶"助学、"两净一美"示范家庭评选、先进个人表彰等活动，进一步加强了雷波基层党建工作。如农发院直属党支部与马湖乡大水井村党支部签订了支部共建协议，双方通过"三会一课"、专题讲座、技能培训、学习考察等学习活动，支持大水井村加强支部党建阵地建设。同时，通过新品种、新模式、新技术的集成示范，推动大水井村村级产业发展，助推全体村民脱贫奔康。服务团专家田孟良教授则协调四川五盛药业有限公司与大水井村养殖专业合作社签订了中药材订单收购协议，在为中药材产业发展提供技术支撑的基础上，确保中药材卖上好价钱。

5. 志愿服务的实际成果、成效及影响力

践行着把论文写在祖国大地上的初心，农发院科技服务团累计组织专家、学生开展各类志愿活动超 200 次，整合各类帮扶资金 1 700 余万元，实施科技扶贫项目 11 个，指导培训基层干部、农业技术人员、农户等超 5 000 人次，指导建立专业合作社 5 个、专家大院 1 个、专家工作站 3 个、生产示范基地 10 多个，示范推广新品种、新技术 30 余项次，有效帮扶雷波莼菜、山葵、中药材、核桃、茶叶、中蜂等特色产业发展。服务团的倾力帮扶，为雷波打赢打好脱贫攻坚战做出了积极贡献。截至 2018 年底，全县已退出贫困村 141 个，累计脱贫 14 789 户 66 555 人，贫困发生率降至 4.24%。2016 年，农发院获"四川十大扶贫爱心组织"荣誉称号；2017 年，扶贫模式作为典型案例收录于中共四川省委组织部主编的《"绣花"功夫：四川脱贫攻坚案例选》一书；2018 年，农发院建设写入四川省委一号文件，扶贫模式入选教育部《省属高校精准扶贫精准脱贫典型项目》；田孟良等服务团专家荣获"科技部优秀科技特派员""四川扶贫十大好人"等荣誉称号，张敏等 12 位服务团专家先后荣获"四川农业大学十大扶贫先进个人"荣誉称号；人民日报、四川日报、四川在线等媒体先后报道服务团科技服务工作。

6. 巾帼不让须眉，马湖来了莼菜博士

莼菜有着"水中人参"美誉，是雷波县的农业支柱产业，是马湖周边农民经济收入的主要来源、当地农民世世代代赖以为生的产业。2015 年 7 月，当服务团专家郑阳霞副教授第一次站在长得稀稀拉拉的莼菜田边时，她感受到了肩上的责任。黄琅镇山海村村民屈友超说："我种了 30 多年莼菜，从没见过这种情况，莼菜已经濒临灭绝。"曾经，他就是靠这些莼菜养活了一家 5 口人，还供 3 个儿子上了大学。2013 年以前，马湖周边莼菜种植面积达 1 200 余亩，如今只剩下几十余亩，农户收入锐减。怀着对农业、农村和农民的深厚感情，郑阳霞副教授全面调研，细致分析，明确了"叶腐病暴发""土壤贫瘠""种苗老化"是莼菜减产的三大原因。于是，她 30 余次奔波于学校与马湖之间，行程 3 万多千米，做培训、搞指导，引品种、建苗圃，扩基地、做示范。在她的坚持和努力下，大凉山濒临灭绝的莼菜得到挽救，现种植面积已发展到 1 000 余亩，亩产值 8 000 元以上，直接带动 20 余户贫困户实现脱贫的愿望，全面提高了马湖莼菜的生产水平和效益。她把扶贫写在了希望的田野上，把收获装进了农民的口袋。当地农户亲切地称她为"莼菜教授"。

“红色+绿色”照亮产业发展路
——会东县老君滩乡鱼坝村

会东县老君滩乡鱼坝村地处金沙江畔干热河谷地带，海拔 680~1 000 米。全村面积 8.3 平方千米，辖 3 个社，164 户 606 人，其中党员 17 人，贫困户 49 户 177 人，贫困发生率为 29.2%。曾经这里交通闭塞、土地贫瘠，是全县 37 个建档立卡贫困村之一，也是全县两个极度贫困村之一。2015 年精准扶贫帮扶以来，该村不等不靠、自力更生，引进企业，通过流转闲置土地资源，发展青花椒产业，实现村民致富、集体增收。

军民鱼水感情深，“红色故事”永流传

“巧渡金沙江”是刻在会东县老君滩乡鱼坝村老一辈人心中的红色记忆。1935 年的鱼坝滩，属巧家县管辖，又称巧二区。饶家渡口和鱼坝滩渡口食盐集散地、金沙江两岸平时客商络绎不绝，赶集天更是人呼马叫、熙熙攘攘。5 月 4 日，平时热闹的渡口已不见渡船和行人，就连两岸在盐场装运盐水的 140 多条船只也不见了踪影。原来早在 5 月 2 日，盐场盐务所（盐场位于现鱼坝村 1 社汪家坪，已不见原貌）和当地甲长、保长接到巧家县县长汤祚的命令，封闭渡口，并销毁渡口和盐场装运货物的所有船只，阻止红军过江。然而在艰难险阻面前，红军并没有因此而退缩。5 月 4 日，迷惑敌人的红九军团 3 000 余将士从鱼坝滩渡口入境，攀悬崖绝壁，在汪家坪（现鱼坝村 1 社）战斗了两昼夜并取得胜利，然后由南向北继续挺进，为万里长征胜利奠定了坚实的基础。这是鱼坝村历史上最辉煌的一页。

然而直至 2016 年，金沙江畔的鱼坝村，却是全县极度贫困村之一，不仅无路，还严重缺水，“一亩地，九分旱”，完全靠天吃饭。脱贫攻坚工作中，鱼坝村吹响了向贫困宣战的号角。在县委、县政府的大力支持下，在乡党委、乡政府的悉心关怀下，当地干群用实干加巧干的精神，演绎着一个个和天斗和地斗的感人故事，谱写着一曲曲勤劳致富奔小康的精彩篇章。

盘活村级闲置土地资源，变废为宝

鱼坝村 3 个村民小组的土地均位于金沙江畔，属典型的沙石土类型，土壤有机质、养分含量严重偏低，主要以砂石为主；加之气候炎热少雨，植被较差，水土流失严重，导致这些地带生态脆弱，普通作物生长面临严峻考验。"种一大片，收一小箩"，是当地群众长期以来生产生活的真实写照。

"红色革命火种传承的地方决不能再这样穷下去，送钱送物只能帮助贫困群众解决一时之困，只有发展好特色产业才能从根本上解决困扰当地群众数十载的贫困问题。"于是，在脱贫攻坚帮扶工作中，帮扶单位、乡、村干部统一思想，积极寻找适合鱼坝村自己的产业。

帮扶部门及当地党委政府经过多次走村入户、现场考察、深入调研等，发现鱼坝村现有土地虽然有机质含量低，但是地块面积较大、集中连片、平整规范、排水性好，非常适宜发展规模化的热带经济作物。对此，帮扶单位多方寻找和引进企业，经过多次磋商，最终成功引进西府食品有限责任公司，采取"党支部+公司+基地+农户"的方式与贫困户结成利益共同体，重点发展青花椒产业。

为加快鱼坝村的青花椒产业发展，政府决定投资 310 万元对村内 1 500 亩的闲置土地进行改造，于是，修路、建提灌站、架水管、整理土地、新建水池……2015 年西府食品有限责任公司与农户签订土地流转协议，每亩 200 元，每满 5 年上调 20%，合同年限 30 年，企业每年支付鱼坝村农户 20 多万元的土地流转款。2019 年，当地农户种植和管理的每亩收入在 700 元左右，全年付给农户 40 多万元，集体收入 1.5 万元，产业扶贫效果初显，成功实现闲置土地资源"变废为宝"的华丽转身。

稳扎稳打，青花椒产业发展后劲更足

以前，走进鱼坝，光秃秃的土地上，石头晒得烫脚；如今，走进花椒地里，尽管天气炎热，村民们却都在浇水、除草，忙得不亦乐乎。因为除了务工和土地流转带来的收入，更让他们喜不自胜的是对未来充满了希望。

在鱼坝村 1 500 亩闲置土地资源的第一步蜕变过后，村党支部与西府食品有限责任公司就如何进一步做大青花椒产业，不断增加贫困户、企业

收入，积极开展技术交流、经验交谈，并多次召开群众会、村社干部会就产业扩大规模事宜进行探讨。经过努力，青花椒种植基地已经从鱼坝村扩展到了邻近的另外一个建档立卡贫困村——新田村。

目前，西府食品有限责任公司在鱼坝村及新田村累积流转了土地 3 000 亩左右，栽种的青花椒长势良好，第一批栽种的青花椒于 2020 年挂果。据公司负责人介绍，接下来公司计划再投资 200 万元，新建青花椒烘烤房 10 间、库房 4 间、青花椒晾晒基地 6 亩，同时配备烘烤设备 20 台，对鲜花椒就地进行简易烘烤处理。

未来的发展将更加多姿多彩

如今，走进鱼坝村，沿途道路平坦宽阔、纵横交错，屋舍青瓦白墙、错落有致，地里青花椒生机勃勃、郁郁葱葱……站在 3 000 亩集中连片的青花椒基地里，放眼望去，一幅充满勃勃生机的和谐家园画卷初具雏形。

望着郁郁葱葱的青花椒，乡党委、乡政府和村"两委"又有了新的思路。下一步，鱼坝村将逐级申报州级、省级、国家级农业产业园区以及现代农业科技示范园等，充分利用白鹤滩水电站建设契机，打造"红色文化+旅游观光+采摘体验"为一体的旅游观光带，让鱼坝村产业更为枝繁叶茂。

如今，"红色+绿色"让鱼坝村多年闲置的土地资源得到了有效开发与利用，发展也更加多姿多彩，形成了名副其实的"花椒村"，一股脱贫致富的热潮正在掀起，村级集体经济实现了从"稳定"到"长流"，贫困户、贫困村"造血"功能持续变强。

因地制宜，勇创高山"循环经济"发展路

沙马乃拖村位于美姑县井叶特西乡，平均海拔 3 200 米，全村 109 户 456 人，有 15 名党员。其中，建档立卡贫困户 47 户 219 人，贫困发生率为 47.59%。现有酿酒场、林下生态养鸡场、肉牛养殖场、养马场 4 个村集体经济增收项目。2019 年村集体经济收入 12 万元，人均纯收入 6 480 元。曾经的沙马乃拖村"煮面不熟、种粮不丰、靠天吃饭"与现在的户户干产业、人人比增收形成鲜明对比。沙马乃拖村究竟使用何种"神秘武器"实现了蜕变？

因地制宜，主动踏上循环经济"创业路"

受制于地理环境，沙马乃拖村脱贫攻坚困难重重、任重道远。一个党员就是一面旗帜，在第一书记的带领下，2019 年，驻村工作队员与村支部成员、困难群众"一对一"结对子，组建"沙马乃拖村脱贫攻坚先锋队"，全面摸排民情民意。在走访中，先锋队在一次偶然机会中品尝了农户自酿的泡水酒，发现口感无比香醇。在仔细询问它的制作工艺时，听老人提起，它是用煮好的燕麦、苦荞、玉米加酒曲发酵加上当地的神泉水等酿造而成。掌握到这个信息以后，工作队几经寻觅终于找到了神泉，发现泉水甘甜可口、沁人心脾，同时发现当地苦荞生长期比其他地区多 20～25 天，品质较高。当晚工作队和村"两委"提出，当地苦荞、燕麦和神泉水是酿造白酒的高品质原料，商定先干酒坊，迈出脱贫第一步。

面对村集体经济和本地酒厂资源匮乏的困难局面，先锋队采取"走出去、请进来"的方式，主动谋划、寻找资源。在帮扶单位的牵线搭桥下，依靠水源和苦荞的优质，先锋队争取到了环球佳酿、1919 等公司 30 万资金的捐助和技术指导，组织村民建造了全州第一个扶贫酒坊，带领村民熟练掌握了酿酒技巧。村民自建、自酿、自产的高山扶贫酒坊悄然起步。

经过半年努力，扶贫酒坊运行良好，集体经济收益明显。为了扶贫，酒坊以高于市场价 0.7 元/斤的价格优先收购贫困户和低收入群体的苦荞，培养他们的商品意识和劳动致富意识，解决他们的粮食销售难题。2019 年，扶贫酒坊收购贫困户和低收入群体的苦荞原料 21 吨，共计 11.3 万元。

全村共有草地 14 500 亩，在排查过程中，工作队发现，群众有养马经验，兴趣和接受度都比较高，于是利用县委组织部下拨的扶持壮大集体经济资金 65 万元购马 79 匹，与农户签订养殖协议，分发给 75 户村民饲养。马匹养大后，村集体回收统一销往广东，扣除本金后所得利润按照村集体30%、农户 70% 的比例进行分成。全村已繁育小马驹 21 匹，预计集体分红 6.3 万元。集体经济助力脱贫攻坚，沙马乃拖村迈出了成功的第一小步。

整合资源，科学谋划循环经济"脱贫路"

扶贫酒厂效益良好，但随着生产规模的扩大，排放的酒糟越来越多。如何减少排污、保护环境，先锋队将酒糟变废为宝，在村内发展西门塔尔牛和本地黑土猪生态养殖业，助力群众脱贫。

依托德昌县对口帮扶资源，建设肉牛繁育场 1 个，解决了养牛场建设起步资金问题；利用村小学旧房作为养牛场办公用房，节约了养牛场建设成本；引进业主经营，实行业主技术指导收益定额分红，解决了集体经济增收和群众养殖技术缺乏的难题；实行双重增收模式，即业主繁育的小牛由群众领养，群众喂养 8 个月后再卖给业主，增加了集体经济和群众收入；按照合同约定，村集体经济将依次依据养牛场修建成本的 8%、10%、12%比例，三年累计实现分红 34.5 万。

截至 2019 年底，养牛场经济效益迅速增长，群众的养殖技术得到了提升，信心得到了加强，自主规模发展的积极性得到了充分调动，主动申请项目资金与村集体联合养殖。群众多年来"等靠要"的思想得到了根本性改变。

品牌经营，规模打造循环经济"致富路"

随着养牛场牛、猪存栏数增加，牛粪和猪粪处理成了问题。如何利用牛粪和猪粪？先锋队集思广益，将牛粪和猪粪一分为二，一部分作为农家肥用于种植牧草，剩下的发酵成虫养鸡。牧草作为养牛和养鸡原料，鸡粪成了最好的有机肥，提升了苦荞的产量和品质，用于酿造更好的酒。如此循环，先锋队打造出了沙马乃拖种养殖生态圈，形成了品牌，助推群众致富。

盘活资源，将退耕还林林地作为生产基地，引进凉山州农业投资公司，共同发展高山林下生态鸡养殖。每只鸡收取一元管理费纳入集体经济，预计年出栏 3 万只以上，集体经济收入 3 万元以上。同时，用作生产基地的退耕还林地还产生了土地流转金，增加了集体经济收入。随着养鸡场的良性运转，集体经济拟将投入资金入股，进行收益分红。2020 年底，可实现 2 万元以上集体经济入股分红收益。

实行规模生态养殖，高山林下生态鸡均为阉鸡，喝的是山泉水，吃的是虫、草搭配粮食，实行的是全区域监控管理，因此鸡肉肉质紧、口感好。为健全新鲜鸡肉产业链，先锋队建冷库、购冷藏车，注册特色品牌"美咕鸡"，未来将在线上和实体店进行销售，全方位打造优质地域生态鸡肉品牌。利用农业投资公司的技术优势把农民夜校办到农户家中，全面培训鸡种培育、疫情防控等饲养技术，并动态监管养殖质量和统一养殖标准，全方位提升农户技术水平和产品质量，为优质地域生态鸡肉品牌和农户脱贫致富提供了坚强保证。

循环的是村生态种养殖业，发展的是村集体经济，致力的是村民脱贫增收奔小康。沙马乃拖村村民普遍文化素质偏低、思想观念相对落后，陈规陋习等现象比较集中。在脱贫攻坚的伟大历史机遇中，这个高山上的小山村赶上了好时代。通过近三年的努力，沙马乃拖村党支部从过去软弱涣散到现在严肃规范，党建促集体经济、集体经济促脱贫取得明显成效。沙马乃拖村由过去集体经济"空壳村"到现在的循环经济产业村，村集体经济有突破、有质量。村民的意识从过去的"等靠要"变为现在的"劳动光荣、懒惰可耻"，脱贫致富奔小康的内生动力逐年加强。

通过发展循环经济产业，群众争当产业带头人的多了，无所事事晒太阳的少了；学习产业技能的多了，游手好闲的少了，真正实现了"户户干产业、人人比增收"的良好局面。